解讀
王國維

楊照 策劃｜主編

三民書局

「展讀民國人文」總序

文／楊照

三民書局的「展讀民國人文」出版計畫特別著重「民國」作為清楚的時代標記，「民國」的前半場域是中國大陸，時間從一九一二年到一九四九年；「民國」還有後半，那是一九四九年之後搬遷到臺灣來所經歷的關鍵變化。

在大陸的前半與在臺灣的後半，共同的特色是快速的變化與動盪，時局混亂打破了所有的現成答案，以至於逼迫人人困思問題解決方案，同時卻也打開可以進行破壞性或建設性種種實驗設計的大空間。

因而「民國」是出人物的時代，尤其是出人文思想人物的時代。並不是因為那些人都吃了神藥大力丸，不是因為他們遺傳了天賦異稟，而是時代的動盪與糾結，逼出了他們的智慧與活力。他們沒有固定的位子，沒有往後看、往前看能夠有把握的軌道或方向，他們只能去找出、創造出自己的道路，往往是前人沒走過，甚至是前人認定絕對不可能走的道路。

作為「民國人物」的陳寅恪，可以自由地在歐美遊學，不顧念、不追求學位，立志要培養自己研究「西北史」的所有學術配備；然後回到中國，受到變化時局的衝激，竟然也就快速轉型，將學術重心移轉到中古史上，成為中古史的大家。而這只是陳寅恪生命中大約二、三十年間發生的事。

又例如胡適，他到上海進了學堂才開始學英文，沒多久就去了美國留學，在康乃爾念農學，才第一年，他就開始用英文寫日記，還用英文對美國人宣講、解釋「中國是什麼」。他很快放棄了農學，轉到哥倫比亞大學念哲學，沒等到完全辦好博士學位手續，就又回到中國，不到三十歲的年紀已成為北京大學最受歡迎的教授。那麼短的時間內，他的生命走出那麼多不同的風景。

這絕對不單純是陳寅恪、胡適了不起，而是他們活在「民國」，得到了如此了不起、能夠成為「人物」的機會。「民國」是考驗、是挑戰，現實的條件使得在這個動盪空間中生活的人，沒有辦法做長期計畫，沒有資源完成具體社會建設，卻也因此鼓舞、刺激了豐富的人文思想。那不是關在象牙塔裡的哲思，也不是閑靜漫步的沉穩產物，而是從再切身不過的存在困窘中逼擠出來的看法與論點。國家可能被瓜分，故鄉可能被強占，家庭可能徹底拆解，生活的最後據點明天可能就要消失……每一項都是真實的威脅，無從逃躲，非面對、非提出對自己、對群體的解釋不可。

我長期以來不斷呼籲：「民國」不該被遺忘，忽略「民國」我們就無從弄清楚臺灣歷史的來龍去脈；更重要的，拋棄「民國」也就拋棄了這由眾多人存在苦痛換來的豐富人文思想資源。

二〇二一年史家余英時先生去世後，我受「趨勢教育基金會」之邀，錄製了一系列共十五講的課程，完整講述余英時主要的史學論著；次年，又受北京「看理想」機構之託，製播了共九十集的

「溫情與敬意：錢穆學思總覽」節目，在過程中廣泛涉獵與錢穆、余英時同代的相關學者論著，產生了對於「民國人文學術」更深刻的珍視。在臺灣，三民書局是錢穆和余英時著作出版的關鍵文集機構，於是出於對時代與自身歷史背景負責的考量，對劉仲傑總經理提出了編選這套系列叢書的想法。很幸運地，我的構想獲得劉總經理的大力支持，配備了充分的編輯專業人才協助參與，得以在一年多的準備之後，到二〇二三年中實現為和讀者相見的精編選集。

「民國」的歷史狀況使得這段時期的思想，很明顯地以原創性與多樣性見長，相對地缺乏大規模系統建構的成就，因此最適合以選文的方式來呈現。系列中每一本選集基本上都是在通覽目前能找到的作者著作全集後編定的，盡量保留個別篇章的完整面貌，避免割裂斷章取義。體例上，每本選集前面附有長篇「導讀」，向讀者充分說明這位作者的時代意義，以及其思想、經歷的重點，減少閱讀隔閡，幫助大家得到更切身的體會。另外按照文章性質分若干輯，每輯之前備有「提要」，既提供文章出處背景，也連繫「導讀」內容，進一步刻畫作者的具體思想面貌。

「展讀民國人文」系列第一批共十本，提供了從一八六九年出生的章太炎，到一八八五年出生的熊十力，包括梁啟超、陳垣、呂思勉、歐陽竟無、王國維、蔣夢麟、馬一浮、張君勱等民國學術人文思想人物的作品精華，希望能讓讀者興發對這段歷史的好奇，如果得到足夠的支持，我們將會在未來擴大人物系列，期望能開創出一片「毋忘民國」的繁華勝景來。

解讀王國維——目次

第二輯　詞學批評與詩文創作

第三輯　殷周禮制與古史古文研究——《觀堂集林》（選錄）

第四輯　宋元戲曲——《宋元戲曲史》與《二牖軒隨錄》（選錄）

第五輯　學術札記

導 讀

1

王國維在一九二七年六月二日，以自沉於北京頤和園昆明湖的方式結束了生命，並且留下了傳誦一時並纏訟久遠的遺書開頭四句：「五十之年，只欠一死。經此世變，義無再辱。」會傳誦一時，因為人心震撼，當時的王國維正處於他學術生涯的高峰期，他在一九二五年九月應聘到改制後的「清華學校」任教，擔任研究院的導師。才一開張，這個研究院就以導師陣容聞名，有「四大導師」與「五大師」的說法。「四大導師」指的是梁啟超、王國維、陳寅恪、趙元任；「五大師」則又多加了一位李濟。

而趙元任、李濟因為比較年輕，對其他三位以後學自居，陳寅恪也視王國維為長輩，就連梁啟超也事事推讓王國維，於是「五大師」排座位時，以王為首，其次才由梁、陳、趙、李這樣排下來。

而且王國維得到如此敬重，有著再堅實不過的學術成就支撐，可以說當之無愧。

為什麼選擇在人生最風光時刻，投湖自殺？遺書中為何決絕稱「只欠一死」，使得王國維走向死亡的「義無再辱」指的又是什麼呢？這令人困惑的問題，則是使得他的死與他的遺書內容長期纏訟不休的根源。

當然並不是對簿公堂那樣的「纏訟」，而是在文化界、學術界，解釋王國維之死的文章不斷出現，不同文章中提出了不同看法，許多文人、學者還因此而掀起或明顯、或潛在的激烈對話論辯。我有限的閱讀所及，就至少讀過梁啟超、陳寅恪、吳宓、周作人、葉嘉瑩、周策縱、勞榦、余英時、李澤厚、王汎森、王德威、陳平原、翟志成、陳鴻祥、劉克敵、桑兵、李建民等各家意見。顯見一來，王國維自殺之舉有著複雜、難以簡化、拒絕被簡化的層層交纏動機；二來，這些動機牽涉的，不是王國維在一九二七年的個人感受，而是他一生走來的思想與學術發展，以及他走到「五十之年」半世紀現代中國的激烈變化。

會引起長期熱議，弔詭地，來自於王國維之死很快取得了一個理所當然並傳之久遠的標準解釋——認為他是「殉清而死」。這個說法當然有其根據，才能快速被接受為標準答案。即使進入由美國退還的庚子賠款支持成立的清華學校，在比外界更洋化些的環境中，王國維卻仍然堅持留著長辮子，而且在進入清華之前，他曾在遜帝溥儀的「小朝廷」裡任職。再往前些，一九一一年爆發辛亥革命，甚至還沒有等到民國正式成立，王國維就隨和他最親近的羅振玉出亡日本京都，在那裡住了四年多才回到已經沒有清朝了的中國。

王國維毫無疑問身屬「遺老」陣營，也毫無疑問仍然效忠清朝，但這並不能充分解釋他的自殺，至少有兩個關鍵問題橫亙在中間，必須被認真看待：第一是很多人都指出了，和之前經歷朝代滅亡的「遺民」，尤其是明遺民相比，清朝的這些遺老們最大的特色是，採取殉國行動的人少之又少，像是一直走在王國維前面，帶領他進入「遺老」領域中的羅振玉，就顯然從來沒有考慮過要自殺，王國維死後，他都還一直活到看見滿洲國的建立，又跟隨溥儀到了東北，任職於日本人控制的朝廷裡。這些「遺老」還有一項鮮明特色，那就是他們通常生活無虞，甚至還能安享富足，大概也因為這樣，他們更不會有強烈的動機想要殉國而死了。

還有第二個問題。清朝已經在一九一二年正式滅亡了，當時王國維沒有自殺。然後一九二四年馮玉祥入紫禁城將溥儀趕出宮，實質上終止了形式上苟延殘喘的「小朝廷」(假朝廷)，王國維也沒有自殺。他甚至也沒有等到國民革命軍打入北京，卻選擇在南北戰爭混亂未清的情況中「殉清」？

我們必須補上過去經常被忽略的細節。其中一項臺灣讀者很不熟悉的歷史事件，和王國維之死有著再緊密不過的時間關聯，那是發生在一九二七年的「清共」。蔣介石在三月二十六日抵達上海，立即就為了對待共產黨的問題，和汪精衛產生了嚴重歧異。四月五日，汪精衛和中共領導人陳獨秀公布聯合宣言，呼籲在中國建立「各被壓迫階級的民主獨裁」，同時汪祕密潛赴武漢，去見蘇聯顧問鮑羅廷，希望能說服鮑羅廷放棄對蔣介石的支持。

蔣介石身邊的人力勸應該要盡快行動，以免在黨內遭到奪權。這裡是上海，而且蔣介石握有兵權，於是在四月十二日清晨，蔣從上海商人處取得巨額款項，又聯絡舊識青幫解除了工人糾察隊的武裝，他所帶領的國民黨士兵和青幫分子共同行動，大肆逮捕並當街處決共產黨員和工人民兵隊的成員。究竟死了多少人，始終沒有明確的數字。

當時在北京的知識界聽聞「清共」的驚人暴力情況，引發了強烈的反應。對王國維絕對有直接影響的是梁啟超表示「恐怕北京的變化意外迅速」，必須做「不能不亡命」的準備；另外曾擔任清華研究院「籌備主任」，特別禮貌登門親邀王國維加入研究院的吳宓，他並未介入政治，只因主編表明保守立場、反對新文化革命的《學衡》雜誌，此時也害怕「文學思想之仇敵……趁機報復」，預感「黨軍入京，宓身甚危，至少亦恐受辱」。

吳宓擔心「受辱」，正就是王國維遺書中所說「義無再辱」的恐懼。他們當時在北京感受到來勢洶洶的「黨軍」，可不是後來國民黨宣傳中形容的「仁義之師」，尤其蔣介石上海「清共」的舉措，連對付原本內部聯合的共產黨都如此殘忍，誰敢保證進入北京不會變本加厲對付「黨軍」要北伐打倒的對象？合理想像，「黨軍」入城將帶來一片腥風血雨吧！

再將相關史料看得更仔細些，我們還會發現，抱持激進革命立場、手段殘暴的「黨軍」即將入城，還不是王國維在這段時期中所遭受的惟一重大打擊。

王國維投湖自殺半年多前，他的長子王潛明因病在上海去世，時年只有二十七歲。白髮人送黑髮人，已經是人生巨慟了，接著又因為長子之逝，而使得王國維和羅振玉一度交惡。

談王國維，不論從生活面、思想面或學術面切入，都避不開羅振玉。兩人的私交無比親近，卻又充滿糾結；親近到王國維的長子娶的就是羅振玉的女兒，卻又糾結到這份親家關係給長子驟逝的王國維平添了一份更難承受的打擊與壓力。

王潛明去世時，他的遺孀才二十四歲，王國維和羅振玉在上海哀傷相見，然而隨後羅振玉竟然就「攜女大歸」，並未徵得公公王國維同意，便將其新寡的媳婦羅孝純帶回了天津。

羅振玉愛女心切，但從王國維的角度得到的，卻是重重一擊，老友兼親家似乎是擺出了不相信他能養得起寡媳的態度。為了爭回面子吧，王國維處理完兒子喪事，十月十五日由上海回北京路上，給羅振玉寫了一封信，信中特別交代將三千元的款項匯給了羅振玉，作為他「養媳」的資費。

但羅振玉竟然連這三千元也不讓女兒收取，以至於王國維怒氣沖沖在信中表示：不受潛明遺款，是「蔑視他人人格，於自己人格亦復有損」的行為。此話一出，惹來了羅振玉近乎攤牌絕交的回信。

光是這樣就構成讓王國維難以承受的重擊了，若是依照後來羅振玉政敵鄭孝胥傳出的流言小話，羅振玉在絕交信後，又繼以討債行動，意思是王國維要匯的三千元，比起過去他贊助王的金額，根本九牛一毛，既然王要他接受那區區三千元，就將兩人的帳徹底算清吧！這是王國維死後，會有言之鑿鑿他是被羅振玉討債逼死之說的來源。

唉，羅、王之間的相欠債，怎麼可能算得清、說得清呢？

2

王國維出生於一八七七年，父親王乃譽課子甚嚴，對王國維的期待就是依循傳統老路子，考科舉、當官，在官場上步步高升。王國維十六歲考上秀才，看起來有了好的起步基礎，然而接著幾次考舉人都鎩羽而歸，到他二十歲，時代進入晚清激烈變化階段，即使是守舊的父親也不得不在老路子之外，替兒子規劃別的出息了。

一八九八年，王國維到了上海，進了當時改革思想的重鎮《時務報》。不過二十一歲的王國維（字靜庵）讓父親深深擔心：「靜兒出門，吃虧有數端：貌寢（無威儀）一也；寡言笑、少酬應，二也；書字不佳，三也；衣帽落拓，四也；作書信條，字句不講究，五也。」

這樣的內外特性，很難在熱鬧變化的十里洋場出頭。王國維在這裡認識了參與「強學會」、創辦《時務報》的汪康年，汪康年給他「書記校讎」的職位，但顯然只是當作廉價勞力使用，支付他比前任少了將近一半的薪資。對此待遇鬱鬱不滿卻又無計可施的王國維，幸而在此時遇到了羅振玉，進了「東文學社」。

羅振玉絕對是王國維生涯起步時的「貴人」。他一八九六年到上海創設「農學會」、《農學報》，加入了「維新」的潮流。雖然「興農」的立場是傳統的，但他實踐的作法卻是「購買歐美日本農書，移譯以資考究」。更進而為了培養翻譯人才，而設立了「東文學社」。

「東文」指的就是日文。「東文學社」是一家日文學校，同時也是一家日文翻譯社。王國維先以學生身分進入「學社」，得到了羅振玉的賞識，即使上課第一個月的考試不及格，仍然獲許留在學社中。進而羅振玉安排王國維擔任學社的「庶務」，讓他得以離開飽受壓榨的《時務報》，領取比在《時務報》時加倍的薪水，總算真正能在上海落腳，養家活口。

一八九八年先有「戊戌變法」，繼而演成「戊戌政變」，「維新派」大潰敗，羅振玉所辦的「農學會」正因為表面宗旨保守，逃過一劫，未被清廷查封，也未惹罪上身。「政變」後，王國維升任「學社」的學監，同時羅振玉決定學社除了原本的「東文」之外，也要兼顧「西文」，增加開設了英文課程。

王國維的日文和英文，都是這段時期在「東文學社」打下基礎的。他的英文主要隨兩位日本老師學習，其中一位田岡嶺雲更帶領他接觸了康德、叔本華，啟發了他對於西洋哲學的興趣。

一九〇〇年，王國維自學英文有成，首度嘗試譯書。他透過英文本譯寫了德國學者 Helmholtz 的《勢力不滅論》，書的主要內容是解釋十九世紀新發現的「能量守恆定律」。次年，他又受羅振玉鼓勵與贊助，前往日本留學，進入了「東京物理學校」主修物理。

不過他在東京只待了四個多月時間，甚至尚未來得及開始上物理課。他白天學英文，晚上才去學校上數學課，顯然這樣的學習內容和王國維自己的興趣有相當差距，加上身體不適，他就早早結束了留學生活轉回中國。

回國後，王國維立即被羅振玉拉到武昌去。長袖善舞的羅振玉此時投靠了「庚子事變」中發起「東南各省自保運動」，此時成為封疆大吏領頭的張之洞，在湖北幫張之洞興辦「新政」，要王國維到武昌農務學校擔任翻譯教授。

這是王國維和羅振玉關係的開端，靠著羅振玉給予的物質條件保障，王國維得以展開了他自己選擇的知識、思想追求。

3

一九〇一年到一九〇五年間，王國維透過日文與英文，譯出了十幾種著作，這些書的主題內容範圍甚廣，除了他原先一度要專攻的物理學外，還有教育學、法學、哲學方面的書。

他翻譯了日人所著的《法學通論》，主要是受時代氣氛影響，因應清廷「預備立憲」的風潮。另外翻譯了諸多與教育有關的書，則是因為他接下了《教育世界》雜誌的編務，而這本推動教育改革，呼應當時「興學熱」的刊物，也是羅振玉創辦的。

相對地，哲學才是王國維這段時期自己真正的熱情所在，也是他最獨特的貢獻。他絕對是中國近代最早以原文攻讀康德、叔本華、尼采，進而試圖全覽掌握西方哲學史的知識人。他對哲學的認同、投入甚至刺激他寫出了〈哲學辨惑〉，強調哲學的重要性，乃至於主張近代教育的本質就在「教育上的理想，及哲學上的理想」。

這樣的主張是直接針對張之洞而來的。張之洞參與「興學」，特別立「理學」一科，強調教育內容中不得有「哲學」，將哲學看作是社會紛亂的起源，要從教育上予以拔除。王國維因而感慨評論，當時中國朝野上下的「興學熱」，是在完全不了解「近代教育」為何物的混亂中進行的，令人不得不擔憂啊！

王國維在〈三十自序〉文中，形容自從「辛、寅之間」，也就是一九〇〇年、一九〇一年「以後，遂為獨學之時代矣」。那是大環境所造成的「獨學」，他要鑽研的西洋哲學，在中國根本找不到譯本，又能到哪裡去找具備和他一樣能夠靠原文深入讀書的其他人？

留下的記錄顯示，王國維從一九〇二年春開始大量購買西方哲學、心理學、社會學方面的書籍，有系統地攻讀。他買了翻爾朋 (Fairbank) 的《社會學》、霍夫丁 (Hoffding) 的《邏輯學》、巴爾善 (Paulsen) 的《哲學概論》、文特爾朋 (Windelband) 的《哲學史》等書，後面兩本書的內容，出現在關於叔本華和尼采比較的文章中，從引文的選擇與翻譯，我們可以確認王國維好好、有效地消化了這些書的論點。

深入研讀哲學，堅忍專攻思辨最為複雜細緻的康德、叔本華、尼采哲學，讓王國維寫出了第一批引起注意的介紹與分析文章。同時期，他又援引了叔本華的哲學理論，寫出了劃時代突破性的〈紅樓夢評論〉。

蔡元培在王國維〈紅樓夢評論〉發表十三年後（一九一七年）寫出了〈石頭記索隱〉，再過四年，胡適寫了〈紅樓夢考證〉，蔡、胡兩篇文章分別開啟了「紅學」中的「索隱派」和「自傳派」兩種解讀典範，然而他們所採取的方式，基本上都不脫考據學路數，只不過一個將考證重點放在清初史事與人物上，另一個則偏重考證作者曹雪芹的家世、經歷。這兩派都將《紅樓夢》當作考證資料，而不是文學作品。相對地，王國維更早就擺脫了這種清代學術習慣，改採西方式的態度，認真對待曹雪芹在《紅樓夢》書中創造出的感受與體會，評論、分析《紅樓夢》關於人生的種種意念與訊息。

〈紅樓夢評論〉共分五章，在正式進入評論、分析前，第一章先鋪陳「人生及美術之概觀」，表白了自己的根本價值觀，然後在第二章「紅樓夢之精神」裡標舉全書之所以堪稱「宇宙之大著述」，正在於描寫了「人生之苦痛與其解脫之道」。全文立論很明顯和王國維這段時間所浸淫強思的叔本華哲學有密切關係，他已經不只吸收叔本華思想，取得了將叔本華論點和尼采進行比對的能力，甚至更進一步將叔本華的存在意識與藝術美學原則，原創地運用在解讀《紅樓夢》上。

4

王國維的思想、學問最特殊之處，在於如此明顯地分成好幾個不同階段，每個階段各有重點，而且在每個殫精費神研究的重點上，他都交出了令人驚嘆的成績。他在每個階段選擇的重點，彼此之間沒有什麼必然的連續性，呈現近乎隨意隨機跳躍景象。

開始做出成績的第一階段，他先於其他同時代的中國人，進入了西方近代哲學的堂奧。但接著在一九〇六年，他出版了創作的《人間詞》，又在同年年底開始發表《人間詞話》，在極其傳統的詞與詞話上，灌注了主要的心力，寫出了被後人推崇並反覆引用、衍伸詮釋的經典作品。

大約同時期，王國維在自己主編的《教育世界》雜誌上譯介西方文學名家名著，特別凸顯了莎士比亞與席勒在戲劇上的成就，或許受此而引發了對於中國戲曲研究的興趣。於是由詞而曲，展開他下一個階段的學術工作。

他先從詳盡收羅現存《曲錄》入手，驚訝發現：第一，其實傳世的戲曲作品遠超過他原先所理解的；第二，也更重要的，以莎士比亞、席勒為文學、戲劇標竿，中國戲曲在宋元時期曾經到達的高度，也遠超過他原先理解與所能想像的。

從這裡他以爆發式的辛勤，配合高度理性、綿密的論證風格，逐步完成了在此領域開創新境的《宋元戲曲考》。王國維自己不唱曲、甚至也不看戲，純粹從文本上進行蒐羅考究，因為有著清楚的歷史源流概念，加上來自近代哲學論理的描述討論筆法，讓他能夠將宋元戲曲視為一項特殊歷史現象，整理出前人未見的種種重點。

《宋元戲曲考》開篇先考索中國古代歌舞傳統，一直敘述到唐、五代為止，以鋪墊引出關鍵主體評斷：真正的戲劇史於宋代，但宋代戲劇形式不純，要到元雜劇才完成了「戲曲」的表現。元雜劇合動作、言語、歌唱三者而成，是相對成熟的演出，能夠承載較多的訊息，成就了「最高的文學」。

王國維給予元雜劇極高評價，徹底逆反了歷來文人的輕忽態度，有一部分受到新時代重視庶民文化潮流的影響，不過《宋元戲曲考》能夠產生巨大影響，另有一部分來自於王國維的論理評判根據。和〈紅樓夢評論〉一脈相承，他援引了西方文學——尤其是莎士比亞和席勒戲劇受到的推崇——觀點，轉用在中國近世戲曲的賞析上。還有，他將之前在《人間詞話》中形成的美學原則，也拿來衡量元雜劇，等於是以自己詞學創作與評論上的新建權威來墊高雜劇的地位。

> 元曲之佳處何在？一言以蔽之，曰：自然而已矣。古今之大文學，無不以自然勝，而莫著於元曲。蓋元劇之作者，其人均非有名位學問也；其作劇也，非有藏之名山傳之其人之意也。彼以意興之所至為之，以自娛娛人。……彼但摹寫其胸中之感想與時代之情狀，而真摯之理與秀傑之氣，時流露於其間。故謂元曲為中國最自然之文學，無不可也。

又說：

然元劇最佳之處，不在其思想結構，而在其文章。其文章之妙，亦一言以蔽之，曰：有意境而已矣。何以謂有意境？曰：寫情則沁人心脾，寫景則如在人耳目，述事則如其口出是也。古詩詞之佳者，無不如是，元曲亦然。

5

到了一九一二年，之前的學思貢獻主要在哲學、文學領域的王國維，突然交出了一篇題材完全和哲學、文學無關的研究——《簡牘檢署考》。這是針對出土古代策簡的器物學考據，先是論究在紙發明前中國書寫材料與方式，然後提出了關於古策長度規律的大膽論斷。

接下來，他連續完成、發表〈明堂廟寢通考〉、〈釋幣〉、〈胡服考〉等論文，又編撰了《齊魯封泥集成》，另外和羅振玉共同考訂「流沙墜簡」，寫了〈屯戍叢殘〉等三卷，再進行了關於三代古器拓本的校勘，編成《宋代金文著錄表》、《國朝金文著錄表》。然後，他用編集的金文資料，對比文獻史料，完成了〈鬼方昆夷玁狁考〉和〈生霸死霸考〉。

這又是一系列石破天驚的學術大突破，發生在過去沒有人認為王國維會擅長的古史領域。而之所以堪稱石破天驚，那是因為不只他產生突破看法的領域讓人跌破眼鏡，王國維切入這些領域進行探究的手法也如此新奇！

從這些研究中，王國維後來形成了著名的「二重證據法」，在中國現代史學方法論上也占有重要一席之地。

「二重證據法」指的是實物與文獻兩種證據，關鍵要點在於能夠找出這兩種證據間的鏈接，使得在比對中彼此呼應，彰顯出各別任一證據無法到達的歷史事實呈現，發揮出一加一大於二的考據功效。

王國維怎麼會突然轉向古史研究，而且選擇器物為焦點？這牽涉到他此刻的生活大變動，更牽涉到羅振玉。一九一一年年末革命爆發，羅振玉拜託之前「東文學社」的教師藤田劍峰先渡海安排，帶了王國維一家，和長婿劉季英一家，一共二十多人，從天津啟程，十一月二十七日就抵達日本，在神戶上岸後，轉而落腳在京都的吉田山邊。

王國維會和羅振玉一起東渡，直接的理由是他的兒子已經和羅的女兒訂親了，在身分上是和劉季英一樣的女婿、親家。不過到了京都之後，缺乏財務基礎的王國維必須靠羅振玉如同發薪水般「月致餽百元」才能支應家用。王國維回報的，則是每天從他所居住的「百萬遍」走到羅振玉所住的吉田山另一頭，位於淨土寺町的「永慕園」去，「像上班一般。穿上白下淡青兩折圍長衫，頭戴辮髮，……與（羅振玉）共研文史。」（羅振玉姪女羅守巽語）

羅振玉是一位始終守護皇清的「遺老」，不過在辛亥年間，他顯然對清朝極度缺乏信心，比別人都早準確預見了清朝的覆亡。證據是他不只早早避居日本京都，而且安排了大量行李隨後運到。這些大箱子裡放的，是羅振玉收藏的書籍、拓片、甲骨、書畫、古玩等。

去過京都的朋友可能有人知道「吉田神社」的所在。要上吉田神社的參道起點，就在京都大學的後門口，上了吉田山，會見到一塊石碑，上面寫著關於京都帝大前身「第三高校」的紀念文字。羅振玉之所以帶著王國維客居在吉田山邊，正因為有以京都大學為鄰的好處。

羅振玉一度將藏書寄放在京都大學圖書館，而且和京大學者鈴木虎雄、狩野直喜、內藤虎次郎、富岡謙藏等人過從甚密。而王國維這段時間就將心力放置在整理、運用羅振玉的收藏上，因此而開展了對於古史的研究。

然而羅振玉寓居日本期間，也就開始有了關於他買賣真假骨董的種種傳言。魯迅曾經批評羅振玉介入明清內閣大庫收藏書籍、案卷的買賣，甚至毫不客氣地說：「(羅振玉)偏將骨董賣給外國人的，只要看他的題跋，大抵有廣告氣撲鼻。」進一步，魯迅又說此事王國維「往往和羅振玉一鼻孔出氣」。

換句話說，在那個時代，有人解釋王國維之所以轉向古史研究，以器物為探索的依據，源自於他和羅振玉的關係，乃至於和羅振玉做骨董買賣，需要將手中藏品價值宣揚出去，有直接的關係。

6

必須說，羅振玉的收藏和王國維的學術功力彼此相得益彰。兩個人在日本大部分時間朝夕相處，也到達了關係最密切的頂點。一九一六年二月，王國維從日本回到中國，他和羅振玉因此分離時，兩人甚至相約都要開始寫日記，每天「同記所歷，異日相見可互閱之」，而且王國維還真的提筆實踐了這項「交換日記」之約，留下了他生平中僅有的一份《丙辰日記》。

使王國維做出返國決定的，是他接到「哈同君之夫人羅氏」的邀情，到上海協助創刊一本登載「字學、禮學、文學、覺學、宗教」各類文章的「學問雜誌」。

是的，這位「哈同君」就是鼎鼎大名「哈同花園」的主人。民國時期，上海市民沒有人不知道靜安寺路上的「哈同花園」。在上海公共租界中，竟然有一大塊土地闢建為私人花園。這座花園由「烏目山僧」黃宗仰設計，耗時八年才完工。黃宗仰也是一位奇人，十五歲出家，十九歲受戒，三十四歲從鎮江遷到上海，就因為認識了「哈同君之夫人羅氏」，受其信賴，搖身一變而為設計師；而幾乎同時，「烏月山僧」又和章太炎、蔡元培等人合組了「中國教育會」，開始參與革命行動，成為有名的「革命和尚」。一九〇三年章太炎與鄒容因「蘇報案」被捕入獄，黃宗仰也遭牽連，被迫去國，逃到日本，在橫濱結識了孫中山，由孫中山資助他遠赴檀香山避難。

「哈同花園」主人是從英國來華的猶太人，原名Silas Auron Hardoon，曾經擔任上海公共租借區的工部董事，因而得以在附近大買土地。他娶了一位神秘的女子為妻。這位「羅氏」一般稱羅迦陵，不過據其自稱實際姓羅詩，名儷穗，父親是法國人，母親是福建人，能說法語和英語。

一九一六年時，哈同夫人五十初度，轉而信佛，給自己取了一個「慈淑老人」的別號，身邊有了另外一個僧人隨侍左右。這個人的名字很特別，叫姬覺彌，因為他號稱身世系譜可以遠溯到周文王，所以姓「姬」，改了原本的潘姓，順便也將原名「翥雲」改成了「覺彌」，而且還自號為「佛陀」！

就是在這位自命「亦玄亦史，即佛即心」的和尚慫恿下，羅氏要站出來擔任中國「倉學」的領袖。什麼是「倉學」？「倉學」或「倉教」來自傳說創字的倉頡，姬覺彌主張那是中國文化最根本、最純粹的始源。

王國維應邀前往，見證了「倉聖明智大學」的開學典禮，「倉聖」指的是倉頡，那「明智」呢？來自於哈同先生此時給自己取的號，叫「明智居士」。曾經苦研康德與叔本華哲學，後來又如此深入中國古史考據的王國維，怎麼可能看不出這全是江湖術士招搖撞騙裝神弄鬼的把戲呢？

然而和羅振玉反覆通信後，王國維終究還是答應了擔任《學術叢編》這本「學問雜誌」的編輯，不過有附帶條件，姬覺彌和「慈淑老人」、「明智居士」不得插手干預雜誌內容，確保將「倉教」相關荒唐內容排除在外，而且拒絕在「大學」裡擔任教務長，也不兼教職。

王國維親擬了《學術叢編》的辦刊宗旨：

本編宗旨，專在研究古代經籍奧義及禮制本末、文字源流，以期明上古之文化，解經典之奧義，發揚古學，沾溉藝林。

以此刊物為基地，王國維得以延續在日本展開的古史探索，爆發出了第二波的學術光彩，也憑此奠定了後來擔任清華導師的研究、思想高度。

7

在《學術叢編》第四冊，王國維發表了〈毛公鼎考釋序〉，精要地提出了辨識考究金文，乃至甲骨文的基本原則：

苟考之史事與制度文物，以知其時代之情狀；本之《詩》、《書》，以求其文之誼例；考之古音，以通其義之假借；參之彝器，以驗其文字之變化。由此而之彼，即甲以推乙，則於字之不可釋、義之不可通者，必間有獲焉。

接著他運用了自己淬鍊、提示的方法，在《學術叢編》的第十四、十六兩冊，先後發表了〈殷卜辭中所見先公先王考〉及〈續考〉。

王國維接觸甲骨文，當然也是源自和羅振玉的交往。中國現代甲骨文的發現，第一位關鍵人物是王懿榮，他注意到了來自河南章德府的大批有刻字痕跡的甲骨具備特殊歷史價值，開始有系統地購藏。然而擔任清廷「國子監祭酒」的王懿榮，在庚子拳亂引發的八國聯軍攻入北京大難臨頭時，選擇服毒自殺殉國。

王懿榮死後，他所收藏的甲骨由《老殘遊記》的作者劉鶚接手，並更廣為到河南尋購擴充，到一九〇三年時，他選取其中一千多片的內容，輯印成《鐵雲藏龜》問世。而到了一九〇九年，劉鶚五十三歲死於被流放的迪化，繼而接手這些收藏的，也就是劉鶚的親家羅振玉。前面提到和羅振玉、王國維一起前往日本京都的劉季英（大紳）就是劉鶚的兒子。

寓居京都時，羅振玉完成了《殷墟書契考釋》，是甲骨文研究上的先鋒開路之作。這本書由王國維寫序，而且還不止寫一篇，寫了前序和後序兩篇，序言中王國維將羅振玉的成就和顧炎武的《音學五書》相比擬，順道將自己比成「為之校寫」的張力臣。認真查考一下會發現，張力臣自身精通文字音韻，絕對不單純只是幫顧炎武抄寫校對，《音學五書》成書過程中，張力臣提出了超過一百處的修正意見。

王國維應該也曾經對羅振玉的《殷墟書契考釋》發揮過類似的作用吧！回到中國後，王國維提出了自己對於甲骨文的重要研究發現。靠著他的細密比對，王國維竟然能在眾多不全的甲骨碎片中，重建還原了完整的殷商先公先王系譜，也就是商湯之前各世領導人的名字與順序，然後和《史記．殷本紀》所載進行比對，除了對《史記》內容做出了權威的修正外，同時證明了儘管離殷商之世有了將近一千年的時間差距，司馬遷寫〈殷本紀〉時絕對有可靠的史料依據，不是單純依循戰國時代的大量歷史傳說，否則不可能近實記錄殷商先公先王系譜。這項發現對於當時已經甚囂塵上的「疑古」風潮，發揮了相當的抑制、修正作用。

再接再厲，在《學術叢編》第二十冊，王國維又發表了〈殷周制度論〉，文章開頭便說：「中國政治與文化之變革，莫劇於殷周之際。」

這是推倒千年以上傳統觀點的大翻案。中國傳統歷史上最為根深柢固的概念之一，是「三代」。夏商周習慣並稱「三代」，顯示了「三代」之後發生了大變化，有了新的斷代。這大變化當然是秦漢帝國的出現，甚至是中國皇帝制度的形成，徹底告別了之前的封建政治、封建社會、封建文化，也就是「變化莫劇於周秦之際」。

王國維卻主張，在殷周之際發生了「舊制度廢而新制度興，舊文化廢而新文化興」，幾乎將商與周視為兩種不同的文化，表示其間的差距變化，甚至還更大於周秦之間。

陳夢家曾經檢討王國維的說法，認為他提出的八項商周之際劇變，都無法在史料上成立。不過隨著愈來愈多考古資料的累積，比陳夢家更晚的古史研究者，卻有許多人接受了王國維提出的大膽論斷，認為商人和周人確實有著極大的文化差異，周人東進「翦商」成功之後，也確實在東方創造出很不一樣的政治制度與社會組構原則。至少封建制度就是由周人所新創的，不曾見於商人記錄中。

不過在〈殷周制度論〉中，王國維不是只要提出一項歷史變化觀察，毋寧還要提出一套歷史道德論。他強調：「周世……一切典禮皆所以納天子、諸侯、卿大夫、士、庶人於道德，而合之以成一道德之團體。政治上的理想，殆未有尚於此者。」

周代創造了殷商所沒有，甚至其他任何時代、任何文明中都沒有的一套道德政治，這是劇變之所在，也是之所以變化之劇莫過於此的根本原因。考量王國維在民國成立前倉皇去國，此時才回到他所不認識的民國環境中，再加上後來他參與遺老團體活動，又進入「小朝廷」服務遜帝的選擇，我們有理由相信，王國維的歷史論斷中含藏著對現實的感慨與批判。他在追溯被共和體制所推翻、所取代的那套制度，刻意凸顯其中的道德性，主張那樣的制度創造了道德團體，用來對照民國時代的種種「不德」。

8

《學術叢編》第一冊出版於一九一六年二月，刊登〈殷周制度論〉的第二十冊出版於一九一七年八月，這段期間《叢編》成了王國維個人學術舞臺，當然也就引來了出資者的不滿。到一九一七年年底，出資者不願繼續出刊《學術叢編》，王國維只好改任他原本拒絕過的「倉聖明智大學」教授。

他之所以接受這番變動，一部分理由是兩年來這個機構的改變。「倉聖明智大學」名稱很高，但原本實質上只有中小學，到了一九一八年才正式開設「大學預科一二年級」，隨後再有「大學正式一年級」。面對這些比較年長成熟的學生，王國維才能夠開始講授「經學概論」。

經學當然是舊學問，不過這時候的王國維已經掌握了眾多傳統文獻以外的知識，可以對「經」從歷史上進行徹底的新考論，在這裡奠下了後來他到清華研究院講授「古史新證」的基礎。

在「哈同花園」中的幾年經驗，無可避免給了王國維精神上相當壓力。他很清楚自己為了生計所作的妥協，也意識到自己的思想高度與主其事者間絕對無法拉近的距離，這增加了他從年輕時便有的苦悶、悲劇之感。另外一方面，這裡的復古氣氛，尤其是血統身分上的外國人誇張崇拜中國文化起源「倉聖」的做法，又增添了他對於新時代的不滿、乃至於不屑。

一九二二年，認真的鬧劇「倉聖明智大學」宣告解散，王國維在上海落得無所事事。突然他接到了來自北京「小朝廷」的「上諭」，任命他為「南書房行走」，也就是擔任溥儀「皇帝」的老師。這一年，溥儀十七歲大婚，在民國優遇條件下得以「關門做皇帝」，依照舊帝制，大婚之後要「親政」，便煞有介事地大幅改組「小朝廷」，對外延攬人才。此時獲延攬「入朝」的有羅振玉，羅也很自然地就推薦了王國維一起來輔佐「宣統皇帝」。

從上海到北京，王國維和民國現實愈加隔閡了。他得到了相當優渥的「養廉費」，得以擺脫長期以來的財務困窘狀況，而且領皇帝俸祿當然比依賴哈同家與姬覺彌體面多了。

不過王國維入朝不久，一九二三年六月就發生了福建宮大火，一夜之間燒毀了大批寶物、古物。事後光是在火場揀出的金片、金塊竟然就高達一萬七千多兩！同時損失的字畫、古書簡直無從估計。

次年，一九二四年四月，又發生了要將「文淵閣四庫全書」運往上海的爭議。乾隆皇帝時所編的《四庫全書》共抄錄七部，到民國時期，只剩文淵閣、文津閣、文溯閣三部保存完整，而文淵閣尤其因是第一部抄錄，又長期保存在宮中，價值最高。「小朝廷」內的「重臣」鄭孝胥之前曾經擔任「商務印書館」董事，經他牽線，要將文淵閣四庫全書運到上海去製版印刷。

王國維針對此事上奏強烈反對。這裡當然有他對於故宮文物的強烈珍惜之情，不過我們也不能忽略其中摻雜了「小朝廷」裡的派系因素。挑戰鄭孝胥在「小朝廷」勢力的主要對頭，就是王國維的親家，拉王國維進入紫禁城的羅振玉。

在此之前，曾經發動「復辟」鬧劇，七日就失敗，卻因而被溥儀及「小朝廷」視為大忠臣的張勳，在一九二三年九月去世，溥儀降旨予以功賞，其中包括了「御賜」一份紀念碑文的特殊褒獎。代「皇上」寫這份碑文的任務，就落在王國維身上。

這是個困難的任務。王國維明白對羅振玉表示過「不易寫」，因為「論人固不可，論事亦著行跡，故以論心為要」。直白地說吧，也就是張勳之為人和行事，有太多違背忠臣資格之處，不能提、提不得啊！

張勳曾經為民國大總統袁世凱效力，和他關係密切，曾經一起參與「復辟」，之後卻又回頭繼續當民國大官的，有徐世昌、馮國璋、段祺瑞等人，如何避開這些事這些人，很讓王國維頭痛。更嚴重的是，王國維一定還清楚記得辛亥革命後袁世凱如何逼清廷退位，他當時觀察時局，曾經在日本寫下了許多痛責袁氏的悲憤詩，他無論如何無法肯定張勳在袁氏政權內曾有的經歷。

耗時良久，一直到次年一九二四年六月左右，王國維的代擬碑文才交稿。但時間衝上了他反對鄭孝胥之事，鄭派人士就以此開刀報復，故意壓住王國維的文稿不用。

還有更大的挫折等著忠心服務「皇上」的王國維。一九二四年十月，馮玉祥的「國民軍」強行進入紫禁城，宣布《修正清室優待條件》，要溥儀「即時移出宮禁」。十月九日，中華民國十三年國慶前一天，王國維隨「皇上」倉皇出宮，他在「小朝廷」的職位連帶不保了。

9

就在如此災厄中，王國維接到了清華研究院的邀請。從高度扭曲的「哈同花園」，繼而陷身在高度扭曲的宮禁環境，似乎使得王國維無法意識到自己這些年的大量學術成就，給他帶來了什麼樣的尊重。清華籌備主任吳宓見到王國維恭敬行鞠躬禮，讓王國維大為意外更大受感動。

「王先生事後語人，彼以為來者必係西裝革履、握手對坐之少年，至是乃之不同，乃決就聘。」（《王國維自編年譜》）

一九二五年九月第一學期，王國維在清華講授「古史新證」、「尚書」和「說文」三門課。他的「古史新證」課尤其別開生面，廣受重視。

從留下來的講義看，「古史新證」課程分成五部分，第一部分是總論，王國維特別解釋了「二重證據法」，然後進入第二部分——考證「禹」。這部分的考證明顯針對疑古派，特別是做過「禹」的來歷考證的顧頡剛，王國維引用了「秦公敦」、「齊侯鎛鐘」上的銘文，佐證《尚書．呂刑》、〈堯典〉、〈皋陶謨〉及《詩經．商頌》、〈大雅〉等篇章裡關於「禹」的記載，是有根據的。

「古史新證」第三部分是他之前發表過研究成果的「殷之先公先王」，繼之以第四部分的「商諸臣」，和第五部分的「商之都邑及諸侯」。也就是說王國維所授之「古史」，斷在殷商，並未下及周代，違反了一般「三代」的歷史斷代法，反映了他在〈殷周制度論〉的主張，不將商代和周代放在一起討論。

然後到他投湖自殺前的一年半時間裡，王國維不斷在教學與寫作上自我突破，研究「中國歷代之尺度」，蒐集並校勘自宋至清多種酈道元《水經注》珍貴版本所撰跋文集合成的〈水經注跋尾〉，再又開啟了對於蒙古元朝史的研究，寫成《蒙古史料校注四種》。

王國維曾經這樣自我評估，認為到他寫〈毛公鼎考釋〉，青銅彝鼎銘文大致可以辨識十之八九了；到他講「古史新證」，甲骨文字所識之字大約十之二三，而古經書中最難的《尚書》，到他在清華開課，大概還有一半不能解；至於《詩經》也有一、二成內容還不能解。

這段評估最重要的不在所提出的比例數字，而在其間清楚透露出：對於這幾個方面的認識，王國維毫不客氣地以自己當作是傳統以來累積學術能力的最高頂點，他的學力到哪裡，就代表這個領域的成就能到多高。

10

王國維有其一貫心高氣傲的一面。在《人間詞乙稿．序》中，他不客氣地如此表彰：

> 靜安之為詞，真能以意境勝。夫古今詞之以意勝者，莫若歐陽公；以境勝者，莫若秦少游。至意境兩渾，則惟太白、後主、正中數人足以當之。靜安之詞，大抵意深於歐，而境次於秦。

將自己的詞放在歐陽修、秦觀大詞家之間比出高下。這樣還不夠，書中另外收錄了「山陽樊志厚」的序言，對《人間詞》多所擴張解讀，肯定王國維填詞的高度成就。《人間詞》問世沒多久，便有人指出樊志厚根本是王國維自己創造出來的虛構人物，那麼文中的盛讚也就是王國維自己寫的了！

對於王國維生平史料進一步細考，樊志厚確有其人，就是王國維在「東文學社」的同學樊炳清，王國維也確實曾邀樊為詞集作序，但樊遲遲未交稿。於是，王國維另外再寄上一份新的謄清稿，前面附有一篇序文，但序文並未署名，信中請樊猜猜序文是誰寫的。樊讀完了，從文意上下了解了來龍去脈，就大笑將自己的名字簽寫在那篇序文上。

到一九二三年，王國維出版了《觀堂集林》，那絕對是中國近代古史研究上的重量級著作，集中收錄了他從一九一二年到一九二一年間的主要史學論著。這部書由羅振玉與蔣汝藻作序。羅振玉的序文中提及和王國維相識二十六年，推崇王遊西學而返歸中學，由文學創作轉至史學探究的軌跡與功業，特別表彰他「義據精深，方法縝密，極考據家之能事」。

蔣汝藻的序文則說：

> 君書才厚數寸，在近世諸家中著書不為多。然所得之多，未有如君書者也。君所得之多，固由於近日所出新史料之多，然非君之學識，則亦無以理董之。蓋君於乾嘉諸儒之學術方法無不通，於古書無不貫串，其術甚精，其識甚銳，故能以舊史料釋新史料，輾轉相生，所得乃如是之夥也。

不過依照一封王國維寫給蔣汝藻的信中所述，這兩篇序文，也都是王國維自己寫的，託掛羅、蔣兩人的名字。

順道一提，《觀堂集林》的刊刻印行，得到了蔣汝藻的贊助。蔣汝藻是浙江烏程「傳書堂」的家業繼承者，他在上海經商成功後，大幅擴充家中藏書，從一九一九年起，他以「月脩五十元」聘王國維替他的藏書編目作序。費了四年工夫，王國維在一九二三年完成了《烏程蔣氏傳書堂藏書志》，也在同一年，蔣氏投桃報李，讓王國維兩年前就編定的《觀堂集林》得以精印出版。

11

王國維的遺書中說「經此世變，義無『再』辱」，關鍵重點應該在那「再」字上。整理他的生命歷程，我們看到的，是一顆內在極度聰慧敏感的心靈，卻嚴重缺乏應對外在人事的有利條件。偏偏他所經歷的，又是人事軌道被無情沖毀，要由個人另行自己打造出路的亂世。

有些人能憑藉長袖善舞，或憑藉人際條件，在亂世出人頭地。當然相對地，有更多人適應不良而被時運輾壓，默默鬱鬱以終。王國維居於這兩者之間，他的聰慧敏感使得他的思想甚至走在社會前端，乘著西學的浪頭；然而他得以領先時代的省悟，卻隨他的個性而偏向於內斂悲觀，從哲學到詞學，都因充滿抑鬱、蒼涼氣氛而不同流俗。

幸或不幸，這樣的王國維偏偏遇上了那樣的羅振玉，一方面賞識他的才分，一方面又藉由提供他別處無法得到現實生活待遇，利用他的才分。王國維在相當程度上長期依附羅振玉，失去了自身挺立的知識人格。就連他幾次知識轉向都不完全是自主決定的，有著明顯配合羅振玉的因素參雜其中。

類似的關係又再現於和哈同家的互動中，乃至他為蔣汝藻提供的服務。離開了當時的情境，後世客觀地衡量王國維的學術產出，給了他很高的肯定，但我們不要忘了，王國維是活在那樣的情境裡的，他很清楚意識到外界對他知識動機與人際依附的種種懷疑。

和羅振玉的關係，又將他拉向了「遺老」態度。年輕時可以自修英文，捧讀康德《三大批判》的英文本苦讀四遍，在沒有留學上課，沒有專業老師指導下，自己貫通了康德、叔本華到尼采哲學的理路；王國維到後來卻徹底擯棄任何西學，否定西方文明，完全將自己關進了古史與「國學」的範圍中。知識眼光的閉鎖，相應於他政治認同的自虐式固執，拒絕看見民國的現實，寧可活在「小朝廷」裡，寧可寫自知違背事實、也違背原本自我政治意見的張勳紀念碑文，也不願意剪辮子、從宮牆裡探出頭來領受現代之風。

「遺老」身分和王國維的糾纏，甚至延續到他自殺身亡之後。王國維六月二日自沉昆明湖，六月五日有一封「遺摺」送到了溥儀那裡，裡面說：「……願行在諸臣，以宋明南渡為鑑，破彼此之見，棄小嫌而尊大義，一德同心，以拱宸極，則臣雖死之日，猶生之年。迫切上奏，伏乞聖鑑。」

王國維臨死之際仍然心懷「聖上」，特別寫了一封比給兒子的遺書鄭重詳密許多的「遺摺」給溥儀，溥儀當天就從「行在」的天津下詔，給了王國維「忠愨」的謚號。

然而隨後的發展，讓「遺摺」中所請求的「破彼此之見，棄小嫌而尊大義」成了莫大的諷刺。羅振玉的政敵鄭孝胥絕對不願和他「破彼此之見」，揭露了這封「遺摺」根本是羅振玉假造的，由其四子羅福葆仿冒王國維的字跡抄寫，王國維並沒有「忠愨」到死前還惦記著溥儀遜帝。

這算是身後又添加的「再辱」一樁吧！幸好王國維已經不必身歷了。以悲觀之生命態度，經過諸多不可解之痛苦，從哲學而文學而史學，非但無法從知識學問上真得解脫，反而因知識學問而陷入了一重重的人格屈辱中。好不容易離開了荒唐的「哈同花園」，好不容易在清華得到了較為純粹的尊重，竟然就又遇到了長子去世，長期既是他的支柱又是他屈辱主要來源的羅振玉無情翻臉，甚至無情索債，這已經讓王國維情何以堪了，偏偏又再加上時局巨變，新的勢力風雨欲來，似乎即將奪走他當前賴以自立的基礎，將他投向下一個漂泊不確定，而且很可能連羅振玉都不會出手相助的屈辱風暴中。

王國維冷靜地做了決定，「義無再辱」，上午九點，他向研究院祕書借了五元，雇了黃包車到頤和園門口，步行到排雲殿魚藻軒，點了最後的菸，然後投身入湖。

第一輯

比較哲學與文學——以西方哲學評中國古典文學

提要

從思想發展的角度，而非單純知識累積上看，叔本華絕對是王國維的起點，也是最早的根源。他接受並詮釋叔本華的「意志哲學」，放入時代背景中看，沒有那麼理所當然。最主要就是在那個才剛開始接觸西學，對於西方哲學體系尚且嚴重缺乏種種所需的理解基礎配備，要進入叔本華的理論世界，談何容易！叔本華自視甚高，一度在大學裡直接挑戰當紅哲學明星黑格爾，就正因為他深浸在那個傳統裡，尤其嫻熟了從康德一直到黑格爾的現代哲學論理思辨，才從中躍出得到建構自我體系的突破。

雖然王國維也通讀了幾本關於近代哲學史的論著，但在那個時代連大部分的近代哲學觀念名詞都不曾被翻譯為中文，他竟然能在諸家中選擇叔本華，並相當準確地掌握了叔本華哲學要點，不得不說，內中必然要有性格與思考風格的強烈因素作用。

具體來說，叔本華的悲觀態度，以及在意志必然引發悲觀的論理中，特別保留了文學、藝術的特殊作用，和青年王國維的生命意趣，有一種超越單純學問、知識的親和性。叔本華代表了歐洲十九世紀浪漫主義發展的高峰，從反對古典主義純理智的主張衍生出：第一，理性無法真正馴服、控制根本的意志，意志必然帶來破壞秩序的威脅與危險；第二，直覺、本能比理智來得更根本也更強烈，不可能一直被壓抑、被控制；第三，在所有直覺、本能爆發的熱情作用上，只有針對藝術的，因為其無目的性、無功利奪取的意志介入其中，才能不造成破壞，也才能讓人暫時擺脫悲觀情境。

王國維受叔本華影響，除了積極介紹叔本華思想，在過程中留下了許多最早的近代哲學譯名，對後世中文容納西方觀念貢獻良多之外，終極結晶在他對於《紅樓夢》的解讀。王國維推崇《紅樓夢》，將之稱為「宇宙大書」，因為小說中一方面具體、深刻地描寫了人受意志作用而帶來的種種痛苦，另一方面又在最後指引了一種解脫的可能性。那既是在小說中所採取的將生命「美學化」的革命性態度，同時也將《紅樓夢》創建為一份精緻的生命美學藝術品，幫助讀者感受意志後而得到超越解脫。《紅樓夢》與叔本華哲學至此在王國維筆下完整地合而為一。

這段時期在中國發生了「廢科舉興學校」翻天覆地的大變化，潮流驅使王國維也高度關切教育問題。他表達了兩項最鮮明的立場：一是哲學在教育中的重要性，二是美學、藝術教育的獨特價值。這兩項立場，至今仍然有帶給我們刺激，乃至震撼的重大效果。

叔本華與尼采

十九世紀中，德意志之哲學界有二大偉人焉，曰叔本華 (Schopenhauer)，曰尼采 (Nietzsche)。二人者，以曠世之文才，鼓吹其學說也同；其說之風靡一世，而毀譽各半也同。就其學說言之，則其以意志為人性之根本也同，然一則以意志之滅絕，為其倫理學上之理想，一則反是；一則由意志同一之假說。而唱絕對之博愛主義，一則唱絕對之個人主義。夫尼采之學說，本自叔本華出，曷為而其終乃反對若是？豈尼采之背師，固若是其甚歟，抑叔本華之學說中，自有以啟之者歟？自吾人觀之，尼采之學說全本於叔氏：其第一期之說，即美術時代之說，其全負於叔氏，固可勿論；第二期之說，亦不過發揮叔氏之直觀主義；其末期之說，雖若與叔氏相反對，然要之不外以叔氏之美學上之天才論，應用於倫理學而已。茲比較二人之說，好學之君子以覽觀焉。

叔本華由銳利之直觀與深邃之研究，而證吾人之本質為意志，而其倫理學上之理想，則又在意志之寂滅。然意志之寂滅之可能與否，一不可解之疑問也。（其批評見《紅樓夢評論》第四章。）尼采亦以意志為人之本質，而獨疑叔氏倫理學之寂滅說，謂欲寂滅此意志者亦一意志也，於是由叔氏之倫理學出，而趨於其反對之方向；又幸而於叔氏之倫理學上所不滿足者，於其美學中發見其可模仿之點，即其天才論與知力的貴族主義，實可為超人說之標本者也。要之，尼采之說，乃徹頭徹尾發展其美學上之見解，而應用之於倫理學，猶赫爾德曼之無意識哲學[1]發展其倫理學之見解者也。

叔氏謂吾人之知識，無不從充足理由之原則者，獨美術之知識不然，其言曰：

一切科學，無不從充足理由原則之某形式者。科學之題目但現象耳，現象之變化及關係耳。今有一物焉，超乎一切變化關係之外，而為現象之內容，無以名之，名之曰實念。問此實念之知識為何？曰美術是已。夫美術者，實以靜觀中所得之實念，寓諸一物焉而再現之。由其所寓之物之區別，而或謂之雕刻，或謂之繪畫，或謂之詩歌、音樂。然其惟一之淵源，則存於實念之知識，而又以傳播此知識為其惟一之目的也。一切科學，皆從充足理由之形式。當其得一結論之理由也，此理由又不可無他物以為之理由，他理由亦然。譬諸混混長流，永無渟潴之日；譬諸旅行者，數周地球，而曾不得見天之有涯、地之有角。美術則不然，固無往而不得其息肩之所也。彼由理由結論之長流中，拾其靜觀之對象，而使之孤立於吾前。而此特別之對象，其在科學中也，則藐然全體之一部分耳；而在美術中，則遽而代表其物之種族

1 Hartmann，亦作哈特曼。一八四二—一九〇六，德國哲學家，將叔本華所謂的「意志」稱作無意識，並主張「無意識」為宇宙本體。

之全體，空間時間之形式對此而失其效，關係之法則至此而窮於用，故此時之對象，非個物而但其實念也。吾人於是得下美術之定義曰：美術者，離充足理由之原則而觀物之道也。此正與由此原則觀物者相反對。後者如地平線，前者如垂直線。後者之延長雖無限，而前者得於某點割之。後者合理之方法也，惟應用於生活及科學；前者天才之方法也，惟應用於美術。後者雅里大德勒[2]之方法，前者柏拉圖之方法也。後者如終風暴雨，震撼萬物，而無始終、無目的；前者如朝日漏於陰雲之罅，金光直射，而不為風雨所搖。後者如瀑布之水，瞬息變易而不捨晝夜；前者如澗畔之虹，立於豁韃澎湃之中，而不改其色彩。（英譯《意志及觀念之世界》第一百三十八頁至一百四十頁。）

夫充足理由之原則，吾人知力最普遍之形式也。而天才之觀美也，乃不沾沾於此。此說雖本於希爾列爾 (Schiller) 之遊戲衝動說，然其為叔氏美學上重要之思想，無可疑也。尼采乃推之於實踐上，而以道德律之於超人，與充足理由原則之於天才，一也。由叔本華之說，則充足理由之原則，非徒無益於天才，其所以為天才者，正在離之而觀物耳；由尼采之說，則道德律非徒無益於超人，超道德而行動，超人之特質也。由叔本華之說，最大之知識，在超絕知識之法則；由尼采之說，最大之道德，在超絕道德之法則。天才存於知之無所限制，而超人存於意之無所限制。而限制吾人之

2 Aristotle，多譯作亞里士多德。西元前三八四－前三二二年，希臘哲學家，師從柏拉圖。

知力者，充足理由之原則；限制吾人之意志者，道德律也。於是尼采由知之無限制說，轉而唱意之無限制說，其《察拉圖斯德拉》[3]第一篇中之首章，述靈魂三變之說曰：

察拉圖斯德拉說法於五色牛之村曰：吾為汝等說靈魂之三變。靈魂如何而變為駱駝，又由駱駝而變為獅，由獅而變為赤子乎？於此有重荷焉，強力之駱駝，負之而趨，重之又重，以至於無可增，彼固以此為榮且樂也。此重物何？此最重之物何？此非使彼卑弱而汙其高嚴之衰冕者乎？此非使彼炫其愚而匿其知者乎？此非使彼拾知識之橡栗而凍餓以殉真理者乎？此非使彼離親愛之慈母而與聾瞽為侶者乎？世有真理之水，使彼入水而友蛙黽者非此乎？使彼愛敵而與獰惡之神握手者非此乎？凡此數者，靈魂苟視其力之所能及，無不負也；如駱駝之行於沙漠，視其力之所能及，無不負也。既而風高日黯，沙飛石走，昔日柔順之駱駝，變為猛惡之獅子，盡棄其荷，而自為沙漠主，索其敵之大龍而戰之。於是昔日之主，今日之敵；昔日之神，今日之魔也。此龍何名？謂之「汝宜」。獅子何名？謂之「我欲」。邦人兄弟，汝等必為獅子，毋為駱駝。豈汝等任載之日尚短，而負擔尚未重歟？汝等其破壞舊價值（道德。）而創作新價值獅子乎？言乎破壞則足矣，言乎創作則未也。然使人有創作之自由者，非彼之力歟？汝等胡不為獅子？邦人兄弟，獅子之變為赤子也何故？獅子之所不能為，而赤子能之

3 德國哲學家尼采所著的小說，偽託祆教創始人的故事以闡述其哲學思想。

者何？赤子若狂也，若忘也，萬事之源泉也，遊戲之狀態也，自轉之輪也，第一之運動也，神聖之自尊也。邦人兄弟，靈魂之變為駱駝，駱駝之變而為獅，獅之變而為赤子，余既詔汝矣！（英譯《察拉圖斯德拉》二十五頁至二十八頁。）

其赤子之說，又使吾人回想叔本華之天才論曰：

天才者，不失其赤子之心者也。蓋人生至七年後，知識之機關，即腦之質與量，已達完全之域，而生殖之機關尚未發達，故赤子能感也，能思也，能教也，其愛知識也較成人為深，而其受知識也亦視成人為易。一言以蔽之曰：彼之知力盛於意志而已，即彼之知力之作用遠過於意志之所需要而已。故自某方面觀之，凡赤子皆天才也；又凡天才，自某點觀之，皆赤子也。昔海爾台爾(Herder)[4]謂格代(Goethe)[5]曰巨孩，音樂大家穆差德(Mozart)[6]亦終生不脫孩氣，休利希台額路爾[7]謂彼曰：「彼於音樂，幼而驚其長老；然於一切他事，則壯而常有童心者

4 多譯作赫爾德，一七四四—一八〇三，德國哲學家。
5 多譯作歌德，一七四九—一八三二，德國詩人。
6 多譯作莫札特，歐洲古典主義音樂的代表之一。
7 Schlichtegroll，一七六五—一八二二，莫札特的傳記作者。

也。」（英譯《意志及觀念之世界》第三冊六十一頁至六十三頁。）

至尼采之說超人與眾生之別、君主道德與奴隸道德之別，讀者未有不驚其與叔氏倫理學上之平等博愛主義相反對者。然叔氏於其倫理學及形而上學所視為同一意志之發現者，於知識論及美學上則分之為種種之階級。故古今之崇拜天才者，殆未有如叔氏之甚者也。彼於其大著述第一書之補遺中，說知力上之貴族主義曰：

> 知力之拙者常也，其優者變也。天才者，神之示現也。不然，則寧有以八百兆之人民，經六千年之歲月，而所待於後人之發明思索者，尚如斯其眾耶？夫大智者，固天之所吝。天之所吝，人之幸也。何則？小智於極狹之範圍內，測極簡之關係，此大智之冥想宇宙人生者，其事逸而且易。昆蟲之在樹也，其視盈尺以內，較吾人為精密，而不能見人於五步之外。故通常之知力，僅足以維持實際之生活耳。而對實際之生活，則通常之知力固亦已勝任而愉快。若以天才處之，是猶用天文鏡以觀優，非徒無益，而又蔽之。故由知力上言之，人類真貴族的也，階級的也。此知力之階級，較貴賤貧富之階級為尤著。其相似者，則民萬而始有諸侯一，民兆而始有天子一，民京垓而始有天才一耳。故有天才者，往往不勝孤寂之感。白衣龍(Byron)[8]於其〈唐旦之預言詩〉[9]中詠之曰：

To feel me in the solitude of kings,
Without the power that make them bear a crown.
予岑寂而無友兮，羌獨處乎帝之庭。冠玉冕之崔巍兮，夫固跼蹐而不能勝。（略譯其大旨。）
此之謂也。（同前書，第二冊三百四十二頁。）

此知力的貴族與平民之區別外，更進而立大人與小人之區別曰：

一切俗子，因其知力為意志所束縛，故但適於一身之目的。由此目的出，於是有俗濫之畫，冷淡之詩，阿世媚俗之哲學。何則？彼等自己之價值，但存於其一身一家之福祉，而不存於真理故也。惟知力之最高者，其真正之價值，不存於實際，而存於理論；不存於主觀，而存於客觀，耑耑焉力索宇宙之真理而再現之，於是彼之價值超乎個人之外，與人類自然之性質異。如彼者，果非自然的歟？寧超自然的也。而其人之所以大，亦即存乎此。故圖畫也，詩歌也，思索也，在彼則為目的，而在他人則為手段也。彼犧牲其一生之福祉，以殉其客觀上之目的，雖欲少改焉而不能。何則？彼之真正之價值，實在此而不在彼故也。他人反是，故

8 多譯作拜倫，一七八八－一八二四，英國詩人。

9 〈The Prophecy of Dante〉，亦作〈但丁的預言〉。

眾人皆小，彼獨大也。（前書第三冊第一百四十九頁至一百五十頁。）

叔氏之崇拜天才也如是。由是對一切非天才而加以種種之惡謚：曰俗子 (Philistine)，曰庸夫 (Populase)，曰庶民 (Mob)，曰輿臺 (Rabble)，曰合死者 (Mortal)。尼采則更進而謂之曰眾生 (Herd)，曰眾庶 (Far-too-many)。其所以異者，惟叔本華謂知力上之階級惟由道德聯結之，尼采則謂此階級於知力道德皆絕對的而不可調和者也。

叔氏以持知力的貴族主義，故於其倫理學上雖獎卑屈 (Humility) 之行，而於其美學上大非謙遜 (Modesty) 之德曰：

人之觀物之淺深明暗之度不一，故詩人之階級亦不一。當其描寫所觀也，人人殆自以為握靈蛇之珠、抱荊山之玉矣。何則？彼於大詩人之詩中，不見其所描寫者或逾於自己。非大詩人之詩之果然也，彼之肉眼之所及實止於此，故其觀美術也，亦如其觀自然，不能越此一步也。惟大詩人見他人之見解之膚淺，而此外尚多描寫之餘地，始知己能見人之所不能見而言人之所不能言。故彼之著作，不足以悅時人，祇以自賞而已。若以謙遜為教，則將并其自賞者而亦奪之乎？然人之有功績者，不能揜其自知之明。譬諸高八尺者，踆而過市，則肩背昂然，齊於眾人之首矣。千仞之山，自巔而視其麓也，與自麓而視其巔等。霍蘭士 (Horace)[10]、魯克

來鳩斯 (Lucretius)[11]、屋維特 (Ovid)[12]及一切古代之詩人，其自述也，莫不有矜貴之色。唐旦 (Dante)[13]然也，狹斯丕爾 (Shakespeare)[14]然也，柏庚 (Bacon) 亦然也。故大人而不自見其大者，殆未之有。惟細人者，自顧其一生之空無所有，而聊託於謙遜以自慰，不然，則彼惟有蹈海而死耳。某英人嘗言曰：「功績 (Merit) 與謙遜 (Modest)，除二字之第一字母外，別無公共之點。」格代亦云：「惟一無所長者乃謙遜耳。」特如以謙遜教人責人者，則格代之言，尤不我欺也。(同前書第三冊二百零二頁。)

吾人且述尼采之〈小人之德〉一篇中之數節以比較之，其言曰：

察拉圖斯德拉遠遊而歸，至於國門，則眇焉若狗竇，匍匐而後能入。既而覽乎民居，粲焉若傀儡之箱，鱗次而櫛比，歎曰：夫造物者寧將以彼為此拘拘也？吾知之矣。使彼等藐焉若此

---

10 多譯作賀拉西，西元前六五－前八年，為古羅馬文學黃金時代詩歌創作的代表。

11 多譯作盧克萊修，西元前九九－前五五年，為古羅馬文學黃金時代詩歌創作的代表，《物性論》為其惟一傳世之作。

12 多譯作奧維德，西元前四三－前一八年，以神話作品《變形記》最為出名。

13 多譯作但丁，一二六五－一三二一，義大利詩人，為歐洲文藝復興的先驅，以史詩《神曲》最為出名。

14 多譯作莎士比亞，一五六四－一六一六，英國文學史上最著名的劇作家。

者，非所謂德性之教耶？彼等好謙遜，好節制，何則？彼等樂其平易故也。夫以平易而言，則誠無以逾乎謙遜之德者矣。彼等嘗學步矣，然非能步也，躄也，彼且躄且顚，且顚且躄，彼之足與目不我欺也。彼等之小半能欲也，而其大半被欲也。其小半本然之動作者也，其大半反是。彼等皆不隨意之動作者也，無意識之動作者也，其能為自發之動作者希矣。其丈夫既藐焉若此，於是女子亦皆以男子自處。惟男子之得全其男子者，得使女子之位置復歸於女子。其最不幸者，命令之君主，亦不得不從服役之奴隸之道德，「我役、汝役、彼役」，此道德之所命令者也。哀哉！乃使最高之君主，為最高之奴隸乎？哀哉！其仁愈大，其弱愈大；其義愈大，其弱愈大。此道德之根柢，可以一言蔽之，曰「毋害一人」。噫！道德乎？卑怯耳。然則彼等所視為道德者，即使彼等謙遜馴擾者也，是使狼為羊、使人為人之最馴之家畜者也。（《察拉圖斯德拉》第二百四十八頁至二百四十九頁。）

尼采之惡謙遜也亦若此，其應用叔氏美學之說於倫理學上，昭然可睹。夫叔氏由其形而上學之結論，而謂一切無生物、生物，與吾人皆同一意志之發現，故其倫理學上之博愛主義，不推而放之於禽獸草木不止。然自知力上觀之，不獨禽獸與人異焉而已，即天才與眾人間，男子與女子間，皆有斠然不可逾之界限。但其與尼采異者，一專以知力言，一推而論之於意志，然其為貴族主義則一也。又叔本華亦力攻基督教曰：「今日之基督教，非基督之本意，乃復活之猶太教耳。」其所以與尼采異者，一則攻擊其樂天主義，一則并其厭世主義而亦攻之，然其為無神論則一也。叔本華說涅槃，尼采則說轉滅；一則欲一滅而不復生，一則以滅為生超人之手段，其說之所歸雖不同，然其欲破壞舊文化而創造新文化則一也。況其超人說之於天才說，又歷歷有模仿之跡乎！然則吾人之視尼采，與其視為叔氏之反對者，寧視為叔氏之後繼者也。

又叔本華與尼采二人之相似，非獨學說而已，古今哲學家性行之相似，亦無若彼二人者。巴爾善[15]之《倫理學系統》與文特爾朋[16]《哲學史》中，其述二人學說與性行之關係，甚有興味，茲援以比較之。巴爾善曰：

> 叔本華之學說與其生活，實無一調和之處。彼之學說，在脫屣世界與拒絕一切生活之意志，然其性行則不然。彼之生活，非婆羅門教、佛教之克己的，而寧伊壁鳩魯之快樂的也。彼自離柏林後，權度一切之利害，而於法蘭克福特及曼亨姆之間定其隱居之地。彼雖於學說上深美悲憫之德，然彼自己則無之。古今之攻擊學問上之敵者，殆未有酷於彼者也。雖彼之酷於攻擊，或得以辯護真理自解乎，然何不觀其對母與妹之關係也？彼之母、妹暫焉陷於破產之境遇，而彼獨保其自己之財產。彼終其身惴惴焉，惟恐分有他人之損失及他人之苦痛。要之，

15 Paulsen，一八四六—一九〇八，德國教育家、新康德主義哲學家。

16 Windelband，多譯作文德爾班。一八四八—一九一五，新康德主義弗萊堡學派創始人。

> 彼之性行之冷酷，無可諱也。然則彼之人生觀，果欺人之語歟？曰：否。彼雖不實踐其理想上之生活，固深知此生活之價值者也。人性之二元中，理欲二者，為反對之兩極，而二者以彼之一生為其激戰之地。彼自其父遺傳憂鬱之性質，而其視物也，恆以小為大，以常為奇，方寸之心，充以彌天之欲，憂患勞苦，損失疾病，迭起互伏，而為其恐怖之對象，其視天下人無一可信賴者。凡此數者，有一於此，固足以疲其生活而有餘矣。此彼之生活之一方面也。其在他方面，則彼大知也，天才也，富於直觀之力，而饒於知識之樂，視古之思想家，有過之無不及。當此時也，彼遠離希望與恐怖，而追求其純粹之思索，此彼之生活中最慰藉之頃也。逮其情欲再現，則疇昔之平和破，而其生活復以憂患恐懼充之。彼明知其失，而無如之何，故彼每曰：「知意志之過失而不能改之，此可疑而不可疑之事實也。」故彼之倫理說，實可謂其罪惡之自白也。（巴爾善《倫理學系統》第三百十一頁至三百十二頁。）

巴氏之說固自無誤，然不悟其學說中於知力之元質外，尚有意志之元質，（見下文。）然其敘述叔氏知意之反對，甚為有味。吾人更述文特爾朋之論尼采者比較之曰：

> 彼之性質中爭鬥之二元質，尼采自謂之曰地哇尼蘇斯(Dionysus)[17]，曰亞波羅(Apollo)[18]，前者主

17 多譯作戴歐尼修斯。希臘神話中的酒神，在西方文學與哲學中為感性的象徵，因尼采於書中運用該詞而

意論，後者主知論也；前者叔本華之意志，後者海額爾[19]之理念也。彼之知力的修養與審美的創造力，皆達最高之程度。彼深觀歷史與人生，而以詩人之手腕再現之。然其性質之根柢，充以無疆之大欲，故科學與美術不足以拯之。其志則專制之君主也，其身則大學之教授也，於是彼之理想，實往復於知力之快樂與意志之勢力之間。彼俄焉委其一身於審美的直觀與藝術的製作，俄焉而欲展其意志，展其本能，展其情緒，舉昔之所珍賞者一朝而舍之。夫由其人格之高尚純潔觀之，則耳目之欲，於彼固一無價值也。彼所求之快樂，非知識的即勢力的也。彼之一生，疲於二者之爭鬥。迨其暮年，知識、美術、道德等一切，非個人及超個人之價值不足以厭彼，彼翻然而欲於實踐之生活中發展其個人之無限之勢力。於是此戰爭之勝利者，非亞波羅而地哇尼蘇斯也，非過去之傳說而未來之希望也，一言以蔽之，非理性而意志也。（文特爾朋《哲學史》第六百七十九頁。）

使其被廣泛使用。

18 多譯作阿波羅。希臘神話中的太陽神，在西方文學與哲學中為理性的象徵，因尼采於書中運用該詞而使其被廣泛使用。

19 Heidegger，今多譯作海德格。一八八九—一九七六，德國哲學家，於存在主義、詮釋學等方面有重要影響。

由此觀之，則二人之性行何其相似之甚歟！其強於意志相似也，其富知力相似也，其喜自由相似也。其所以不相似而相似，相似而又不相似者何歟？

嗚呼！天才者，天之所靳，而人之不幸也。蚩蚩之民，飢而食，渴而飲，老身長子，以遂其生活之欲，斯已耳。彼之苦痛，生活之苦痛而已；彼之快樂，生活之快樂而已。過此以往，雖有大疑大患，不足以攖其心。人之永保此蚩蚩之狀態者，固其人之福祉，而天之所獨厚者也。若夫天才，彼之所缺陷者與人同，而獨能洞見其缺陷之處。彼與蚩蚩者俱生，而獨疑其所以生。一言以蔽之，彼之生活也與人同，而其以生活為一問題也與人異；彼之生於世界也與人同，而其以世界為一問題也與人異。然使此等問題，彼自命之而自解之，則亦何不幸之有？然彼亦一人耳，志馳乎六合之外，而身扃乎七尺之內，因果之法則與空間、時間之形式束縛其知力於外，無限之動機與民族之道德壓迫其意志於內。而彼之知力、意志，非猶夫人之知力、意志也。彼知人之所不能知，而欲人之所不敢欲，然其被束縛壓迫也與人同。夫天才之大小，與其知力、意志之大小為比例，故苦痛之大小，亦與天才之大小為比例。彼之痛苦既深，必求所以慰藉之道，而人世有限之快樂，其不足慰藉彼也明矣。於是彼之慰藉，不得不反而求諸自己。其視自己也如君王，如帝天；其視他人也如螻蟻，如糞土。彼故自然之子也，而常欲為其母；又自然之奴隸也，而常欲為其主。舉自然所以束縛彼之知意者，毀之裂之，焚之棄之，草薙而獸獮之。彼非能行之也，姑妄言之而已；亦非欲言諸人也，聊以自娛而已。何則？以彼知意之如此，而苦痛之如彼，其所以自慰藉之道，固不得不出於此也。

叔本華與尼采，所謂曠世之天才，非歟？二人者，知力之偉大相似，意志之強烈相似。以極強烈之意志，而輔以極偉大之知力，其高掌遠蹠於精神界，固秦皇、漢武之所北面，而成吉思汗、拿破崙之所望而卻走者也。九萬里之地球與六千年之文化，舉不足以厭其無疆之欲。其在叔本華，則幸而有汗德者[20]為其陳勝、吳廣，為其李密、竇建德，以先驅屬路。於是於世界現象之方面，則窮汗德之知識論之結論，而曰世界者吾之觀念也；於本體之方面，則曰世界萬物，其本體皆與吾人之意志同，而吾人與世界萬物，皆同一意志之發現也。自他方面言之，世界萬物之意志，皆吾之意志也，於是我所有之世界，自現象之方面而擴於本體之方面；而世界之在我，自知力之方面而擴於意志之方面。然彼猶以有今日之世界為不足，更進而求最完全之世界，故其說雖以滅絕意志為歸，而於其大著第四篇之末，仍反覆「滅不終滅，寂不終寂」之說。彼之說博愛也，非愛世界也，愛其自己之世界而已；其說滅絕也，非真欲滅絕也，不滿足於今日之世界而已。由彼之說，豈獨如釋迦所云「天上地下，惟我獨尊」而已哉？必謂「天上地下，惟我獨存」而後快！當是時，彼之自視，若擔荷大地之阿德拉斯 (Atlas) 也，孕育宇宙之婆羅麥 (Brahma) 也。彼之形而上學之需要在此，終身之慰藉在此。故古今之主張意志者，殆未有過於叔氏者也，不過於其美學之天才論中，偶露其真面目之說耳。若夫尼采，以奉實證哲學，故不滿於形而上學之空想。而其勢力炎炎之欲，失之於彼岸者欲恢

20 **Kant**，多譯作康德。一七二四－一八〇四，啟蒙時代的哲學家，對近代西方哲學影響深遠，倫理學、形上學、知識論為其主要探討的領域。

復之於此岸，失之於精神者欲恢復之於物質。於是叔本華之美學佔領其第一期之思想者，至其暮年，不識不知，而為其倫理學之模範。彼效叔本華之天才而說超人，效叔本華之放棄充足理由之原則而放棄道德，高視闊步而恣其意志之遊戲。宇宙之內，有知意之優於彼或足以束縛彼之知意者，彼之所不喜也。故彼二人者，其執無神論同也，其唱意志自由論同也。譬之一樹，叔本華之說，其根柢之盤錯於地下；而尼采之說，則其枝葉之干青雲而直上者也。尼采之說，如太華三峰，高與天際；而叔本華之說，則其山麓之花岡石也。其所趨雖殊，而性質則一。彼等所以為此說者無他，亦聊以自慰而已。

要之，叔本華之自慰藉之道，不獨存於其美學，而亦存於其形而上學。彼於此學中發見其意志之無乎不在，而不惜以其七尺之我殉其宇宙之我，故與古代之道德尚無矛盾之處。而其個人主義之失之於枝葉者，於根柢取償之。何則？以世界之意志，皆彼之意志故也。若推意志同一之說，而謂世界之知力皆彼之知力，則反以俗人知力上之缺點加諸天才，則非彼之光榮，而寧彼之恥辱也；非彼之慰藉，而寧彼之苦痛也。其於知力上所以持貴族主義，而與其倫理學相矛盾者以此。《列子》曰：

周之尹氏大治產，其下趣役者侵晨昏而弗息。有老役夫筋力竭矣，而使之彌勤，晝則呻吟而即事，夜則昏憊而熟寐。昔昔夢為國君，居人民之上，總一國之事。遊燕宮觀，恣意所欲，覺則復役。（〈周穆王篇〉。）

叔氏之天才之苦痛，其役夫之晝也；美學上之貴族主義與形而上學之意志同一論，其國君之夜也。尼采則不然。彼有叔本華之天才而無其形而上學之信仰，晝亦一役夫，夜亦一役夫；醒亦一役夫，夢亦一役夫，於是不得不弛其負擔，而圖一切價值之顛覆。舉叔氏夢中所以自慰者，而欲於晝日實現之，此叔本華之說所以尚不反於普通之道德，而尼采則肆其叛逆而不憚者也。此無他，彼之自慰藉之道，固不得不出於此也。世人多以尼采暮年之說與叔本華相反對者，故特舉其相似之點及其所以相似而不相似者如此。

叔本華之哲學及其教育學說

自十九世紀以降，教育學蔚然而成一科之學。溯其原始，則由德意志哲學之發達是已。當十八世紀之末葉，汗德[1]始由其嚴肅論之倫理學而說教育學，然尚未有完全之系統。厥後海爾巴德[2]始由自己之哲學，而組織完全之教育學。同時德國有名之哲學家，往往就教育學有所研究，而各由其哲學系統以創立自己之教育學，裴奈楷[3]然也，海額爾派之左右翼亦然也。此外專門之教育學家，其竊取希哀林[4]及休來哀爾[5]、馬黑爾之說以構其學說者亦不少，獨無敢由叔本華之哲學以組織教育學者。何則？彼非大學教授也。其生前之於學界之位置與門弟子之數，決非兩海氏之比。其性行之乖僻，使

1 見〈叔本華與尼采〉注20。

2 Herbart，多譯作赫爾巴特。一七七六－一八四一，德國教育學之父。

3 Beneke，又譯作倍奈愷。一七九八－一八五四，德國心理學家。

4 Schelling，多譯作謝林。一七七五－一八五四，德國唯心主義發展的要角。

5 Schleiermacher，多譯作史萊馬赫。一七六八－一八三四，被基督教學者稱為現代神學之父。

人人視之若蛇蝎然。彼終其身索居於法蘭克福特，非有一親愛之朋友也，殊如其哲學之精神與時代之精神相反對，而與教育學之以增進現代之文明為宗旨者，儼然有持方枘入圓鑿之勢。然叔氏之學說，果與現代之文明不相並立歟？即令如是，而此外叔氏所貢獻於教育學者，竟不足以成一家之說歟？抑真理之戰勝必待於後世，而曠世之天才不容於同時，如叔本華自己之所說歟？至十九世紀之末，腓力特．尼采始公一著述，曰《教育家之叔本華》。然尼采之學說，為世人所詬病，亦無以異於昔日之叔本華，故其說於普通之學界中，亦非有偉大之勢力也。尼氏此書，余未得見，不揣不敏，試由叔氏之哲學說，以推繹其教育上之意見。其條目之詳細，或不如海、裴諸氏，至其立腳地之堅固確實，用語之精審明晰，自有哲學以來，殆未有及叔氏者也。嗚呼！《充足原理》之出版已九十有一年，《意志及觀念之世界》之出版八十有七年，《倫理學之二大問題》之出版，亦六十有五年矣，而教育學上無奉叔氏之說者。海氏以降之逆理說，乃彌滿充塞於教育界。譬之歌白尼既出，而猶奉多祿某[6]之天文學；生達維[7]之後，而猶言斯他爾[8]之化學，不亦可哀也歟！夫哲學，教育學之母也，彼等之哲學，既鮮確實之基礎，欲求其教育學之確實，又烏可得乎？茲略述叔氏之哲學說與其說之及

6 Ptolemaeus，多譯作托勒密。約一〇〇—一六八，天文學家、數學家，其「天動說（地心說）」於十六世紀以前一直為科學界主流，後為哥白尼「地動說」所推翻。

7 Lavoisier，多譯作拉瓦節。一七四三—一七九四，近代化學之父，提出「氧化學說」，推翻「燃素說」。

8 Stahl，一六五九—一七三四，德國化學家，提出「燃素說」。

於教育學之影響，世之言教育學者可以觀焉。

哲學者，世界最古之學問之一，亦世界進步最遲之學問之一也。自希臘以來至於汗德之生二千餘年，哲學上之進步幾何？自汗德以降至於今百有餘年，哲學上之進步幾何？其有紹述汗德之說，而正其誤謬，以組織完全之哲學系統者，叔本華一人而已矣。而汗德之學說，僅破壞的而非建設的。彼憬然於形而上學之不可能，而欲以知識論易形而上學，故其說僅可謂之哲學之批評，未可謂之真正之哲學也。叔氏始由汗德之知識論出，而建設形而上學，復與美學、倫理學以完全之系統。然則視叔氏為汗德之後繼者，寧視汗德為叔氏之前驅者為妥也。茲舉叔氏哲學之特質如下：

汗德以前之哲學家，除其最少數外，就知識之本質之問題，皆奉素樸實在論，即視外物為先知識而存在、而知識由經驗外物而起者也。故於知識之本質之問題上奉實在論者，於其淵源之問題上，不得不奉經驗論。其有反對此說者，亦未有言之有故、持之成理者也。汗德獨謂吾人知物時，必於空間及時間中，而由因果性（汗德舉此等性其數凡十二，叔本華僅取此性。）整理之。然空間、時間者，吾人感性之形式；而因果性者，吾人悟性之形式，此數者皆不待經驗而存，而構成吾人之經驗者也。故經驗之世界，乃外物之入於吾人感性、悟性之形式中者，與物之自身異。物之自身，雖可得而思之，終不可得而知之。故吾人所知者，惟現象而已。此與休蒙之說[9]，其差只在程度而不在性質，即休蒙以因果性等出於經驗，而非有普遍性及必然性；汗德以為本於先天而具此二性，至於對

9 Hume，多譯作休謨。一七一一－一七七六，英國哲學家，「因果性」為其較著名的哲學思想之一。

物之自身，則皆不能贊一詞。故如以休蒙為懷疑論者乎，則汗德之說，雖欲不謂之懷疑論，不可得也。叔本華於知識論上奉汗德之說，曰「世界者，吾人之觀念也。一切萬物，皆由充足理由之原理決定之，而此原理，吾人知力之形式也。物之為吾人所知者，不得不入此形式，故吾人所知之物，決非物之自身，而但現象而已，易言以明之，吾人之觀念而已」。然則物之自身，吾人終不得而知之乎？叔氏曰否，他物則吾不可知，若我之為我，則為物之自身之一部，昭昭然矣。而我之為我，其現於直觀中時，則塊然空間及時間中之一物，與萬物無異；然其現於反觀時，則吾人謂之意志而不疑也。而吾人反觀時，無知力之形式行乎其間，故反觀時之我，我之自身也。然則我之自身，意志也。而意志與身體，吾人實視為一物，故身體者，可謂之意志之客觀化，即意志之入於知力之形式中者也。吾人觀我時，得由此二方面；而觀物時，只由一方面，即惟由知力之形式中觀之，故物之自身，遂不得而知。然由觀我之例推之，則一切物之自身，皆意志也。叔本華由此以救汗德批評論之失，而再建形而上學。於是汗德矯休蒙之失，而謂經驗的世界有超絕的觀念性與經驗的實在性者，至叔本華而一轉，即一切事物由叔本華氏觀之，實有經驗的觀念性而有超絕的實在性者也。故叔本華之知識論，自一方面觀之，則為觀念論；自他方面觀之，則又為實在論。而彼之實在論，與昔之素樸實在論異，又昭然若揭矣。

古今之言形而上學及心理學者，皆偏重於知力之方面，以為世界及人之本體，知力也。自柏拉圖以降，至於近世之拉衣白尼志[10]，皆於形而上學中持此主知論。其間雖有若聖奧額斯汀[11]謂一切物之傾向與吾人之意志同，有若汗德於其《實理批評》中說意志之價值，然尚未得為學界之定論。海爾巴德復由主知論以述系統之心理學，而由觀念及各觀念之關係以說明一切意識中之狀態。至叔本華出而唱主意論：彼既由吾人之自覺而發見意志為吾人之本質，因之以推論世界萬物之本質矣；至是復由經驗上證明之，謂吾人苟曠觀生物界與吾人精神發達之次序，則意志為精神中之第一原質，而知力為其第二原質，自不難知也。植物上逐日光，下趨土漿，此明明意志之作用，然其知識安在？下等動物之於飲食男女，好樂而惡苦也與吾人同，此明明意志之作用，然其知識安在？即吾人之墜地也，初不見有知識之跡，然且呱呱而啼飢，瞿瞿而索母，意志之作用早行乎其間。若就知力上言之，彌月而始能視，於是始見有悟性之作用；三歲而後能言，於是始見有理性之作用。知力之發達，後於意志也如此。就實際言之，則知識者，實生於意志之需要。一切生物，其階級愈高，其需要愈增，而其所需要之物亦愈精而愈不易得，而其知力亦不得不應之而愈發達。故知力者，意志之奴隸也，由意志生而還為意志用者也。植物所需者，空氣與水耳，之二者無乎不在，得自來而自取之，故雖無知識可也。動物之食物，存乎植物及他動物，又各動物各有特別之嗜好，不得不由己力求之，於是悟性之作用生焉。至人類所需，則其分量愈多，其性質愈貴，其數愈雜，悟性之作用不足應其

10 Leibnitz，多譯作萊布尼茨。一六四六－一七一六，理性主義哲學家。

11 Saint Augustine，多譯作奥古斯丁。三五四－四三〇，羅馬帝國哲學家，主要思想包含「三一論」、「罪論」、「救恩論」等。

需，始生理性之作用，於是知力與意志二者始相區別。至天才出，而知力遂不復為意志之奴隸，而為獨立之作用。然人之知力之所由發達，由於需要之增，與他動物固無以異也，則主知說之心理學不足以持其說，不待論也。心理學然，形而上學亦然。而叔氏之他學說，雖不慊於今人，然於形而上學、心理學漸有趨於主意論之勢，此則叔氏之大有造於斯二學者也。

於是叔氏更由形而上學進而說美學。夫吾人之本質既為意志矣，而意志之所以為意志，有一大特質焉，曰生活之欲。何則？生活者非他，不過自吾人之知識中所觀之意志也。吾人之本質既為生活之欲矣，故保存生活之事，為人生之惟一大事業。且百年者壽之大齊，過此以往，吾人所不能暨也。於是向之圖個人之生活者，更進而圖種姓之生活，一切事業，皆起於此。吾人之意志，志此而已；吾人之知識，知此而已。既志此矣，既知此矣，於是滿足與空乏，希望與恐怖，數者如環無端，而不知其所終。目之所觀，耳之所聞，手足所觸，心之所思，無往而不與吾人之利害相關，終身僕僕，而不知所稅駕者，天下皆是也。然則此利害之念，竟無時或息歟？吾人於此桎梏之世界中，竟不獲一時救濟歟？曰：有。惟美之為物，不與吾人之利害相關係；而吾人觀美時，亦不知有一己之利害。何則？美之對象，非特別之物，而此物之種類之形式，又觀之之我，非特別之我，而純粹無欲之我也。夫空間、時間，既為吾人直觀之形式，物之現於空間者皆並立，現於時間者皆相續，故現於空間、時間者皆特別之物也。既視為特別之物矣，則此物與我利害之關係，欲其不生於心，不可得也。若不視此物為與我有利害之關係，而但觀其物，則此物已非特別之物，而代表其物之全種，叔氏謂之曰實念。故美之知識，實念之知識也。而美之中又有優美與壯美之別：今有一物，令人忘利害之關係而玩之而不厭者，謂之曰優美之感情；若其物直接不利於吾人之意志，而意志為之破裂、惟由知識冥想其理念者，謂之曰壯美之感情。然此二者之感吾人也，因人而不同。其知力彌高，其感之也彌深。獨天才者，由其知力之偉大，而全離意志之關係，故其觀物也視他人為深，而其創作之也與自然為一。故美者，實可謂天才之特許物也。若夫終身局於利害之桎梏中，而不知美之為何物者，則滔滔皆是。且美之對吾人也，僅一時之救濟，而非永遠之救濟。此其倫理學上之拒絕意志之說，所以不得已也。

吾人於此，可進而窺叔氏之倫理學。從叔氏之形而上學，則人類於萬物，同一意志之發見也。其所以視吾人為一個人，而與他人物相區別者，實由知力之蔽。夫吾人之知力，既以空間、時間為其形式矣，故凡現於知力中者，不得不複雜；既複雜矣，不得不分彼我。然就實際言之，實同一意志之客觀化也。易言以明之，即意志之入於觀念中者，而非意志之本質也。意志之本質，一而已矣。故空間、時間二者，用婆羅門及佛教之語言之，則曰摩耶之網[12]；用中世哲學之語言之，則曰個物化之原理也。自此原理而人之視他人及物也，常若與我無毫髮之關係。苟可以主張我生活之欲者，則雖犧牲他人之生活之欲以達之而不之恤，斯之謂過。其甚者無此利己之目的，而惟以他人之苦痛為自己之快樂，斯之為惡。若一旦超越此個物化之原理，而認人與己皆此同一之意志，知己所弗欲者，

12 音譯自巴利語 Māyā，為「幻化」之意。

人亦弗欲之，各主張其生活之欲而不相侵害，於是有正義之德；更進而以他人之快樂為己之快樂，他人之苦痛為己之苦痛，於是有博愛之德。於正義之德中，己之生活之欲己加以限制；至博愛，則其限制又加甚焉。故善惡之別，全視拒絕生活之欲之程度以為斷：其但主張自己之生活之欲，而拒絕他人之生活之欲者，是為過與惡；主張自己，亦不拒絕他人者，謂之正義；稍拒絕自己之欲，以主張他人者，謂之博愛。然世界之根本，以存於生活之欲之故，故以苦痛與罪惡充之。而在主張生活之欲以上者，無往而非罪惡。故最高之善，存於滅絕自己生活之欲，且使一切生物皆滅絕此欲，而同入於涅槃之境，此叔氏倫理學上最高之理想也。此絕對的博愛主義與克己主義，雖若有嚴肅論之觀，然其說之根柢，存於意志之同一之說，由是而以永遠之正義，說明為惡之苦與為善之樂。故其說自他方面言之，亦可謂立於快樂論及利己主義之上者也。

叔氏於其倫理學之他方面，更調和昔之自由意志論及定業論，謂意志自身絕對的自由也。此自由之意志，苟一旦有所決而發見於人生及其動作也，則必為外物所決定，而毫末不能自由。即吾人有所與之品性，對所與之動機，必有所與之動作隨之。若吾人對所與之動機而欲不為之動乎，抑動矣而欲自異於所與之動作乎？是猶卻走而惡影、擊鼓而欲其作金聲也，必不可得之數也。蓋動機律之決定吾人之動作也，與因果律之決定物理界之現象無異，此普遍之法則也，必然之秩序也。故同一之品性，對同一之動機，必不能不為同一之動作。故吾人之動作，不過品性與動機二者感應之結果而已。更自他方面觀之，則同一之品性，對種種之動機，其動作雖殊，仍不能稍變其同一之方向，故德性之不可以言語教也與美術同。苟倫理學而可以養成有德之人物，然則大詩人及大美術家，亦可以美學養成之歟？有人於此而有貪戾之品性乎？其為匹夫，則禦人於國門之外可也；浸假而為君主，則擲千萬人之膏血以征服宇宙可也；浸假而受宗教之感化，則摩頂放踵、棄其生命國土以求死後之快樂可也。此數者，其動作不同，而其品性則絕不稍異。此豈獨他人不能變更之哉，即彼自己，亦有時痛心疾首而無可如何者也。故自由之意志，苟一度自決而現於人生之品性以上，則其動作之必然，無可諱也。仁之不能化而為暴、暴之不能化而為仁，與鼓之不能作金聲、鐘之不能作石聲無以異。然則吾人之品性，遂不能變化乎？叔氏曰否。吾人之意志，苟欲此生活而現於品性以上，則其動作有絕對的必然性。然意志之欲此與否，或不欲此而欲彼，則有絕對的自由性者也。吾人苟有此品性，則其種種之動作，必與其品性相應。然此氣質非他，吾人之所欲而自決定之者也。然欲之與否，則存於吾人之自由，於是吾人有變化品性之義務。雖變化品性者，古今曾無幾人，然品性之所以能變化，即意志自由之徵也。然此變化，僅限於超絕的品性，而不及於經驗的品性。由此觀之，叔氏於倫理學上持經驗的定業論與超絕的自由論，與其於知識論上持經驗的觀念論與超絕的實在論無異。此亦自汗德之倫理學出，而又加以系統的說明者也。由是叔氏之批評善惡也，亦帶形式論之性質，即謂品性苟善，則其動作之結果如何，不必問也；若有不善之品性，則其動作之結果，雖或有益無害，然於倫理學上，實非有絲毫之價值者也。

至叔氏哲學全體之特質，亦有可言者。其最重要者，叔氏之出發點在直觀（即知覺。）而不在概念是也。蓋自中世以降之哲學，往往從最普遍之概念立論，不知概念之為物，本由種種之直觀抽象而得者，故其內容不能有直觀以外之物；而直觀既為概念以後，亦稍變其形，而不能如直觀自身之完全明晰。一切謬妄，皆生於此。而概念之愈普遍者，其離直觀愈遠，其生謬妄愈易。故吾人欲深知一概念，必實現之於直觀，而以直觀代表之而後可。若直觀之知識乃最確實之知識，而概念者僅為知識之記憶傳達之用，不能由此而得新知識。真正之新知識，必不可不由直觀之知識，即經驗之知識中得之。然古今之哲學家，往往由概念立論，汗德且不免此，況他人乎！特如希哀林、海額爾之徒，專以概念為哲學上惟一之材料，而不復求之於直觀，故其所說非不莊嚴宏麗，然如蜃樓海市，非吾人所可駐足者也。叔氏謂彼等之哲學曰「言語之遊戲」，寧為過歟？叔氏之哲學則不然，其形而上學之系統，實本於一生之直觀所得者，其言語之明晰與材料之豐富，皆存於此。且彼之美學、倫理學中，亦重直觀的知識，而謂於此二學中，概念的知識無效也。故其言曰：哲學者存於概念，而非出於概念，即以其研究之成績，載之於言語（概念之記號。）中，而非由概念出發者也。叔氏之哲學所以凌轢古今者，其淵源實存於此。彼以天才之眼，觀宇宙人生之事實，而於婆羅門、佛教之經典及柏拉圖、汗德之哲學中，發見其觀察之不謬，而樂於稱道之。然其所以構成彼之偉大之哲學系統者，非此等經典及哲學，而人人耳中、目中之宇宙人生即是也。易言以明之，此等經典哲學，乃彼之宇宙觀及人生觀之注腳；而其宇宙觀及人生觀，非由此等經典哲學出者也。

更有可注意者，叔氏一生之生活是也。彼生於富豪之家，雖中更衰落，尚得維持其索居之生活。

彼送其一生於哲學之考察，雖一為大學講師，然未幾即罷；又非以著述為生活者也，故其著書之數，於近世哲學家中為最少，然書之價值之貴重，有如彼者乎？彼等日日為講義，日日作雜誌之論文，（殊如希哀林、海額爾等。）其為哲學上真正之考察之時殆希也。獨叔氏送其一生於宇宙人生上之考察與審美上之冥想；其妨此考察者，獨彼之強烈之意志之苦痛耳。而此意志上之苦痛，又還為哲學上之材料，故彼之學說與行為，雖往往自相矛盾，然其所謂「為哲學而生，而非以哲學為生」者，則誠夫子之自道也。

至是吾人可知叔氏之在哲學上之位置。其在古代，則有希臘之柏拉圖；在近世，則有德意志之汗德，此二人固叔氏平生所最服膺，而亦以之自命者也。然柏氏之學說中，其所說之真理，往往被以神話之面具；汗德之知識論，固為曠古之絕識，然如上文所述，乃破壞的而非建設的，故僅如陳勝、吳廣，帝王之驅除而已。更觀叔氏以降之哲學，如翻希奈爾[13]、芬德[14]、赫爾德曼等，無不受叔氏學說之影響。特如尼采，由叔氏之學說出，浸假而趨於叔氏之反對點，然其超人之理想，其所負於叔氏之天才論者亦不少。其影響如彼，其學說如此，則叔氏與海爾巴脫等之學說，孰真孰妄，孰優孰絀，固不俟知者而決也。

吾人既略述叔本華之哲學，更進而觀其及於教育學說。彼之哲學，如上文所述，既以直觀為惟

13 Fechner，多譯作費希納。一八〇一－一八八七，德國心理學家、哲學家，提出費希納定律。

14 Wundt，多譯作馮特。一八三二－一九二〇，德國哲學家，實驗心理學、認知心理學始祖。

一之根據矣，故其教育學之議論，亦皆以直觀為本。今將其重要之學說述之如左：

叔氏謂直觀者，乃一切真理之根本，惟直接、間接與此相聯絡者，斯得為真理，而去直觀愈近者，其理愈真；若有概念雜乎其間，則欲其不罹於虛妄難矣。如吾人持此論以觀數學，則歐幾里得之方法，二千年間所風行者，欲不謂之乖謬，不可得也。夫一切名學上之證明，吾人往往反而求其源於直觀，若數學固不外空間、時間之直觀。而此直觀非後天的直觀，而先天的直觀也。易言以明之，非經驗的直觀，而純粹的直觀也。即數學之根據存於直觀，而不俟證明、又不能證明者也。今若於數學中捨其固有之直觀，而代以名學上之證明，與人自斷其足而俟輦而行者何異？於彼《充足之理由之原理》之論文中，述知識之根據（謂名學上之根據。）與實在之根據（謂數學上之根據。）之差異。數學之根據惟存於實在之根據，而知識之根據則與之全不相涉。何則？知識之根據，但能說物之如此如彼，而不能說何以如此如彼，而歐幾里得則全用此根據以說數學。今以例證之。當其說三角形也，固宜首說各角與各邊之互相關係，且其互相關係也，正如理由與結論之關係，而合於充足理由之原理之形式；而此形式之在空間中，與在他方面無異，常有必然之性質，即一物所以如此，實由他物之異於此物者如此故也。歐氏則不用此方法以說明三角形之性質，僅與一切命題以名學上之根據，而由矛盾之原理，以委曲證明之。故吾人不能得空間之關係之完全之知識，而僅得其結論，如觀魚龍之戲，但示吾人以器械之種種作用，而其內部之聯絡及構造，則終未之示也。吾人由矛盾之原理，不得不認歐氏之所證明者為真實。然其何以真實，則吾人不能知之。故雖讀歐氏之全書，不能真知空間之法則，而但記法則之某結論耳。此種非科學的知識，與醫生之但知某病與其治療之法，而不知二者之關係無異。然於某學問中，捨其固有之證明，而求之於他，其結果自不得不如是也。

叔氏又進而求其用此方法之原因。蓋自希臘之哀利梯克派[15]首立所觀及所思之差別及其衝突，美額利克派[16]、詭辯派、新阿克特美派[17]及懷疑派等繼之。夫吾人之知識中，其受外界之感動者五官，而變五官所受之材料為直觀者悟性也。吾人由理性之作用，而知五官及悟性固有時而欺吾人，如夜中視朽索而以為蛇，水中置一棒而折為二，所謂幻影者是也。彼等但注意於此，以經驗的直觀為不足恃，而以為真理惟存於理性之思索，即名學上之思索。此惟理論，與前之經驗論相反對。歐幾里得於是由此論之立腳地，以組織其數學，彼不得已而於直觀上發見其公理，但一切定理皆由此推演之，而不復求之於直觀。然彼之方法之所以風行後世者，由純粹的直觀與經驗的直觀之區別未明於世故。迨汗德之說出，歐洲國民之思想與行動皆為之一變，則數學之不能不變，亦自然之勢也。蓋從汗德

15 Eleatic school，多譯作愛利亞學派，為希臘哲學第一期的學派之一，主張萬物的基本原理是不變的。該學派奠定了本體論的基礎，並確立邏輯論證法為哲學表達之方式。

16 Megarics，麥加拉學派，為希臘哲學第三期的學派之一。該派著重論辯技巧。

17 指新柏拉圖主義 (Neo-Platonians)。古希臘哲學家柏拉圖於雅典娜聖殿 (Akademia) 創立柏拉圖學院，而後該學院逐漸形成一種學術派別，即柏拉圖學派，主要持懷疑論主義 (Academic skepticism)；後加上亞里斯多德、斯多葛學派的思想而形成新柏拉圖主義。

之說，則空間與時間之直觀，全與一切經驗的直觀異，此能離感覺而獨立，又限制感覺而不為感覺所限制者也。易言以明之，即先天的直觀也，故不陷於五官之幻影。吾人由此始知歐氏之數學用名學之方法，全無謂之小心也，是猶夜行之人視大道為水，趦趄於其旁之草棘中，而懼其失足也。始知幾何學之圖中，吾人所視為必然者，非存於紙上之圖，又非存於抽象的概念，而惟存於吾人先天所知之一切知識之形式也。此乃充足理由之原理所轄者，而此實在之根據之原理，其明晰與確實，與知識之根據之原理無異。故吾人不必離數學固有之範圍，而獨信任名學之方法。如吾人立於數學固有之範圍內，不但能得數學上當然之知識，並能得其所以然之知識，其賢於名學上之方法遠矣。歐氏之方法，則全分當然之知識與所以然之知識為二，但使吾人知其前者而不知其後者，此其蔽也。吾人於物理學中，必當然之知識與所以然之知識為一，而後得完全之知識。故但知託利珊利管中之水銀其高三十英寸，而不知由空氣之重量支持之，尚不足為合理的知識也。然則吾人於數學中，獨能以但知其當然而不知其所以然為滿足乎？如畢達哥拉斯之命題，但示吾人以直角三角形之有如是之性質，而歐氏之證明法，使吾人不能求其所以然。然一簡易之圖，使吾人一望而知其必然及其所以然，且其性質所以如此者，明明存於其一角為直角之故。豈獨此命題為然，一切幾何學上之真理，皆能由直觀中證之。何則？此等真理，元由直觀中發見之者，而名學上之證明，不過以後之附加物耳。叔氏幾何學上之見地如此，厥後歌薩克氏由叔氏之說以教授幾何學，然其書亦見棄於世，而世之授幾何學者仍用歐氏之方法。積重之難返，固若是哉！

叔氏於數學上重直觀而不重理性也如此。然叔氏於教育之全體，無所往而不重直觀，故其教育上之意見，重經驗而不重書籍。彼謂概念者，其材料自直觀出，故吾人思索之世界，全立於直觀之世界上者也。從概念之廣狹，而其離直觀也有遠近，然一切概念，無一不有直觀為之根柢。此等直觀與一切思索以其內容；若吾人之思索而無直觀為之內容乎，則直空言耳，非概念也。故吾人之知力，如一銀行然，必備若干之金幣以應鈔票之取求，而直觀如金錢，概念如鈔票也。故直觀可名為第一觀念，而概念可名為第二觀念。而書籍之為物，但供給第二種之觀念。苟不直觀一物，而但知其概念，不過得大概之知識；若欲深知一物及其關係，必直觀之而後可，決非言語之所能為力也。以言語解言語，以概念比較概念，極其能事，不過達一結論而已。但結論之所得者非新知識，不過以吾人之知識中所固有者，應用之於特別之物耳。若觀各物與其間之新關係，而貯之於概念中，則能得種種之新知識。故以概念比較概念，則人人之所能；至能以概念比較直觀者則希矣。真正之知識，惟存於直觀；即思索（比較概念之作用。）時，亦不得不藉想像之助。故抽象之思索，而無直觀為之根柢者，如空中樓閣，終非實在之物也。即文字與語言，其究竟之宗旨，在使讀者反於作者所得之具體的知識；苟無此宗旨，則其著述不足貴也。故觀察實物與誦讀，其間之差別不可以道里計。一切真理惟存於具體的物中，與黃金之惟存於礦石中無異，其難只在搜尋之。書籍則不然，吾人即於此得真理，亦不過其小影耳，況又不能得哉！故書籍之不能代經驗，猶博學之不能代天才，其根本存於抽象的知識，不能取具體的知識而代之也。書籍上之知識，抽象的知識也，死也；經驗的知識，具體的知識也，則常有生氣。人苟乏經驗之知識，則雖富書籍上之知識，猶一銀行而出十倍其金錢之鈔票，亦終必倒閉而已矣。且人苟過用其誦讀之能力，則直觀之能力必因之而衰弱，而自然之光明反為書籍之光所掩蔽；且注入他人之思想，必壓倒自己之思想，久之，他人之思想遂寄生於自己之精神中，而不能自思一物，故不斷之誦讀，其有害於精神也必矣。況精神之為物非奴隸，必其所欲為者乃能有成。若強以所不欲學之事，或已疲而猶用之，則損人之腦髓，與在月光中讀書，其有損於人之眼無異也。而此病殊以少時為甚，故學者之通病，往往在自七歲至十二歲間習希臘、拉丁之文法，彼等蠢愚之根本實存於此，吾人之所深信而不疑也。夫吾人之所食，非盡變為吾人之血肉；其變為血肉者，必其所能消化者也。苟所食而過於其所能消化之分量，則豈徒無益，而反以害之。吾人之讀書，豈有以異於此乎？額拉吉來圖[18]曰：「博學非知識。」此之謂也。故學問之為物，

18 多譯作赫拉克利特。西元前五四〇－四八〇，古希臘哲學家，被視為奠定辯證法的哲學家之一。

如重甲冑然，勇者得之，固益有不可禦之勢；而施之於弱者，則亦倒於地而已矣。叔氏於知育上之重直觀也如此，與盧騷、貝斯德祿奇[19]之說如何相近，自不難知也。

而美術之知識全為直觀之知識，而無概念雜乎其間，故叔氏之視美術也，尤重於科學。蓋科學之源雖存於直觀，而既成一科學以後，則必有整然之系統，必就天下之物分其不相類者，而合其相類者，以排列之於一概念之下，而此概念復與相類之他概念排列於更廣之他概念之下。故科學上之所表者，概念而已矣；美術上之所表者，則非概念，又非個象，而以個象代表其物之一種之全體，即上所謂實念者是也，故在在得直觀之。如建築、雕刻、圖畫、音樂等，皆呈於吾人之耳目者。惟詩歌（並戲劇、小說言之。）一道，雖藉概念之助以喚起吾人之直觀，然其價值全存於其能直觀與否。詩之所以多用比興者，其源全由於此也。

由是，叔氏於教育上甚蔑視歷史，謂歷史之對象，非概念，非實念，而但個象也。詩歌之所寫者，人生之實念，故吾人於詩歌中，可得人生完全之知識。故詩歌之所寫者，人及其動作而已。而歷史之所述，非此人即彼人，非此動作即彼動作，其數雖巧歷不能計也，然此等事實，不過同一生活之欲之發現。故吾人欲知人生之為何物，則讀詩歌賢於歷史遠矣。然叔氏雖輕視歷史，亦視歷史有一種之價值。蓋國民之有歷史，猶個人之有理性。個人有理性，而能有過去、未來之知識，故與動物之但知現在者異；國民有歷史，而有自己之過去之知識，故與蠻民之但知及身之事實者異。故

19 Pestalozzi，多譯作裴斯泰洛齊。一七四六—一八二七，被譽為歐洲平民教育之父。

歷史者，可視為人類之合理的意識，而其於人類也，如理性之於個人，而人類由之以成一全體者也。歷史之價值惟存於此，此叔氏就歷史上之意見也。

叔氏之重直觀的知識，不獨於知育、美育上然也，於德育上亦然。彼謂道德之理論，對吾人之動作無絲毫之效。何則？以其不能為吾人之動作之機括故也。苟道德之理論而得為吾人動作之機括乎，必動其利己之心而後可。然動作之由利己之心發者，於道德上無絲毫之價值者也。故真正之德性，不能由道德之理論即抽象之知識出，而惟出於人己一體之直觀的知識。故德性之為物，不能以言語傳者也。基開祿所謂德性非可教者，此之謂也。何則？抽象的教訓，對吾人之德性，即品性之善，無甚勢力。苟吾人之品性而善歟，則虛偽之教訓不能沮害之，真實之教訓亦不能助之也。教訓之勢力只及於表面之動作，風俗與模範亦然，但品性自身不能由此道變更之。一切抽象的知識，但與吾人以動機，而動機但能變吾人意志之方向，而不能變意志之本質。易言以明之，彼但變其所用之手段，而不變所志之目的。今以例證之。苟人欲於未來受十倍之報酬而施大惠於貧民，與望將來之大利而購不售之股票者，自道德上之價值考之，二者固無以異也。故彼之為正教之故而處異端以火刑者，與殺越人於貨者何所擇？蓋一求天國之樂，一求現在之樂，其根柢皆歸於利己主義故也。所謂德性不可教者，此之謂也。故真正之善，必不自抽象的知識出，而但出於直觀的知識。惟超越個物化之原理，而視己與人皆同一之意志之發見，而不容厚此而薄彼，此知識不得由思索而失之，亦不能由思索得之。且此知識以非抽象的知識，故不能得於他人，而惟由自己之直觀得之。故其完全之發現，不由言語而惟由動作。正義、博愛、解脫之諸德，皆由此起也。

然則美術、德性，均不可教，則教育之事廢歟？曰：否。教育者，非徒以書籍教之之謂，即非徒與以抽象的知識之謂。苟時時與以直觀之機會，使之於美術、人生上得完全之知識，此亦屬於教育之範圍者也。自然科學之教授，觀察與實驗往往與科學之理論相並而行，人未有但以科學之理論為教授、而以觀察實驗為非教授者，何獨於美育及德育而疑之？然則叔氏之所謂德性不可教者，非真不可教也，但不可以抽象的知識導之使為善耳。現今柏林大學之教授巴爾善氏，於其所著《倫理學系統》中首駁叔氏德性不可教之說，然其所說全從利己主義上計算者，此正叔氏之所謂謹慎，而於道德上無絲毫之價值者也。其所以為此說，豈不以如叔氏之說，則倫理學為無效，而教育之事將全廢哉？不知由教育之廣義言之，則導人於直觀而使之得道德之真知識，固亦教育上之事。然則此說之對教育有危險與否，固不待知者而決也。由此觀之，則叔氏之教育主義，全與其哲學上之方法同，無往而非直觀主義也。

紅樓夢評論

一　人生及美術之概觀

老子曰：「人之大患，在我有身。」莊子曰：「大塊載我以形，勞我以生。」憂患與勞苦之與生相對待也久矣。夫生者，人人之所欲；憂患與勞苦者，人人之所惡也。然則詎不人人欲其所欲，而惡其所欲歟？將其所惡者固不能不欲，而其所欲者終非可欲之物歟？人有生矣，則思所以奉其生。飢而欲食，渴而欲飲，寒而欲衣，露處而欲宮室，此皆所以維持一人之生活者也。然一人之生，少則數十年，多則百年而止耳。而吾人欲生之心，必以是為不足。於是於數十年百年之生活外，更進而圖永遠之生活，時則有牝牡之欲，家室之累；進而育子女矣，則有保抱扶持飲食教誨之責，婚嫁之務。百年之間，早作而夕思，窮老而不知所終。問有出於此保存自己及種姓之生活之外者乎？無有也。百年之後，觀吾人之成績，其有逾於此保存自己及種姓之生活之外者乎？無有也。又人人知侵害自己及種姓之生活者之非一端也，於是相集而成一群，相約束而立一國，擇其賢且智者以為之君，為之立法律以治之，建學校以教之，為之警察以防內奸，為之陸海軍以禦外患，使人人各遂其生活之欲而不相侵害，凡此皆欲生之心之所為也。夫人之於生活也，欲之如此其切也，用力如此其勤也，設計如此其周且至也，固亦有其真可欲者存歟？吾人之憂患勞苦，固亦有所以償之者歟？則吾人不得不就生活之本質，熟思而審考之也。

生活之本質何？欲而已矣。欲之為性無厭，而其原生於不足。不足之狀態，苦痛是也。既償一欲，則此欲以終。然欲之被償者一，而不償者什伯。一欲既終，他欲隨之。故究竟之慰藉，終不可得也。即使吾人之欲悉償，而更無所欲之對象，倦厭之情即起而乘之，於是吾人自己之生活，若負之而不勝其重。故人生者，如鐘錶之擺，實往復於苦痛與倦厭之間者也。夫倦厭固可視為苦痛之一種。有能除去此二者，吾人謂之曰快樂。然當其求快樂也，吾人於固有之苦痛外，又不得不加以努力，而努力亦苦痛之一也。且快樂之後，其感苦痛也彌深。故苦痛而無回復之快樂者有之矣，未有快樂而不先之或繼之以苦痛者也。又此苦痛與世界之文化俱增，而不由之而減。何則？文化愈進，其知識彌廣，其所欲彌多，又其感苦痛亦彌甚故也。然則人生之所欲，既無以逾於生活，而生活之性質，又不外乎苦痛，故欲與生活與苦痛，三者一而已矣。

吾人生活之性質既如斯矣，故吾人之知識遂無往而不與生活之欲相關係，即與吾人之利害相關係。就其實而言之，則知識者，固生於此欲，而示此欲以我與外界之關係，使之趨利而避害者也。

常人之知識，止知我與物之關係，易言以明之，止知物之與我相關係者，而於此物中，又不過知其與我相關係之部分而已。及人知漸進，於是始知欲知此物與我之關係，不可不研究此物與彼物之關係。知愈大者，其研究逾遠焉，自是而生各種之科學。如欲知空間之一部之與我相關係者，不可不知空間全體之關係，於是幾何學興焉。（按西洋幾何學（Geometry）之本義，係量地之意，可知古代視為應用之科學，而不視為純粹之科學也。）欲知力之一部之與我相關係者，不可不知力之全體之關係，於是力學興焉。吾人既知一物之全體之關係，又知此物與彼物之全體之關係，而立一法則焉以應用之。於是物之現於吾前者，其與我之關係及其與他物之關係粲然陳於目前而無所遁。夫然後吾人得以利用此物，有其利而無其害，以使吾人生活之欲增進於無窮。此科學之功效也。故科學上之成功，雖若層樓傑觀，高嚴鉅麗，然其基址則築乎生活之欲之上，與政治上之系統立於生活之欲之上無以異。然則吾人理論與實際之二方面，皆此生活之欲之結果也。

由是觀之，吾人之知識與實踐之二方面，無往而不與生活之欲相關係，即與苦痛相關係。茲有一物焉，使吾人超然於利害之外，而忘物與我之關係。此時也，吾人之心無希望，無恐怖，非復欲之我，而但知之我也。此猶積陰彌月，而旭日杲杲也；猶覆舟大海之中，浮沉上下，而飄著於故鄉之海岸也；猶陣雲慘淡，而插翅之天使，齎平和之福音而來者也；猶魚之脫於罾網，鳥之自樊籠出，而遊於山林江海也。然物之能使吾人超然於利害之外者，必其物之於吾人無利害之關係而後可，易言以明之，必其物非實物而後可。然則非美術何足以當之乎？夫自然界之物，無不與吾人有利害之關係，縱非直接，亦必間接相關係者也。苟吾人而能忘物與我之關係而觀物，則夫自然界之山明水媚，鳥飛花落，固無往而非華胥之國，極樂之土也。豈獨自然界而已，人類之言語動作，悲歡啼笑，孰非美之對象乎？然此物既與吾人有利害之關係，而吾人欲強離其關係而觀之，自非天才，豈易及此？於是天才者出，以其所觀於自然人生中者復現之於美術中，而使中智以下之人，亦因其物之與己無關係而超然於利害之外。是故觀物無方，因人而變：濠上之魚，莊、惠之所樂也，而漁父襲之以網罟；舞雩之木，孔、曾之所憩也，而樵者繼之以斤斧。若物非有形，心無所住，則雖殉財之夫，貴私之子，寧有對曹霸[1]、韓幹[2]之馬而計馳騁之樂，見畢宏[3]、韋偃[4]之松而思棟梁之用，求好逑於雅典之偶、思稅駕於金字之塔者哉？故美術之為物，欲者不觀，觀者不欲。而藝術之美所以優於自然之美者，全存於使人易忘物我之關係也。

　　而美之為物有二種：一曰優美，一曰壯美。苟一物焉，與吾人無利害之關係，而吾人之觀之也，不觀其關係而但觀其物，或吾人之心中無絲毫生活之欲存，而其觀物也，不視為與我有關係之物，而但視為外物，則今之所觀者，非昔之所觀者也。此時吾心寧靜之狀態，名之曰優美之情，而謂此

1 約六九四－？，唐代畫家，長於畫馬，《九馬圖》為其代表作之一。
2 約七〇六－七八三，唐代畫家，擅長畫馬，曾師從曹霸。《牧馬圖》為其代表作之一。
3 生卒年不詳。唐代畫家，擅畫古松。
4 生卒年不詳。唐代畫家，擅畫松石、鞍馬。

物曰優美；若此物大不利於吾人，而吾人生活之意志為之破裂，因之意志遁去，而知力得為獨立之作用，以深觀其物，吾人謂此物曰壯美，而謂其感情曰壯美之情。普通之美，皆屬前種。至於地獄變相之圖，決鬥垂死之像，廬江小吏之詩[5]，雁門尚書之曲[6]，其人固氓庶之所共憐，其遇雖戾夫為之流涕，詎有子頹樂禍之心，寧無尼父反袂之戚，而吾人觀之，不厭千復。格代之詩曰：

What in life doth only grieve us,
That in art we gladly see.

凡人生中足以使人悲者，於美術中則吾人樂而觀之。

此之謂也。此即所謂壯美之情。而其快樂存於使人忘物我之關係，則固與優美無以異也。

至美術中之與二者相反者，名之曰眩惑。夫優美與壯美，皆使吾人離生活之欲，而入於純粹之知識者。若美術中而有眩惑之原質乎，則又使吾人自純粹之知識出，而復歸於生活之欲。如粔籹蜜

5 指東漢樂府民歌〈古詩為焦仲卿妻作〉，一名〈孔雀東南飛〉。該詩敘述劉蘭芝與其夫焦仲卿殉情之事。廬江小吏即指焦仲卿。

6 指明末清初詩人吳偉業所作之詩〈雁門尚書行〉。雁門尚書即明末大臣孫傳庭，出兵剿滅李自成，但遇大雨絕糧而殉於潼關，其妻女自沉於井，其子則為避賊而入民舍。

餌，〈招魂〉、〈啟〉、〈發〉之所陳；玉體橫陳，周昉、仇英之所繪；《西廂記》之〈酬柬〉，《牡丹亭》之〈驚夢〉，伶元之傳《飛燕》，楊慎之贋《秘辛》，徒諷一而勸百，欲止沸而益薪。所以子雲有「靡靡」之誚，法秀有「綺語」之訶。雖則夢幻泡影，可作如是觀，而拔舌地獄，專為斯人設者矣。故眩惑之於美，如甘之於辛，火之於水，不相並立者也。吾人欲以眩惑之快樂，醫人世之苦痛，是猶欲航斷港而至海，入幽谷而求明，豈徒無益，而又增之。則豈不以其不能使人忘生活之欲，及此欲與物之關係，而反鼓舞之也哉！眩惑之與優美及壯美相反對，其故實存於此。

今既述人生與美術之概略如左，吾人且持此標準，以觀我國之美術。而美術中以詩歌、戲曲、小說為其頂點，以其目的在描寫人生故。吾人於是得一絕大著作，曰《紅樓夢》。

二 《紅樓夢》之精神

裒伽爾[7]之詩曰：

Ye wise men, highly, deeply learned,
Who think it out and know,

7 Bürger，多譯作布爾格。一七四七—一七九四，啟蒙運動時期的詩人，奠定德國民謠詩。

How, when and where do all things pair?
Why do they kiss and love?
Ye men of lofty wisdom, say
What happened to me then,
Search out and tell me where, how, when,
And why it happened thus.

嗟汝哲人，靡所不知，靡所不學，既深且躋。粲粲生物，罔不匹儔，各齧厥脣，而相厥攸。匪汝哲人，孰知其故？自何時始？來自何處？嗟汝哲人，淵淵其知。相彼百昌，奚而熙熙？願言哲人，詔余其故。自何時始，來自何處。（譯文）

哀伽爾之問題，人人所有之問題，而人人未解決之大問題也。人有恆言，曰飲食男女，人之大欲存焉。然人七日不食則死，一日不再食則飢。若男女之欲，則於一人之生活上，寧有害無利者也，而吾人之欲之也如此，何哉？吾人自少壯以後，其過半之光陰，過半之事業，所計畫、所勤動者為何事？漢之成、哀，曷為而喪其生？殷辛、周幽，曷為而亡其國？勵精如唐玄宗，英武如後唐莊宗，曷為而不善其終？且人生苟為數十年之生活計，則其維持此生活，亦易易耳，曷為而其憂勞之度，倍蓰而未有已？記曰：「人不婚宦，情欲失半。」人苟能解此問題，則於人生之知識，思過半矣。

而蚩蚩者乃日用而不知，豈不可哀也歟！其自哲學上解此問題者，則二千年間，僅有叔本華之《男女之愛之形而上學》耳。詩歌、小說之描寫此事者，通古今東西，殆不能悉數，然能解決之者鮮矣。《紅樓夢》一書，非徒提出此問題，又解決之者也。彼於開卷即下男女之愛之神話的解釋，其敘此書之主人公賈寶玉之來歷曰：

> 卻說女媧氏煉石補天之時，於大荒山無稽崖，煉成高十二丈，見方二十四丈大的頑石三萬六千五百零一塊。那媧皇只用了三萬六千五百塊，單單剩下一塊未用，棄在青埂峰下。誰知此石自經鍛煉之後，靈性已通，自去自來，可大可小。因見眾石俱得補天，獨自己無才，不得入選，遂自怨自艾，日夜悲哀。（第一回。）

此可知生活之欲之先人生而存在，而人生不過此欲之發見也。此可知吾人之墮落，由吾人之所欲而意志自由之罪惡也。夫頑鈍者既不幸而為此石矣，又幸而不見用，則何不遊於廣漠之野，無何有之鄉，以自適其適，而必欲入此憂患勞苦之世界，不可謂非此石之大誤也。由此一念之誤，而遂造出十九年之歷史，與百二十回之事實，與茫茫大士、渺渺真人何與？又於第百十七回中，述寶玉與和尚之談論曰：

「弟子請問師父，可是從太虛幻境而來？」那和尚道：「什麼幻境！不過是來處來，去處去罷了。我是送還你的玉來的。我且問你，那玉是從那裡來的？」寶玉一時對答不來。那和尚笑道：「你的來路還不知，便來問我！」寶玉本來穎悟，又經點化，早把紅塵看破，只是自己的底裡未知，一聞那僧問起玉來，好像當頭一棒，便說：「你也不用銀子了，我把那玉還你罷。」那僧笑道：「早該還我了！」

所謂自己的底裡未知者，未知其生活乃自己之一念之誤，而此念之所自造也。及一聞和尚之言，始知此不幸之生活，由自己之所欲，而其拒絕之也，亦不得由自己，是以有還玉之言。所謂玉者，不過生活之欲之代表而已矣。故攜入紅塵者，非彼二人之所為，頑石自己而已；引登彼岸者，亦非二人之力，頑石自己而已。此豈獨寶玉一人然哉？人類之墮落與解脫，亦視其意志而已。而此生活之意志，其於永遠之生活，比個人之生活為尤切。易言以明之，則男女之欲，尤強於飲食之欲。何則？前者無盡的，後者有限的也；前者形而上的，後者形而下的也。又如上章所說，生活之於苦痛，二者一而非二，而苦痛之度，與主張生活之欲之度為比例。是故前者之苦痛，尤倍蓰於後者之苦痛。而《紅樓夢》一書，實示此生活、此苦痛之由於自造，又示其解脫之道不可不由自己求之者也。

而解脫之道，存於出世而不存於自殺。出世者，拒絕一切生活之欲者也。彼知生活之無所逃於苦痛，而求入於無生之域。當其終也，恆幹雖存，固已形如槁木而心如死灰矣。若生活之欲如故，但不滿於現在之生活，而求主張之於異日，則死於此者固不得不復生於彼，而苦海之流，又將與生活之欲而無窮。故金釧之墮井也，司棋之觸牆也，尤三姐、潘又安之自刎也，非解脫也，求償其欲而不得者也。彼等之所不欲者，其特別之生活，而對生活之為物，則固欲之而不疑也。故此書中真正之解脫，僅賈寶玉、惜春、紫鵑三人耳。而柳湘蓮之入道，有似潘又安；芳官之出家，略同於金釧。故苟有生活之欲存乎，則雖出世而無與於解脫；苟無此欲，則自殺亦未始非解脫之一者也。如鴛鴦之死，彼固有不得已之境遇在。不然，則惜春、紫鵑之事，固亦其所優為者也。

而解脫之中，又自有二種之別：一存於觀他人之苦痛，一存於覺自己之苦痛。然前者之解脫，惟非常之人為能，其高百倍於後者，而其難亦百倍。但由其成功觀之，則二者一也。通常之人，其解脫由於苦痛之閱歷，而不由於苦痛之知識。惟非常之人，由非常之知力，而洞觀宇宙人生之本質，始知生活與苦痛之不能相離，由是求絕其生活之欲，而得解脫之道。然於解脫之途中，彼之生活之欲，猶時時起而與之相抗，而生種種之幻影。所謂惡魔者，不過此等幻影之人物化而已矣。故通常之解脫，存於自己之苦痛。彼之生活之欲，因不得其滿足而愈烈，又因愈烈而愈不得其滿足，如此循環而陷於失望之境遇，遂悟宇宙人生之真相，遽而求其息肩之所。彼全變其氣質，而超出乎苦樂之外，舉昔之所執著者，一旦而捨之。彼以生活為爐，苦痛為炭，而鑄其解脫之鼎。彼以疲於生活之欲故，故其生活之欲，不能復起而為之幻影。此通常之人解脫之狀態也。前者之解脫，如惜春、紫鵑；後者之解脫，如寶玉。前者之解脫，超自然的也，神明的也；後者之解脫，自然的也，人類的也。前者之解脫，宗教的；後者美術的也。前者平和的也；後者悲感的也，壯美的也，故文學的也，詩歌的也，小說的也。此《紅樓夢》之主人公所以非惜春、紫鵑，而為賈寶玉者也。

嗚呼！宇宙一生活之欲而已。而此生活之欲之罪過，即以生活之苦痛罰之，此即宇宙之永遠的正義也。自犯罪，自加罰，自懺悔，自解脫。美術之務，在描寫人生之苦痛與其解脫之道，而使吾儕馮生之徒，於此桎梏之世界中，離此生活之欲之爭鬥，而得其暫時之平和，此一切美術之目的也。夫歐洲近世之文學中，所以推格代之《法斯德》[8]為第一者，以其描寫博士法斯德之苦痛及其解脫之途徑最為精切故也。若《紅樓夢》之寫寶玉，又豈有以異於彼乎？彼於纏陷最深之中，而已伏解脫之種子，故聽〈寄生草〉之曲，而悟立足之境；讀〈胠篋〉之篇，而作焚花散麝之想，所以未能者，則以黛玉尚在耳。至黛玉死而其志漸決，然尚屢失於寶釵，幾敗於五兒。屢蹶屢振，而終獲最後之勝利。讀者觀自九十八回以至百二十回之事實，其解脫之行程，精進之歷史，明瞭精切何如哉！且法斯德之苦痛，天才之苦痛；寶玉之苦痛，人人所有之苦痛也。其存於人之根柢者為獨深，而其希救濟也為尤切。作者一一掇拾而發揮之。我輩之讀此書者，宜如何表滿足感謝之意哉！而吾人於作者之姓名，尚有未確實之知識，豈徒吾儕寡學之羞，亦足以見二百餘年來吾人之祖先，對此宇宙之大著述，如何冷淡遇之也！誰使此大著述之作者不敢自署其名？此可知此書之精神，大背於吾國人之性質，及吾人之沉溺於生活之欲，而乏美術之知識，有如此也。然則予之為此論，亦自知有罪也矣。

---

8 歌德著，今多譯為《浮士德》。

三　《紅樓夢》之美學上之價值

如上章之說，吾國人之精神，世間的也，樂天的也，故代表其精神之戲曲小說，無往而不著此樂天之色彩，始於悲者終於歡，始於離者終於合，始於困者終於亨，非是而欲饜閱者之心難矣！若《牡丹亭》之返魂，《長生殿》之重圓，其最著之一例也。《西廂記》之以〈驚夢〉終也，未成之作也；此書若成，吾烏知其不為《續西廂》之淺陋也？有《水滸傳》矣，曷為而又有《蕩寇志》？有《桃花扇》矣，曷為而又有《南桃花扇》？有《紅樓夢》矣，彼《紅樓復夢》、《補紅樓夢》、《續紅樓夢》者，曷為而作也？又曷為而有反對《紅樓夢》之《兒女英雄傳》？故吾國之文學中，其具厭世解脫之精神者，僅有《桃花扇》與《紅樓夢》耳。而《桃花扇》之解脫，非真解脫也。滄桑之變，目擊之而身歷之，不能自悟而悟於張道士之一言；且以歷數千里、冒不測之險、投縲紲之中所索之女子，才得一面，而以道士之言，一朝而捨之，自非三尺童子，其誰信之哉！故《桃花扇》之解脫，他律的也；而《紅樓夢》之解脫，自律的也。且《桃花扇》之作者，但借侯、李之事以寫故國之戚，而非以描寫人生為事。故《桃花扇》，政治的也，國民的也，歷史的也；《紅樓夢》，哲學的也，宇宙的也，文學的也。此《紅樓夢》之所以大背於吾國人之精神，而其價值亦即存乎此。彼《南桃花扇》、《紅樓復夢》等，正代表吾國人樂天之精神者也。

《紅樓夢》一書，與一切喜劇相反，徹頭徹尾之悲劇也。其大宗旨如上章之所述，讀者既知之矣。除主人公不計外，凡此書中之人，有與生活之欲相關係者，無不與苦痛相終始。以視寶琴、岫烟、李紋、李綺等，若藐姑射神人，敻乎不可及矣。夫此數人者，曷嘗無生活之欲，曷嘗無苦痛？而書中既不及寫其生活之欲，則其苦痛自不得而寫之，足以見二者如驂之靳，而永遠的正義，無往不逞其權力也。又吾國之文學，以挾樂天的精神故，故往往說詩歌的正義，善人必令其終，而惡人必罹其罰，此亦吾國戲曲小說之特質也。《紅樓夢》則不然，趙姨、鳳姐之死，非鬼神之罰，彼良心自己之苦痛也。若李紈之受封，彼於《紅樓夢》十四曲中，固已明說之曰：

〔晚韶華〕鏡裡恩情，更那堪夢裡功名！那韶華去之何迅，再休題綉帳鴛衾。只這戴珠冠，披鳳襖，也抵不了無常性命。雖說是人生莫受老來貧，也須要陰騭積兒孫。氣昂昂頭戴簪纓，光燦燦胸懸金印，威赫赫爵祿高登，昏慘慘黃泉路近。問古來將相可還存？也只是虛名兒，與後人欽敬。（第五回。）

此足以知其非詩歌的正義，而既有世界人生以上，無非永遠的正義之所統轄也。故曰《紅樓夢》一書，徹頭徹尾的悲劇也。

由叔本華之說，悲劇之中，又有三種之別：第一種之悲劇由極惡之人極其所有之能力以交構之者；第二種由於盲目的運命者；第三種之悲劇由於劇中之人物之位置及關係，而不得不然者，非必有蛇蝎之性質與意外之變故也，但由普通之人物，普通之境遇，逼之不得不如是。彼等明知其害，交施之而交受之，各加以力而各不任其咎。此種悲劇，其感人賢於前二者遠甚。何則？彼示人生最大之不幸，非例外之事，而人生之所固有故也。若前二種之悲劇，吾人對蛇蝎之人物與盲目之命運，未嘗不悚然戰慄，然以其罕見之故，猶倖吾生之可以免，而不必求息肩之地也。但在第三種，則見此非常之勢力足以破壞人生之福祉者，無時而不可墜於吾前。且此等慘酷之行，不但時時可受諸己，而或可以加諸人，躬丁其酷，而無不平之可鳴，此可謂天下之至慘也。若《紅樓夢》，則正第三種之悲劇也。茲就寶玉、黛玉之事言之。賈母愛寶釵之婉嫕，而懲黛玉之孤僻，又信金玉之邪說，而思壓寶玉之病；王夫人固親於薛氏；鳳姐以持家之故，忌黛玉之才，而虞其不便於己也；襲人懲尤二姐、香菱之事，聞黛玉不是東風壓西風，就是西風壓東風之語，（第八十二回。）懼禍之及，而自同於鳳姐，亦自然之勢也。寶玉之於黛玉，信誓旦旦，而不能言之於最愛之之祖母，則普通之道德使然，況黛玉一女子哉！由此種種原因，而金玉以之合，木石以之離，又豈有蛇蝎之人物、非常之變故行於其間哉？不過通常之道德，通常之人情，通常之境遇為之而已。由此觀之，《紅樓夢》者，可謂悲劇中之悲劇也。

由此之故，此書中壯美之部分，較多於優美之部分，而眩惑之原質殆絕焉。作者於開卷即申明之曰：

更有一種風月筆墨，其淫穢汙臭，最易壞人子弟。至於才子佳人等書，則又開口文君，滿篇子建，千部一腔，千人一面，且終不能不涉淫濫。在作者不過欲寫出自己兩首情詩豔賦來，故假捏出男女二人名姓，又必旁添一小人撥亂其間，如戲中小丑一般。（此又上節所言之一證。）

茲舉其最壯美者之一例，即寶玉與黛玉最後之相見一節曰：

那黛玉聽著傻大姐說寶玉娶寶釵的話，此時心裡竟是油兒醬兒糖兒醋兒倒在一處的一般，甜苦酸鹹，竟說不上什麼味兒來了……自己轉身要回瀟湘館去，那身子竟有千百斤重的，兩隻腳卻像踏著棉花一般，早已軟了。只得一步一步，慢慢的走將下來。走了半天，還沒到沁芳橋畔，腳下愈加軟了。走的慢，且又迷迷痴痴，信著腳從那邊繞過來，更添了兩箭地路。這時剛到沁芳橋畔，卻又不知不覺的順著隄往向裡走起來。紫鵑取了絹子來，卻不見黛玉。正在那裡看時，只見黛玉顏色雪白，身子恍恍蕩蕩的，眼睛也直直的，在那裡東轉西轉……只得趕過來輕輕的問道：「姑娘怎麼又回去？是要往那裡去？」黛玉也只模糊聽見，隨口答道：「我問問寶玉去。」……紫鵑只得攙他進去。那黛玉卻又奇怪了，這時不似先前那樣軟了，也不用紫鵑打簾子，自己掀起簾子進來……見寶玉在那裡坐著，也不起來讓坐，只瞧著嘻嘻的獃笑。黛玉自己坐下，卻也瞧著寶玉笑。兩個也不問好，也不說話，也無推讓，只管對著臉歔笑起來。忽然聽著黛玉說道：「寶玉，你為什麼病了？」寶玉笑道：「我為林姑娘病了。」襲人、紫鵑兩個，嚇得面目改色，連忙用言語來岔。兩個卻又不答言，仍舊歔笑起來……紫鵑攙起黛玉，那黛玉也就站起來，瞧著寶玉，只管笑，只管點頭兒。紫鵑又催道：「姑娘回家去歇歇罷。」黛玉道：「可不是，我這就是回去的時候兒了。」說著，便回身笑著出來了，仍舊不用丫頭們攙扶，自己卻走得比往常飛快。（第九十六回。）

如此之文，此書中隨處有之，其動吾人之感情何如！凡稍有審美的嗜好者，無人不經驗之也。《紅樓夢》之為悲劇也如此。昔雅里大德勒於《詩論》中，謂悲劇者，所以感發人之情緒而高上之，殊如恐懼與悲憫之二者，為悲劇中固有之物。由此感發，而人之精神於焉洗滌。故其目的，倫理學上之目的也。叔本華置詩歌於美術之頂點，又置悲劇於詩歌之頂點；而於悲劇之中，又特重第三種，以其示人生之真相、又示解脫之不可已故。故美學上最終之目的，與倫理學上最終之目的合。由是《紅樓夢》之美學上之價值，亦與其倫理學上之價值相聯絡也。

四 《紅樓夢》之倫理學上之價值

自上章觀之，《紅樓夢》者，悲劇中之悲劇也。其美學上之價值，即存乎此。然使無倫理學上之價值以繼之，則其於美術上之價值尚未可知也。今使為寶玉者，於黛玉既死之後，或感憤而自殺，或放廢以終其身，則雖謂此書一無價值可也。何則？欲達解脫之域者，固不可不嘗人世之憂患；然所貴乎憂患者，以其為解脫之手段故，非重憂患自身之價值也。今使人日日居憂患言憂患，而無希求解脫之勇氣，則天國與地獄，彼兩失之；其所領之境界，除陰雲蔽天、沮洳彌望外，固無所獲焉。黃仲則〈綺懷〉詩曰：

> 如此星辰非昨夜，為誰風露立中宵。

又其卒章曰：

> 結束鉛華歸少作，屏除絲竹入中年。茫茫來日愁如海，寄語羲和快著鞭。

其一例也。《紅樓夢》則不然，其精神之存於解脫，如前二章所說，茲固不俟喋喋也。

然則解脫者，果足為倫理學上最高之理想否乎？自通常之道德觀之，夫人知其不可也。夫寶玉者，固世俗所謂絕父子、棄人倫、不忠不孝之罪人也。然自太虛中有今日之世界，自世界中有今日之人類，乃不得不有普通之道德，以為人類之法則。順之者安，逆之者危；順之者存，逆之者亡。

於今日之人類中，吾固不能不認普通之道德之價值也。然所以有世界人生者，果有合理的根據歟？抑出於盲目的動作，而別無意義存乎其間歟？使世界人生之存在，而有合理的根據，則人生中所有普通之道德，謂之絕對的道德可也。然吾人從各方面觀之，則世界人生之所以存在，實由吾人類之祖先一時之誤謬。詩人之所悲歌，哲學者之所冥想，與夫古代諸國民之傳說，若出一揆。若第二章所引《紅樓夢》第一回之神話的解釋，亦於無意識中暗示此理，較之〈創世記〉所述人類犯罪之歷史，尤為有味者也。夫人之有生，既為鼻祖之誤謬矣，則夫吾人之同胞，凡為此鼻祖之子孫者，苟有一人焉未入解脫之域，則鼻祖之罪，終無時而贖，而一時之誤謬，反覆至數千萬年而未有已也。則夫絕棄人倫如寶玉其人者，自普通之道德言之，固無所辭其不忠不孝之罪；若開天眼而觀之，則彼固可謂干父之蠱者也。知祖父之誤謬，而不忍反覆之以重其罪，顧得謂之不孝哉？然則寶玉「一子出家，七祖昇天」之說，誠有見乎所謂孝者在此不在彼，非徒自辯護而已。

然則舉世界之人類，而盡入於解脫之域，則所謂宇宙者，不誠無物也歟？然有無之說，蓋難言之矣。夫以人生之無常，而知識之不可恃，安知吾人之所謂有，非所謂真有者乎？則自其反而言之，又安知吾人之所謂無，非所謂真無者乎？即真無矣，而使吾人自空乏與滿足、希望與恐怖之中出，而獲永遠息肩之所，不猶愈於世之所謂有者乎？然則吾人之畏無也，與小兒之畏暗黑何以異？自已解脫者觀之，安知解脫之後，山川之美，日月之華，不有過於今日之世界者乎？讀〈飛鳥各投林〉之曲，所謂「一片白茫茫大地真乾淨」者，有歟無歟，吾人且勿問，但立乎今日之人生而觀之，彼誠有味乎其言之也。

難者又曰：人苟無生，則宇宙間最可寶貴之美術，不亦廢歟？曰：美術之價值，對現在之世界人生而起者，非有絕對的價值也。其材料取諸人生，其理想亦視人生之缺陷逼仄，而趨於其反對之方面。如此之美術，惟於如此之世界、如此之人生中，始有價值耳。今設有人焉，自無始以來，無生死，無苦樂，無人世之罣礙，而惟有永遠之知識，則吾人所寶為無上之美術，自彼視之，不過蛩鳴蟬噪而已。何則？美術上之理想，固彼之所自有，而其材料，又彼之所未嘗經驗故也。又設有人焉，備嘗人世之苦痛，而已入於解脫之域，則美術之於彼也，亦無價值。何則？美術之價值，存於使人離生活之欲，而入於純粹之知識。彼既無生活之欲矣，而復進之以美術，是猶饋壯夫以藥石，多見其不知量而已矣。然而超今日之世界人生以外者，於美術之存亡，固自可不必問也。

夫然，故世界之大宗教，如印度之婆羅門教及佛教，希伯來之基督教，皆以解脫為惟一之宗旨。哲學家如古代希臘之柏拉圖，近世德意志之叔本華，其最高之理想，亦存於解脫。殊如叔本華之說，由其深邃之知識論、偉大之形而上學出，一掃宗教之神話的面具，而易以名學之論法，其真摯之感情與巧妙之文字，又足以濟之，故其說精密確實，非如古代之宗教及哲學說，徒屬想像而已。然事不厭其求詳，姑以生平所疑者商榷焉。夫由叔氏之哲學說，則一切人類及萬物之根本一也。故充叔氏拒絕意志之說，非一切人類及萬物各拒絕其生活之意志，則一人之意志亦不可得而拒絕。何則？生活之意志之存於我者，不過其一最小部分，而其大部分之存於一切人類及萬物者，皆與我之意志同。而此物我之差別，僅由於吾人知力之形式故。離此知力之形式，而反其根本而觀之，則一切人類及萬物之意志，皆我之意志也。然則拒絕吾一人之意志，而姝姝自悅曰解脫，是何異決蹄跨之水而注之溝壑，而曰天下皆得平土而居之哉！佛之言曰：「若不盡度眾生，誓不成佛。」其言猶若有能之而不欲之意。然自吾人觀之，此豈徒能之而不欲哉？將毋欲之而不能也。故如叔本華之言一人之解脫，而未言世界之解脫，實與其意志同一之說不能兩立者也。叔氏於無意識中亦觸此疑問，故於其《意志及觀念之世界》之第四編之末，力護其說曰：

人之意志，於男女之欲，其發見也為最著。故完全之貞操，乃拒絕意志，即解脫之第一步也。夫自然中之法則，固自最確實者。使人人而行此格言，則人類之滅絕，自可立而待。至人類以降之動物，其解脫與墮落，亦當視人類以為準。《吠陀》之經典曰：「一切眾生之待聖人，如飢兒之望慈父母也。」基督教中亦有此思想。珊列休斯[9]於其〈人持一切物歸於上帝〉之小詩中曰：「嗟汝萬物靈，有生皆愛汝。總總環汝旁，如兒索母乳。攜之適天國，惟汝力是怙。」德意志之神祕學者馬斯太・哀克赫德[10]亦云：「〈約翰福音〉云：余之離世界也，將引萬

9 Angelus Silesius，安吉魯斯・西里修斯。一六二四－一六七七，德國神祕主義詩人，著有箴言詩篇《漫遊的智天使》(*Cherubinischer Wandersmann*)。

10 Meister Eckhart，本名艾克哈特・馮・霍赫海姆。約一二六〇－一三二七，德國神學家，其所宣傳的基督

物而與我俱，基督豈欺我哉！夫善人固將持萬物而歸之於上帝，即其所從出之本者也。今夫一切生物，皆為人而造，又各自相為用，牛羊之於水草，魚之於水，鳥之於空氣，野獸之於林莽皆是也。一切生物皆上帝所造，以供善人之用，而善人攜之以歸上帝。」彼意蓋謂人之所以有用動物之權利者，實以能救濟之之故也。

於佛教之經典中，亦說明此真理。方佛之尚為菩提薩埵也，自王宮逸出而入深林時，彼策其馬而歌曰：「汝久疲於生死兮，今將息此任載。負余躬以遐舉兮，繼今日而無再。苟彼岸其余達兮，余將徘徊以汝待。」（《佛國記》。）此之謂也。（英譯《意志及觀念之世界》第一冊第四百九十二頁。）

然叔氏之說，徒引據經典，非有理論的根據也。試問釋迦示寂以後，基督屍十字架以來，人類及萬物之欲生奚若？其痛苦又奚若？吾知其不異於昔也。然則所謂持萬物而歸之上帝者，其尚有所待歟，抑徒沾沾自喜之說，而不能見諸實事者歟？果如後說，則釋迦、基督自身之解脫與否，亦尚在不可知之數也。往者作一律曰：

生平頗憶挈盧敖，東過蓬萊浴海濤。何處雲中聞犬吠，至今湖畔尚烏號。人間地獄真無間，

教神祕主義多牴觸當時信仰，被教皇視為異端。

死後泥洹枉自豪。終古眾生無度日，世尊祇合老塵囂。

何則？小宇宙之解脫，視大宇宙之解脫以為準故也。赫爾德曼人類涅槃之說，所以起而補叔氏之缺點者以此。要之，解脫之足以為倫理學上最高之理想與否，實存於解脫之可能與否。若夫普通之論難，則固如楚楚蜉蝣，不足以撼十圍之大樹也。

今使解脫之事，終不可能，然一切倫理學上之理想，果皆可能也歟？今夫與此無生主義相反者，生生主義也。夫世界有限，而生人無窮。以無窮之人，生有限之世界，必有不得遂其生者矣。世界之內，有一人不得遂其生者，固生生主義之理想之所不許也。故由生生主義之理想，則欲使世界生活之量達於極大限，則人人生活之度不得不達於極小限。蓋度與量二者，實為一精密之反比例，所謂「最大多數之最大福祉」者，亦僅歸於倫理學者之夢想而已。夫以極大之生活量，而居於極小之生活度，則生活之意志之拒絕也奚若？此生生主義與無生主義相同之點也。苟無此理想，則世界之內，弱之肉，強之食，一任諸天然之法則耳，奚以倫理為哉？然世人日言生生主義，而此理想之達於何時，則尚在不可知之數。要之，理想者，可近而不可即，亦終古不過一理想而已矣。人知無生主義之理想之不可能，而自忘其主義之理想之何若，此則大不可解脫者也。

夫如是，則《紅樓夢》之以解脫為理想者，果可菲薄也歟？夫以人生憂患之如彼，而勞苦之如此，苟有血氣者，未有不渴慕救濟者也。不求之於實行，猶將求之於美術。獨《紅樓夢》者，同時與吾人以二者之救濟。人而自絕於救濟則已耳；不然，則對此宇宙之大著述，宜如何企踵而歡迎之也！

五　餘論

自我朝考證之學盛行，而讀小說者，亦以考證之眼讀之。於是評《紅樓夢》者，紛然索此書之主人公之為誰，此又甚不可解者也。夫美術之所寫者，非個人之性質，而人類全體之性質也。惟美術之特質，貴具體而不貴抽象，於是舉人類全體之性質，置諸個人之名字之下，譬諸副墨之子、洛誦之孫，亦隨吾人之所好名之而已。善於觀物者能就個人之事實，而發見人類全體之性質。今對人類之全體，而必規規焉求個人以實之，人之知力相越，豈不遠哉！故《紅樓夢》之主人公，謂之賈寶玉可，謂之子虛烏有先生可，即謂之納蘭容若，謂之曹雪芹，亦無不可也。

綜觀評此書者之說，約有二種：一謂述他人之事，一謂作者自寫其生平也。第一說中，大抵以賈寶玉為即納蘭性德，其說要非無所本。案性德《飲水詩集．別意》六首之三曰：

獨擁餘香冷不勝，殘更數盡思騰騰。今宵便有隨風夢，知在紅樓第幾層？

又《飲水詞》中〈於中好〉一闋云：

別緒如絲睡不成，那堪孤枕夢邊城。因聽紫塞三更雨，卻憶紅樓半夜燈。

又〈減字木蘭花〉一闋詠新月云：

莫教星替，守取團圓終必遂。此夜紅樓，天上人間一樣愁。

「紅樓」之字凡三見，而云「夢紅樓」者一。又其亡婦忌日，作〈金縷曲〉一闋，其首三句云：

此恨何時已，滴空堦、寒更雨歇，葬花天氣。

「葬花」二字，始出於此。然則《飲水集》與《紅樓夢》之間，稍有文字之關係。世人以寶玉為即納蘭侍衛者，殆由於此。然詩人與小說家之用語，其偶合者固不少。苟執此例以求《紅樓夢》之主人公，吾恐其可以傅合者，斷不止容若一人而已。若夫作者之姓名，（遍考各書，未見曹雪芹何名。）與作書之年月，其為讀此書者所當知，似更比主人公之姓名為尤要，顧無一人為之考證者，此則大不可解者也。

至謂《紅樓夢》一書，為作者自道其生平者，其說本於此書第一回「竟不如我親見親聞的幾個女子」一語。信如此說，則唐旦之《天國喜劇》，可謂無獨有偶者矣。然所謂「親見親聞」者，亦可自旁觀者之口言之，未必躬為劇中之人物。如謂書中種種境界，種種人物，非局中人不能道，則是《水滸傳》之作者必為大盜，《三國演義》之作者必為兵家，此又大不然之說也。且此問題，實與美術之淵源之問題相關係。如謂美術上之事，非局中人不能道，則其淵源必全存於經驗而後可。夫美術之源出於先天，抑由於經驗，此西洋美學上至大之問題也。叔本華之論此問題也，最為透闢。茲援其說，以結此論。其言（此論本為繪畫及雕刻發，然可通之於詩歌小說。）曰：

人類之美之產於自然中者，必由下文解釋之，即意志於其客觀化之最高級（人類）中，由自己之力與種種之情況，而打勝下級（自然力）之抵抗，以佔領其物質。且意志之發現於高等之階級也，其形式必複雜。即以一樹言之，乃無數之細胞合而成一系統者也。其階級愈高，其結合愈複。人類之身體，乃最複雜之系統也，各部分各有一特別之生活，其對全體也則為隸屬，其互相對也則為同僚，互相調和以為其全體之說明，不能增也，不能減也。能如此者，則謂之美。此自然中不得多見者也。顧美之於自然中如此，於美術中則何如？或有以美術家為模仿自然者。然彼苟無美之預想存於經驗之前，則安從取自然中完全之物而模仿之，又以之與不完全者相區別哉？且自然亦安得時時生一人焉，於其各部分皆完全無缺哉？或又謂美術家必先於人之肢體中，觀美麗之各部分，而由之以構成美麗之全體。此又大愚不靈之說也。

即令如此，彼又何自知美麗之在此部分而非彼部分哉？故美之知識，斷非自經驗的得之，即非後天的而常為先天的；即不然，亦必其一部分常為先天的也。吾人於觀人類之美後，始認其美；但在真正之美術家，其認識之也極其明速之度，而其表出之也勝乎自然之為。此由吾人之自身即意志，而於此所判斷及發見者，乃意志於最高級之完全之客觀化也。惟如是，吾人斯得有美之預想。而在真正之天才，於美之預想外，更伴以非常之巧力。彼於特別之物中認全體之理念，遂解自然之囁嚅之言語而代言之，即以自然所百計而不能產出之美現之於繪畫及雕刻中，而若語自然曰：此即汝之所欲言而不得者也。苟有判斷之能力者，必將應之曰是。惟如是，故希臘之天才，能發見人類之美之形式，而永為萬世雕刻家之模範。惟如是，故吾人對自然於特別之境遇中所偶然成功者，而得認其美。此美之預想，乃自先天中所知者，即理想的也。比其現於美術也，則為實際的。何則？此與後天中所與之自然物相合故也。如此，美術家先天中有美之預想，而批評家於後天中認識之，此由美術家及批評家，乃自然之自身之一部，而意志於此客觀化者也。哀姆攀獨克爾曰[11]：「同者惟同者知之。」故惟自然能知自然，惟自然能言自然，則美術家有自然之美之預想，固自不足怪也。

芝諾芬述蘇格拉底之言曰：「希臘人之發見人類之美之理想也，由於經驗，即集合種種美麗

11 Empedocles，多譯作恩培多克勒。西元前四九〇—前四三〇，古希臘哲學家、詩人，著有兩部哲學詩《論自然》、《淨化》。

之部分，而於此發見一膝，於彼發見一臂。」此大謬之說也。不幸而此說又蔓延於詩歌中。即以狹斯丕爾言之，謂其戲曲中所描寫之種種之人物，乃其一生之經驗中所觀察者，而極其全力以模寫之者也。然詩人由人性之預想而作戲曲小說，與美術家之由美之預想而作繪畫及雕刻無以異。惟兩者於其創造之途中，必須有經驗以為之補助。夫然，故其先天中所已知者，得喚起而入於明晰之意識，而後表出之事，乃可得而能也。（叔氏《意志及觀念之世界》第一冊第二百八十五頁至八十九頁。）

由此觀之，則謂《紅樓夢》中所有種種之人物，種種之境遇，必本於作者之經驗，則雕刻與繪畫家之寫人之美也，必此取一膝、彼取一臂而後可，其是與非，不待知者而決矣。讀者苟玩前數章之說，而知《紅樓夢》之精神與其美學、倫理學上之價值，則此種議論，自可不生。苟知美術之大有造於人生，而《紅樓夢》自足為我國美術上之惟一大著述，則其作者之姓名與其著書之年月，固當為惟一考證之題目。而我國人之所聚訟者，乃不在此而在彼；此足以見吾國人之對此書之興味之所在，自在彼而不在此也，故為破其惑如此。

論哲學家與美術家之天職

天下有最神聖、最尊貴而無與於當世之用者，哲學與美術是已。天下之人囂然謂之曰無用，無損於哲學、美術之價值也。至為此學者自忘其神聖之位置，而求以合當世之用，於是二者之價值失。夫哲學與美術之所志者，真理也。真理者，天下萬世之真理，而非一時之真理也。其有發明此真理（哲學家。）或以記號表之（美術。）者，天下萬世之功績，而非一時之功績也。惟其為天下萬世之真理，故不能盡與一時一國之利益合，且有時不能相容，此即其神聖之所存也。且夫世之所謂有用者，孰有過於政治家及實業家者乎？世人喜言功用，吾姑以其功用言之。夫人之所以異於禽獸者，豈不以其有純粹之知識與微妙之感情哉？至於生活之欲，人與禽獸無以或異。後者政治家及實業家之所供給；前者之慰藉滿足，非求諸哲學及美術不可。就其所貢獻於人之事業言之，其性質之貴賤，固以殊矣。至就其功效之所及言之，則哲學家與美術家之事業，雖千載以下，四海以外，苟其所發明之真理與其所表之之記號之尚存，則人類之知識感情由此而得其滿足慰藉者，曾無以異於昔；而政治家及實業家之事業，其及於五世、十世者希矣。此又久暫之別也。然則人而無所貢獻於哲學、美術，斯亦已耳；苟為真正之哲學家、美術家，又何慊乎政治家哉！

披我中國之哲學史，凡哲學家無不欲兼為政治家者，斯可異已！孔子大政治家也，墨子大政治家也，孟、荀二子皆抱政治上之大志者也。漢之賈、董，宋之張、程、朱、陸，明之羅、王無不然。豈獨哲學家而已，詩人亦然。「自謂頗騰達，立登要路津。致君堯舜上，再使風俗淳」，非杜子美之抱負乎？「胡不上書自薦達，坐令四海如虞唐」，非韓退之之忠告乎？「寂寞已甘千古笑，馳驅猶望兩河平」，非陸務觀之悲憤乎？如此者，世謂之大詩人矣。至詩人之無此抱負者，與夫小說、戲曲、圖畫、音樂諸家，皆以侏儒、倡優自處，世亦以侏儒、倡優畜之。所謂「詩外尚有事在」、「一命為文人便無足觀」，我國人之金科玉律也。嗚呼，美術之無獨立之價值也久矣！此無怪歷代詩人，多託於忠君愛國、勸善懲惡之意以自解免，而純粹美術上之著述，往往受世之迫害，而無人為之昭雪者也。此亦我國哲學、美術不發達之一原因也。

夫然，故我國無純粹之哲學，其最完備者，惟道德哲學與政治哲學耳。至於周、秦、兩宋間之形而上學，不過欲固道德哲學之根柢，其對形而上學非有固有之興味也。其於形而上學且然，況乎美學、名學、知識論等冷淡不急之問題哉！更轉而觀詩歌之方面，則詠史、懷古、感事、贈人之題目彌滿充塞於詩界，而抒情敘事之作，什佰不能得一，其有美術上之價值者，僅其寫自然之美之一方面耳。甚至戲曲、小說之純文學，亦往往以懲勸為恉，其有純粹美術上之目的者，世非惟不知貴，且加貶焉。於哲學則如彼，於美術則如此，豈獨世人不具眼之罪哉，抑亦哲學家、美術家自忘其神聖之位置與獨立之價值，而葸然以聽命於眾故也？

至我國哲學家及詩人所以多政治上之抱負者，抑又有說。夫勢力之欲，人之所生而即具者，聖賢豪傑之所不能免也。而知力愈優者，其勢力之欲亦愈盛。人之對哲學及美術而有興味者，必其知力之優者也，故其勢力之欲亦準之。今純粹之哲學與純粹之美術既不能得勢力於我國之思想界矣，則彼等勢力之欲，不於政治，將於何求其滿足之地乎？且政治上之勢力，有形的也，及身的也；而哲學、美術上之勢力，無形的也，身後的也。故非曠世之豪傑，鮮有不為一時之勢力所誘惑者矣。雖然，無亦其對哲學、美術之趣味有未深，而於其價值有未自覺者乎？今夫人積年月之研究，而一旦豁然悟宇宙人生之真理，或以胸中惝恍不可捉摸之意境，一旦表諸文字、繪畫、雕刻之上，此固彼天賦之能力之發展，而此時之快樂，決非南面王之所能易者也。且此宇宙人生而尚如故，則其所發明、所表示之宇宙人生之真理之勢力與價值必仍如故。之二者所以酬哲學家、美術家者，固已多矣。若夫忘哲學、美術之神聖，而以為道德政治之手段者，正使其著作無價值者也。願今後之哲學、美術家，毋忘其天職而失其獨立之位置，則幸矣！

第二輯

詞學批評與詩文創作

提　要

王國維一度將對於哲學的關懷，轉向為文學創作的活力。不過他以叔本華哲學解《紅樓夢》獲致極高的成就，創作時卻反而避開了晚清最為流行的小說形式，而以傳統的詞為主。

這一方面反映了王國維對小說的高標準，既然在中國傳統小說中找不到另外一部足可以和《紅樓夢》比肩的作品，那當然更不可能被一時迸發大量生產的晚清小說吸引了。

另一方面，詞的形式在中國傳統文類中有著特殊的曖昧性質，由歌女傳唱的歌詞開端，詞一直保留了強烈的陰性特質。儘管經歷了從蘇軾到辛棄疾的「陽剛化」衝擊，詞的主流仍然維持了以女性聲音為主，雖然填詞的創作者往往都是男性，但他們寫出的詞卻從女性立場出發，充滿了被動的閨怨、等待、愁思等內容。

其實這也正是王國維自身的傾向所在。他受叔本華吸引，源於性格中的纖細敏感，經過對於西洋哲學，尤其叔本華哲學的浸潤探索，更加深了他思路中的分析密度，讓他的美學價值更為內向性。

王國維對詞極為投入，填詞創作的同時，又承襲傳統「詞話」的形式，鋪陳對詞的賞析。傳統

「詩話」、「詞話」帶有高度主觀印象性質，往往零星片段，沒有什麼說明，直接呈現各式評斷。王國維的《人間詞話》看起來也是一段一段短語並列，然而即便粗讀便已感受到和傳統詞話在結構條理上的差別。《人間詞話》開頭即捻出「境界說」，繼而在「境界」之中分「有我」與「無我」，「無我之境」其效果為「優美」；「有我之境」則是「宏壯」，也就是「壯美」。

「優美」與「壯美」之分，絕不是來自中國詞學，而是又連繫回了叔本華的的哲學。更重要的，如此一層層遞進，構成了《人間詞話》的論理結構，絕非各條鬆散並列，而且舉的例子雖都是詞作，然而王國維的關心主體，顯然是更廣泛的「文學及美術」。

和評論《紅樓夢》一樣，《人間詞話》中王國維也先確立了普遍的美學論斷，然後才摘取詞句來示範或開展。

王國維的創作中，具有特殊地位的是以七言排律寫成的長詩〈頤和園詞〉。這首詩作於一九一二年三月，王國維受袁世凱就任「民國大總統」消息刺激，不得不面對清朝確切滅亡的劇變，憤而提筆寫了九十一韻，一百八十二句的感時記史之詩。而詩以「頤和園」為主題，日後王國維竟也就選擇此園中的昆明湖為終結生命之處，讀之思之能不憮然慨然？

人間詞話

一

詞以境界為最上。有境界則自成高格，自有名句。五代、北宋之詞所以獨絕者在此。

二

有造境，有寫境，此理想與寫實二派之所由分。然二者頗難分別，因大詩人所造之境必合乎自然，所寫之境亦必鄰於理想故也。

三

有有我之境，有無我之境。「淚眼問花花不語，亂紅飛過秋千去」，「可堪孤館閉春寒，杜鵑聲裡斜陽暮」，有我之境也。「采菊東籬下，悠然見南山」，「寒波澹澹起，白鳥悠悠下」，無我之境也。有我之境，以我觀物，故物皆著我之色彩；無我之境，以物觀物，故不知何者為我，何者為物。古人為詞，寫有我之境者為多，然未始不能寫無我之境，此在豪傑之士能自樹立耳。

四

無我之境，人惟於靜中得之。有我之境，於由動之靜時得之。故一優美，一宏壯也。

五

自然中之物，互相關係，互相限制。然其寫之於文學及美術中也，必遺其關係、限制之處。故雖寫實家，亦理想家也。又雖如何虛構之境，其材料必求之於自然，而其構造，亦必從自然之法則。故雖理想家，亦寫實家也。

六

境非獨謂景物也。喜怒哀樂，亦人心中之一境界。故能寫真景物、真感情者，謂之有境界，否則謂之無境界。

七

「紅杏枝頭春意鬧」，著一「鬧」字，而境界全出。「雲破月來花弄影」，著一「弄」字，而境界全出矣。

八

境界有大小，不以是而分優劣。「細雨魚兒出，微風燕子斜」，何遽不若「落日照大旗，馬鳴風蕭蕭」，「寶簾閑挂小銀鉤」，何遽不若「霧失樓臺，月迷津渡」也。

九

嚴滄浪《詩話》謂：「盛唐諸公，惟在興趣。羚羊挂角，無跡可求。故其妙處，透徹玲瓏，不可湊拍。如空中之音，相中之色，水中之影，鏡中之象，言有盡而意無窮。」余謂北宋以前之詞，亦復如是。然滄浪所謂「興趣」，阮亭所謂「神韻」，猶不過道其面目，不若鄙人拈出「境界」二字，為探其本也。

一〇

太白純以氣象勝。「西風殘照，漢家陵闕」，寥寥八字，遂關千古登臨之口。後世惟范文正之〈漁家傲〉，夏英公[1]之〈喜遷鶯〉，差足繼武，然氣象已不逮矣。

一一

張皋文[2]謂飛卿[3]之詞「深美閎約」，余謂此四字，惟馮正中[4]足以當之。劉融齋[5]謂飛卿「精豔絕人」，差近之耳。

一二

「畫屏金鷓鴣」，飛卿語也，其詞品似之。「絃上黃鶯語」，端己[6]語也，其詞品亦似之。正中詞

1 九八五—一〇五一，夏竦，世稱夏英公，北宋人，西崑體代表之一。
2 一七六一—一八〇二，張惠言，字皋文。清代詞學家，編有《詞選》。
3 八一二—八七〇，溫庭筠，字飛卿。晚唐花間詞人，與韋莊並稱「溫韋」。
4 九〇三—九六〇，馮延巳，字正中，五代詞人，南唐中主李璟之師，有《陽春集》傳世。
5 一八一三—一八八一，劉熙載，號融齋。晚清經學家，著有《藝概》等文學批評之作。
6 八三六—九一〇，韋莊，字端己。晚唐花間詞人，與溫庭筠並稱「溫韋」。

品，若欲於其詞句中求之，則「和淚試嚴妝」，殆近之歟。

一三

南唐中主[7]詞：「菡萏香銷翠葉殘，西風愁起綠波間。」大有「眾芳蕪穢」、「美人遲暮」之感。乃古今獨賞其「細雨夢回雞塞遠，小樓吹徹玉笙寒」，故知解人正不易得。

一四

溫飛卿之詞，句秀也。韋端己之詞，骨秀也。李重光[8]之詞，神秀也。

一五

詞至李後主而眼界始大，感慨遂深，遂變伶工之詞而為士大夫之詞。周介存[9]置諸溫、韋之下，可謂顛倒黑白矣。「自是人生長恨水長東」，「流水落花春去也，天上人間」，《金荃》、《浣花》，能有此氣象耶？

7 指南唐元宗李璟，九一六—九六一，長於詞作與書法。
8 九三七—九七八，李煜，字重光，南唐後主。
9 一七八一—一八三九，周濟，字介存。清代詞評家，著有《味雋齋詞》等。

一六

詞人者，不失其赤子之心者也。故生於深宮之中，長於婦人之手，是後主為人君所短處，亦即為詞人所長處。

一七

客觀之詩人，不可不多閱世。閱世愈深，則材料愈豐富，愈變化，《水滸傳》、《紅樓夢》之作者是也。主觀之詩人，不必多閱世，閱世愈淺，則性情愈真，李後主是也。

一八

尼采謂：「一切文學，余愛以血書者。」後主之詞，真所謂以血書者也。宋道君皇帝[10]〈燕山亭〉詞亦略似之。然道君不過自道身世之戚，後主則儼有釋迦、基督擔荷人類罪惡之意，其大小固不同矣。

10 即宋徽宗，其自稱教主道君皇帝，一〇八二—一一三五。

一九

馮正中詞雖不失五代風格，而堂廡特大，開北宋一代風氣。與中、後二主詞皆在《花間》範圍之外，宜《花間集》中不登其隻字也。

二〇

正中詞除〈鵲踏枝〉、〈菩薩蠻〉十數闋最煊赫外，如〈醉花間〉之「高樹鵲銜巢，斜月明寒草」，余謂韋蘇州[11]之「流螢渡高閣」，孟襄陽[12]之「疏雨滴梧桐」不能過也。

二一

歐九[13]〈浣溪沙〉詞「綠楊樓外出秋千」，晁補之[14]謂只一「出」字，便後人所不能道。余謂此本於正中〈上行杯〉詞「柳外秋千出畫墻」，但歐語尤工耳。

---

11 七三七—七九二，韋應物，唐代詩人，曾任蘇州刺史，世稱韋蘇州。

12 六八九—七四〇，孟浩然，盛唐詩人，襄陽人，世稱孟襄陽。

13 即歐陽脩，字永叔，一〇〇七—一〇七二，因輩行第九，時稱歐九，為唐宋八大家之一。

14 一〇五三—一一一〇，北宋詞人，為蘇門四學士之一。

二二

梅舜（聖）俞[15]〈蘇幕遮〉詞：「落盡梨花春事了。滿地斜陽，翠色和煙老。」劉融齋謂少游一生似專學此種。余謂馮正中〈玉樓春〉詞：「芳菲次第長相續，自是情多無處足。尊前百計得春歸，莫為傷春眉黛促。」永叔[16]一生似專學此種。

二三

人知和靖[17]〈點絳唇〉、舜（聖）俞〈蘇幕遮〉、永叔〈少年游〉三闋為詠春草絕調，不知先有正中「細雨濕流光」五字，皆能攝春草之魂者也。

二四

《詩．蒹葭》一篇，最得風人深致。晏同叔之「昨夜西風凋碧樹。獨上高樓，望盡天涯路」，意頗近之。但一灑落，一悲壯耳。

15 一〇〇二－一〇六〇，梅堯臣，字聖俞。與蘇舜欽並稱「蘇梅」，二人為北宋詩開山鼻祖。

16 見注13。

17 約九六七－一〇二八，林逋，謚和靖先生，北宋人，時稱梅妻鶴子。

二五

「我瞻四方，蹙蹙靡所騁」，詩人之憂生也，「昨夜西風凋碧樹。獨上高樓，望盡天涯路」似之。「終日馳車走，不見所問津」，詩人之憂世也，「百草千花寒食路，香車繫在誰家樹」似之。

二六

古今之成大事業、大學問者，必經過三種之境界：「昨夜西風凋碧樹。獨上高樓，望盡天涯路」，此第一境也；「衣帶漸寬終不悔，為伊消得人憔悴」，此第二境也；「眾裡尋他千百度，回頭驀見，那人正在，燈火闌珊處」，此第三境也。此等語皆非大詞人不能道。然遽以此意解釋諸詞，恐為晏、歐諸公所不許也。

二七

永叔「人間自是有情痴，此恨不關風與月」，「直須看盡洛城花，始與東風容易別」，於豪放之中有沉著之致，所以尤高。

二八

馮夢華[18]〈宋六十一家詞選序例〉謂：「淮海[19]、小山[20]，古之傷心人也。其淡語皆有味，淺語皆有致。」余謂此惟淮海足以當之。小山矜貴有餘，但可方駕子野[21]、方回[22]，未足抗衡淮海也。

二九

少游詞境最為淒惋。至「可堪孤館閉春寒，杜鵑聲裡斜陽暮」，則變而淒厲矣。東坡賞其後二語，猶為皮相。

三〇

「風雨如晦，雞鳴不已」，「山峻高以蔽日兮，下幽晦以多雨」，「霰雪紛其無垠兮，雲霏霏而承

18 一八四二—一九二七，馮煦，字夢華，工於詩詞駢文。

19 一〇四九—一一〇〇，秦觀，號淮海先生，為蘇門四學士之一。

20 一〇三八—一一一〇，晏幾道，號小山，北宋婉約派詞人，有《小山詞》傳世。

21 九九〇—一〇七八，張先，字子野。與柳永齊名，北宋婉約派詞人。

22 一〇五二—一一二五，賀鑄，字方回。北宋詞人，世對其詞作褒貶兩極，《人間詞話》便謂「北宋名家，以方回為最次」。

宇」，「樹樹皆秋色，山山盡落暉」，「可堪孤館閉春寒，杜鵑聲裡斜陽暮」，氣象皆相似。

三一

昭明太子稱陶淵明詩「跌宕昭彰，獨超眾類，抑揚爽朗，莫之與京」，王無功[23]稱薛收[24]賦「韻趣高奇，詞義晦遠，嵯峨蕭瑟，真不可言」，詞中惜少此二種氣象。前者惟東坡，後者惟白石略得一二耳。

三二

詞之雅鄭，在神不在貌。永叔、少游雖作豔語，終有品格。方之美成，便有淑女與倡伎之別。

三三

美成深遠之致不及歐、秦，惟言情體物，窮極工巧，故不失為第一流之作者。但恨創調之才多，創意之才少耳。

23 五八五—六四四，王績，字無功，初唐詩人。
24 約五九二—六二四，薛道衡之子，仕於唐。

三四

詞忌用替代字。美成〈解語花〉之「桂華流瓦」，境界極妙，惜以「桂華」二字代「月」耳。夢窗[25]以下，則用代字更多。其所以然者，非意不足，則語不妙也。蓋意足則不暇代，語妙則不必代。此少游之「小樓連苑」、「繡轂雕鞍」所以為東坡所譏也。

三五

沈伯時[26]《樂府指迷》云：「說桃不可直說破桃，須用『紅雨』、『劉郎』等字。說柳不可直說破柳，須用『章臺』、『灞岸』等字。」若惟恐人不用代字者。果以是為工，則古今類書具在，又安用詞為耶？宜其為《提要》所譏也。

三六

美成〈〈蘇幕遮〉〉詞：「葉上初陽乾宿雨。水面清圓，一一風荷舉。」此真能得荷之神理者。覺白石〈念奴嬌〉、〈惜紅衣〉二詞，猶有隔霧看花之恨。

25 吳文英，號夢窗，生卒年不詳。南宋婉約詞代表，有《夢窗甲乙丙丁稿》，傳世詞作三百四十首。

26 沈義父，字伯時，生卒年不詳。南宋詞家，今傳《樂府指迷》一卷。

三七

東坡〈水龍吟〉詠楊花，和均而似元唱。章質夫[27]詞，元唱而似和均。才之不可強也如是。

三八

詠物之詞，自以東坡〈水龍吟〉為最工，邦卿[28]〈雙雙燕〉次之。白石「暗香」、「疏影」格調雖高，然無一語道著，視古人「江邊一樹垂垂發」等句何如耶？

三九

白石寫景之作，如「二十四橋仍在，波心蕩，冷月無聲」，「數峰清苦，商略黃昏雨」，「高樹晚蟬，說西風消息」，雖格韻高絕，然如霧裡看花，終隔一層。梅溪、夢窗諸家寫景之病，皆在一「隔」字。北宋風流，渡江遂絕。抑真有運會存乎其間耶？

---

27 一〇二七—一一〇二，章楶，字質夫，北宋詞人，著有《寄亭詩遺》等，《全宋詞》錄其詞作。

28 一一六〇—一二一〇，史達祖，字邦卿，號梅溪。南宋詞人，與姜夔齊名，世稱「姜史」。擅於詠物填詞，著有詞集《梅溪詞》。

四〇

問「隔」與「不隔」之別，曰：陶、謝之詩不隔，延年則稍隔矣。東坡之詩不隔，山谷則稍隔矣。「池塘生春草」、「空梁落燕泥」等二句，妙處惟在不隔。詞亦如是。即以一人一詞論，如歐陽公〈少年游〉詠春草上半闋云：「闌干十二獨凭春，晴碧遠連雲。二月三月，千里萬里，行色苦愁人。」語語都在目前，便是不隔。至云「謝家池上，江淹浦畔」，則隔矣。白石〈翠樓吟〉：「此地。宜有詞仙，擁素雲黃鶴，與君遊戲。玉梯凝望久，嘆芳草、萋萋千里。」便是不隔。至「酒祓清愁，花消英氣」，則隔矣。然南宋詞雖不隔處，比之前人，自有淺深厚薄之別。

四一

「生年不滿百，常懷千歲憂。晝短苦夜長，何不秉燭遊？」「服食求神仙，多為藥所誤。不如飲美酒，被服紈與素。」寫情如此，方為不隔。「采菊東籬下，悠然見南山。山氣日夕佳，飛鳥相與還。」「天似穹廬，籠蓋四野。天蒼蒼，野茫茫，風吹草低見牛羊。」寫景如此，方為不隔。

四二

古今詞人格調之高，無如白石。惜不於意境上用力，故覺無言外之味，絃外之響，終不能與於第一流之作者也。

四三

南宋詞人，白石有格而無情，劍南[29]有氣而乏韻。其堪與北宋人頡頏者，惟一幼安[30]耳。近人祖南宋而祧北宋，以南宋之詞可學，北宋不可學也。學南宋者，不祖白石，則祖夢窗，以白石、夢窗可學，幼安不可學也。學幼安者，率祖其粗獷、滑稽，以其粗獷、滑稽處可學，佳處不可學也。幼安之佳處，在有性情，有境界。即以氣象論，亦有「横素波、干青雲」之概，寧後世齷齪小生所可擬耶？

四四

東坡之詞曠，稼軒之詞豪。無二人之胸襟而學其詞，猶東施之效捧心也。

四五

讀東坡、稼軒詞，須觀其雅量高致，有伯夷、柳下惠之風。白石雖似蟬蛻塵埃，然終不免局促

29 即陸游，一一二五—一二一〇。南宋愛國詩人，今傳《劍南詩稿》、《放翁詞》等。

30 一一四〇—一二〇七，辛棄疾，字幼安，南宋豪放詞代表，世稱「詞中之龍」，與蘇軾並稱「蘇辛」。

轅下。

四六

蘇、辛，詞中之狂，白石猶不失為狷。若夢窗、梅溪、玉田[31]、草窗[32]、西麓[33]輩，面目不同，同歸於鄉愿而已。

四七

稼軒「中秋飲酒達旦，用〈天問〉體作〈木蘭花慢〉以送月」曰：「可憐今夕月，向何處、去悠悠。是別有人間，那邊才見，光景東頭。」詞人想像，直悟月輪遶地之理，與科學家密合，可謂神悟。

四八

周介存謂：「梅溪詞中，喜用『偷』字，足以定其品格。」劉融齋謂：「周旨蕩而史意貪。」

---

31 一二四八—一三二〇，張炎，號玉田。宋代詞人，擅詠物、哀怨之詞。

32 一二三二—一二九八，周密，號草窗。南宋雅詞代表，編有詞選《絕妙好詞》。

33 陳允平，號西麓，生卒年不詳，宋末格律派詞人。

此二語令人解頤。

四九

介臣謂夢窗詞之佳者，如「水光雲影，搖蕩綠波，撫玩無極，追尋已遠」。余覽《夢窗甲乙丙丁稿》中，實無足當此者。有之，其「隔江人在雨聲中，晚風菰葉生秋怨」二語乎？

五〇

夢窗之詞，吾得取其詞中之一語以評之，曰：「映夢窗、凌亂碧。」玉田之詞，余得取其詞中之一語以評之，曰：「玉老田荒。」

五一

「明月照積雪」、「大江流日夜」、「中天懸明月」、「黃河落日圓」，此種境界，可謂千古壯觀。求之於詞，惟納蘭容若塞上之作，如〈長相思〉之「夜深千帳燈」、〈如夢令〉之「萬帳穹廬人醉，星影搖搖欲墜」差近之。

五二

納蘭容若以自然之眼觀物，以自然之舌言情。此由初入中原，未染漢人風氣，故能真切如此。北宋以來，一人而已。

五三

陸放翁跋《花間集》謂：「唐季五代，詩愈卑，而倚聲者輒簡古可愛。能此不能彼，未可以理推也。」《提要》駁之，謂：「猶能舉七十斤者，舉百斤則蹶，舉五十斤則運掉自如。」其言甚辨。然謂詞必易於詩，余未敢信。善乎陳臥子[34]之言曰：「宋人不知詩而強作詩，故終宋之世無詩。然其歡愉愁苦之致，動於中而不能抑者，類發於詩餘，故其所造獨工。」五代詞之所以獨勝，亦以此也。

五四

四言敝而有《楚辭》，《楚辭》敝而有五言，五言敝而有七言，古詩敝而有律絕，律絕敝而有詞。蓋文體通行既久，染指遂多，自成習套。豪傑之士亦難於其中自出新意，故遁而作他體，以自解脫。一切文體所以始盛終衰者，皆由於此。故謂文學後不如前，余未敢信，但就一體論，則此說固無以

34 一六〇八—一六四七，陳子龍，字臥子。明代人，擅詩文。

易也。

五五

詩之《三百篇》、《十九首》，詞之五代、北宋，皆無題也。非無題也，詩詞中之意不能以題盡之也。自《花庵》、《草堂》每調立題，并古人無題之詞亦為之作題。如觀一幅佳山水，而即曰此某山某河，可乎？詩有題而詩亡，詞有題而詞亡。然中材之士，鮮能知此而自振拔者矣。

五六

大家之作，其言情也必沁人心脾，其寫景也必豁人耳目。其辭脫口而出，無矯揉妝束之態。以其所見者真，所知者深也。詩詞皆然。持此以衡古今之作者，可無大誤矣。

五七

人能於詩詞中不為美刺、投贈之篇，不使隸事之句，不用粉飾之字，則於此道已過半矣。

五八

以〈長恨歌〉之壯采，而所隸之事，只「小玉、雙成」四字，才有餘也。梅村歌行，則非隸事不辨。白、吳優劣，即於此見。不獨作詩為然，填詞家亦不可不知也。

五九

近體詩體製，以五七言絕句為最尊，律詩次之，排律最下。蓋此體於寄興言情，兩無所當，殆有均之駢體文耳。詞中小令如絕句，長調似律詩，若長調之〈百字令〉、〈沁園春〉等，則近於排律矣。

六〇

詩人對宇宙人生，須入乎其內，又須出乎其外。入乎其內，故能寫之；出乎其外，故能觀之。入乎其內，故有生氣；出乎其外，故有高致。美成能入而不能出。白石以降，於此二事皆未夢見。

六一

詩人必有輕視外物之意，故能以奴僕命風月。又必有重視外物之意，故能與花鳥共憂樂。

六二

「昔為倡家女，今為蕩子婦。蕩子行不歸，空牀難獨守。」「何不策高足，先據要路津。無為久貧賤，轗軻長苦辛。」可謂淫鄙之尤。然無視為淫詞、鄙詞者，以其真也。五代、北宋之大詞人亦然。非無淫詞，讀之者但覺其親切動人；非無鄙詞，但覺其精力彌滿。可知淫詞與鄙詞之病，非淫與鄙之病，而遊詞之病也。「豈不爾思，室是遠而。」而子曰：「未之思也，夫何遠之有？」惡其遊也。

六三

「枯藤老樹昏鴉。小橋流水平沙。古道西風瘦馬。夕陽西下，斷腸人在天涯。」此元人馬東籬〈天淨沙〉小令也。寥寥數語，深得唐人絕句妙境。有元一代詞家，皆不能辦此也。

六四

白仁甫[35]《秋夜梧桐雨》劇，沉雄悲壯，為元曲冠冕。然所作《天籟詞》，粗淺之甚，不足為稼軒奴隸。創者易工，而因者難巧歟？抑人各有能有不能也。讀者觀歐、秦之詩遠不如詞，足透此中消息。

35 一二二六—一三〇六，白樸，字仁甫。元曲四大家之一，有雜劇《梧桐雨》。

長短句

〈少年游〉

垂楊門外，疏燈影裡，上馬帽簷斜。紫陌霜濃，青松月冷，炬火散林鴉。　酒醒起、看西窗上，翠竹影交加。跌宕歌詞，縱橫書卷，不與遣年華。

〈阮郎歸〉

美人消息隔重關，川途彎復彎。沉沉空翠壓征鞍，馬前山復山。　濃潑黛，緩拖鬟，當年看復看。只餘眉樣在人間，相逢艱復艱。

〈蝶戀花〉

昨夜夢中多少恨，細馬香車，兩兩行相近。對面似憐人瘦損，眾中不惜搴帷問。　陌上輕雷聽隱轔，夢裡難從，覺後那堪訊。蠟淚窗前堆一寸，人間只有相思分。

〈虞美人〉

碧苔深鎖長門路，總為蛾眉誤。自來積毀骨能銷，何況真紅一點臂砂嬌。　妾身但使分明在，肯把朱顏悔？從今不復夢承恩，且自簪花坐賞鏡中人。

〈浣溪沙〉

六郡良家最少年，戎裝駿馬照山川，閒抛金彈落飛鳶。　何處高樓無可醉，誰家紅袖不相憐，人間那信有華顛。

〈點絳唇〉

厚地高天，側身頗覺平生左。小齋如舸，自許迴旋可。　聊復浮生，得此須臾我。乾坤大，霜林獨坐，紅葉紛紛墮。

〈蝶戀花〉

滿地霜華濃似雪，人語西風，瘦馬嘶殘月。一曲〈陽關〉渾未徹，車聲漸共歌聲咽。　換盡天涯芳草色，陌上深深，依舊年時轍。自是浮生無可說，人間第一耽離別。

又

斗覺宵來情緒惡，新月生時，黯黯傷離索。此夜清光渾似昨，不辭自下深深幕。　何物尊前哀與樂，已墜前歡，無據他年約。幾度燭花開又落，人間須信思量錯。

又

百尺朱樓臨大道，樓外輕雷，不間昏和曉。獨倚闌干人窈窕，閒中數盡行人小。　一霎車塵生樹杪，陌上樓頭，都向塵中老。薄晚西風吹雨到，明朝又是傷流潦。

又

黯淡燈花開又落，此夜雲蹤，知向誰邊著？頻弄玉釵思舊約，知君未忍渾拋卻。　妾意苦專君苦博，君似朝陽，妾似傾陽藿。但與百花相鬥作，君恩妾命原非薄。

〈浣溪沙〉

掩卷平生有百端，飽更憂患轉冥頑。偶聽啼鴂怨春殘。　坐覺無何消白日，更緣隨例弄丹鉛。閒愁無分況清歡。

〈清平樂〉

垂楊深院，院落雙飛燕。翠幕銀燈春不淺，記得那時初見。　眼波靨暈微流，尊前卻按〈涼州〉。拼取一生腸斷，消他幾度回眸。

〈浣溪沙〉

漫作年時別淚看，西窗蠟炬尚汍瀾。不堪重夢十年間。　斗柄又垂天直北，官書坐會歲將闌。更無人解憶長安。

〈謁金門〉

孤檠側，訴盡十年蹤跡。殘夜銀釭無氣力，綠窗寒惻惻。　落葉瑤階狼藉，高樹露華凝碧。露點聲疏人語密，舊歡無處覓。

〈蘇幕遮〉

倦憑闌，低擁髻，豐頰修眉，猶是年時意。昨夜西窗殘夢裡，一霎幽歡，不似人間世。　恨來遲，防醒易，夢裡驚疑，何況醒時際。涼月滿窗人不寐，香印成灰，總作回腸字。

〈**浣溪沙**〉

本事新詞定有無，斜行小草字模糊。燈前腸斷為誰書？　隱几窺君新製作，背燈數妾舊歡娛。區區情事總難符。

〈**蝶戀花**〉

裊裊鞭絲衝落絮，歸去臨春，試問春何許？小閣重簾天易暮，隔簾陣陣飛紅雨。　刻意傷春誰與訴？悶擁羅衾，動作經旬度。已恨年華留不住，爭知恨裡年華去。

又

窗外綠陰添幾許？賸有朱櫻，尚繫殘紅住。老盡鶯雛無一語，飛來銜得櫻桃去。　坐看畫梁雙燕乳，燕語呢喃，似惜人遲莫。自是思量渠不與，人間總被思量誤。

〈**點絳唇**〉

屏卻相思，近來知道都無益。不成拋擲，夢裡終相覓。　醒後樓臺，與夢俱明滅。西窗白，紛紛涼月，一院丁香雪。

〈清平樂〉

斜行淡墨，袖得伊書跡。滿紙相思容易說，只愛年年離別。　羅衾獨擁黃昏，春來幾點啼痕。厚薄不關妾命，淺深只問君恩。

〈浣溪沙〉

已落芙蓉并葉凋，半枯蕭艾過牆高。日斜孤館易魂銷。　坐覺清秋歸蕩蕩，眼看白日去昭昭。人間爭度漸長宵。

〈蝶戀花〉

月到東南秋正半，雙闕中間，浩蕩流銀漢。誰起水精簾下看，風前隱隱聞簫管。　涼露溼衣風拂面，坐愛清光，分照恩和怨。苑柳宮槐渾一片，長門西去昭陽殿。

〈菩薩蠻〉

回廊小立秋將半，婆娑樹影當階亂。高樹是東家，月華籠露華。　碧闌干十二，都作回腸字。獨有倚闌人，斷腸君不聞。

頤和園詞

漢家七葉鐘陽九，澒洞風埃昏九有。南國潢池正弄兵，北沽門戶仍飛牡。倉皇萬乘向金微，一去宮車不復歸。提挈嗣皇綏舊服，萬幾從此出宮闈。東朝淵塞曾無匹，西宮才略稱第一。恩澤何曾逮外家，咨謀往往聞溫室。親王輔政最稱賢，諸將專征捷奏先。迅掃欃槍回日月，八荒重睹中興年。聯翩方召升朝右，北門獨付西平手。因治樓船鑿漢池，別營臺沼追文囿。西直門西柳色青，玉泉山下水流清。新錫山名呼萬壽，舊疏湖水號昆明。昆明萬壽佳山水，中間宮殿排雲起。拂水回廊千步深，冠山傑閣三層峙。隥道盤紆凌紫煙，上方寶殿放祈年。更栽火樹千花發，不數明珠徹夜懸。是時朝野多豐豫，年年三月迎鑾馭。長樂深嚴苦敝神，甘泉爽塏宜清暑。高秋風日過重陽，佳節坤成啟未央。丹陛大陳三部伎，玉巵親舉萬年觴。嗣皇上壽稱臣子，本朝家法嚴無比。問膳曾無賜坐時，從遊罕講家人禮。東平小女最承恩，遠嫁歸來奉紫宸。臥起每偕榮壽主，丹青差喜繆夫人。尊號珠聯十六字，太官加豆依前制。別啟瓊林貯羨餘，更營玉府蒐珍異。月殿雲階敞上方，宮中習靜夜焚香。但祝時平邊塞靜，千秋萬歲未渠央。五十年間天下母，後來無繼前無偶。卻因清暇話平生，萬事何堪重回首。憶昔先皇幸朔方，屬車恩幸故難量。內批教寫清舒館，小印新鐫同道堂。一朝鑄鼎降龍馭，後宮髯絕不能去。北渚何堪帝子愁，南衙復遘丞卿怒。手夷端肅反京師，永念沖人未有知。為簡儒臣嚴諭教，別求名族正宮闈。可憐白日西南馳，一紀恩勤付流水。甲觀曾無世嫡孫，後宮并乏才人子。提攜猶子付黃圖，劬苦還如同治初。又見法宮馮玉几，更勞武帳坐珠襦。國事中間幾翻覆，近年最憶懷來辱。草地間關短轂車，郵亭倉卒蕪蔞粥。上相留都樹大牙，東南諸將奉王家。坐令佳氣騰金闕，復道都人望翠華。自古忠良能活國，於今母子仍玉食。九廟重聞鐘鼓聲，離宮不改池臺色。一自官家靜攝頻，含飴無冀弄諸孫。但看腰腳今猶健，莫道傷心跡已陳。兩宮一旦同綿惙，天柱偏先地維折。高武子孫復幾人，哀平國統仍三絕。是時長樂正彌留，茹痛還為社稷謀。已遣伯禽承大統，更扳公旦覲諸侯。別有重臣升御榻，紫樞元老開黃閣。安世忠勤自始終，本初才氣尤騰踏。復數同時奉話言，諸王劉澤號親賢。獨總百官居冢宰，共扶孺子濟艱難。社稷有靈邦有主，今朝地下告文祖。坐見彌天戢玉棺，獨留末命書盟府。原廟丹青儼若神，鏡奩遺物尚如新。那知此日新朝主，便是當年顧命臣。離宮一閉經三載，淥水青山不曾改。雨洗蒼苔石獸閒，風搖朱戶銅蠡在。雲韶散樂久無聲，甲帳珠簾取次傾。豈謂先朝營楚殿，翻教今日恨堯城。宣室遺言猶在耳，山河盟誓期終始。寡婦孤兒要易欺，謳歌獄訟終何是。深宮母子獨淒然，卻似灤陽遊幸年。昔去會逢天下養，今來劣受厲人憐。虎鼠龍魚無定態，唐侯已在虞賓位。且語王孫慎勿疏，相期黃髮終無艾。定陵松柏鬱青青，應為興亡一拊膺。卻憶年年寒食節，朱侯親上十三陵。

昔遊

端居愛山水，嬾性怯遊觀。同遊畏俗客，獨遊興易闌。行役半九州，所歷多名山。舟車有程期，筋力愁躋攀。窮幽豈不快，資想詎足歡。亦思追昔遊，攬筆空汗顏。

我本江南人，能說江南美。家家門繫船，往往閣臨水。興來即命棹，歸去輒隱几。遠浦見縈回，通川流浼瀰。春融弄駘蕩，秋爽呈清泚。微風菼外，明月荇藻底。波暖散鳧鷺，淵深躍鰋鯉。枯槎漁網挂，別浦菱歌起。何處無此境，吳會三千里。

西湖天下勝，春日四序最。我行直莫春，山路雨初霽。言從金沙港，步至雲林寺。山川氣蘇醒，卉木晝融洩。老幹綴新綠，叢篁積深翠。林際蕩湖光，石根漱寒瀨。新鶯破寂寥，時出高柳外。茲遊猶在眼，流水十年事。

二年客吳郡，所愛郡西山。買舟出西郭，清光照我顏。東風開垂柳，一一露煙鬟。遠望殊無厭，近攬信可餐。天平石尤勝，巧匠窮雕鐫。想當洪濛初，此地朝群仙。盡將白玉笏，插在蒼崖巔。仰躋隥道絕，俯視邱壑妍。谷中頗夷曠，有廬有田園。玉蘭數百樹，爛漫向晴天。淹留逮日暮，坐見飛鳥還。題名墨尚在，試覓白雲間。

大江下岷峨，直走東海畔。我行指夏口，所見多平遠。振奇始豫章，往往成壯觀。馬當若連屏，石腳插江岸。窈窕小姑山，微茫湖口縣。回首香爐峰，飛瀑挂天半。玉龍昇紫霄，頭角沒雲漢。昏旦變光景，陰晴殊隱現。幾時步東林，真見廬山面。

京師厭塵土，終日常掩關。西山朝暮見，五載未一攀。卻憶軍都遊，發興亦偶然。我來自南口，步步增高寒。兩崖積鐵立，一徑羊腸穿。行人入智井，羸馬蹴流泉。左轉彈琴峽，流水聲潺潺。夕陽在峰頂，萬杏明倚天。暮宿青龍橋，關上月正圓。溶溶銀海中，歷歷群峰巔。我欲從駝綱，北去問居延。明朝入修門，依舊塵埃間。

癸丑三月三日京都蘭亭會詩

大撓以還幾癸丑，紀年惟說永和九。人間上巳何歲無，獨數山陰暮春初。爾來荏苒經幾年，歲星百三十周天。會稽山水何岑寂，揭來異國會群賢。東邦風物留都美，延閣沉沉連雲起。翻砌非無勺藥花，繞門恰有流觴水。此會非將禊事修，卻緣禊序催清遊。信知風俗與時易，惟有翰墨足千秋。憶昔山陰曲郡日，郡中流寓多簪紱。會稽山水固無雙，內史風流復第一。蘭亭修禊序且書，書成自謂絕代無。一朝繭紙閟幽宅，人間從此無真跡。後來并失唐人摹，近世猶傳宋時石。此邦士夫多好事，古今名拓爭羅致。我來所見皆瑰奇，二十八行三百字。開皇響搨殊未工，猶是當年河朔風。後代正宗推定武，同時摹本重神龍。南渡家家置一石，流傳此日猶珍惜。偏旁考校徒區區，神采照人殊奕奕。行書斯帖稱墨皇，況有真草相輝光。小楷幾通越州帖，草書三卷澄清堂。古來書聖推內史，但有贊揚絕言議。我今重與三摩挲，請為世人闡真祕。昔人論書以勢名，古文篆隸各異型。千年四體相嬗代，惟盡其勢體乃成。漢魏之間變古隸，體雖解散勢猶未。波磔尚存八分法，茂密依稀兩京製。墓田數帖意獨殊，流傳仍出山陰摹。永和變法創新意，世間始有真行書。由體生勢勢生筆，書成乃覺體勢一。相斯小篆中郎隸，後得右軍稱三絕。小楷法度盡黃庭，行書斯帖具典刑。草書尺牘尚百數，何曾一一學伯英。後來魯公知此意，平生盤礴多奇氣。大書往往愛摩崖，小字麻姑但遊戲。真行鉅細無間然，先後變法王與顏。坐令千載嗟神妙，當日祇自全其天。我論書法重感喟，今年此地開高會。文物千秋有廢興，江河萬古仍滂沛。君不見蘭亭曲水埋荒煙，當年人物不復還。野人牽牛亭下過，但道今是牛兒年。

此君軒記

竹之為物，草木中之有特操者與？群居而不倚，虛中而多節，可折而不可曲，淩寒暑而不渝其色。至於煙晨雨夕，枝捎空而葉成滴，含風弄月，形態百變。自渭川淇澳千畝之園，以至小庭幽榭三竿兩竿，皆使人觀之，其胸廓然而高，淵然而深，泠然而清，挹之而無窮，玩之而不可褻也。其超世之致與不可屈之節，與君子為近，是以君子取焉。古之君子，其為道也蓋不同，而其所以同者，則在超世之致與不可屈之節而已。其觀物也，見夫類是者而樂焉；其創物也，達夫如是者而後慊焉。如屈子之於香草，淵明之於菊，王子猷之於竹，玩賞之不足而詠歎之，詠歎之不足而斯物遂若為斯人之所專有。是豈徒有託而然哉？其於此數者，必有以相契於意言之表也。善畫竹者亦然。彼獨有見於其原，而直以其胸中瀟灑之致、勁直之氣一寄之於畫，其所寫者即其所觀，其所觀者即其所畜者也。物我無間而道藝為一，與天冥合而不知其所以然。故古之工畫竹者，亦高致直節之士為多，如宋之文與可[1]、蘇子瞻，元之吳仲圭[2]。是已觀愛竹者之胸，可以知畫竹者之胸；知畫竹者之胸，則

1 一〇一九—一〇七九，文同，字與可，蘇軾之表兄。詩詞書畫皆擅，尤精於墨竹。「胸有成竹」即謂文與

愛畫竹者之胸亦可知也已。日本川口國次郎君沖澹有識度，善繪事，尤愛墨竹，嘗集元吳仲圭、明夏仲昭[3]、文徵仲[4]諸家畫竹，為室以奉之，名之曰「此君軒」。其嗜之也至篤，而蒐之也至專，非其志節、意度符於古君子，亦安能有契於是哉。吾聞川口君之居，在備後之國、三原之城，山海環抱，松竹之所叢生。君優遊其間，遠眺林木，近觀圖畫，必有有味於余之言者。既屬余為軒記，因書以質之。惜不獲從君於其間，而日與仲圭、徵仲諸賢遊，且與此君遊也。壬子九月。

可畫竹之法，出自蘇軾〈文與可畫篔簹谷偃竹記〉一文。

2 一二八〇—一三五四，吳鎮，字仲圭，工於詩畫，尤擅山水、竹石。

3 一三八八—一四七〇，擅墨竹。

4 一四七〇—一五五九，文璧，字徵明，後更字為徵仲。明代畫家，水墨、工筆皆擅，山水、人物等皆工，為「明四家」之一。

第三輯

殷周禮制與古史古文研究——

《觀堂集林》（選錄）

提要

王國維自述，少年求學時最不喜歡《十三經注疏》，他熟讀的主要是文學作品。稍長一點，他受史學吸引，自述中強調：「十六歲見友人讀《漢書》而悅之，乃以幼時儲蓄之歲朝錢（壓歲錢）萬，購前四史於杭州，是為生平讀書之始。」再過幾年，他由「嗜古」而進入考據領域，在他父親王乃譽日記中，曾有發現王國維在房間裡撰寫反駁俞樾《群經平議》筆記而大感驚訝與不安的記錄。

王國維這方面的累積儲備，要到一九一一年因革命而遠赴日本才開花結果為學術研究成果。他重拾了古代經書，不過這時候他閱讀、考據的方式，已經大不同於之前。表面上看，他的學術之路以文字為根基，酷似前清視為考據起點的「小學」知識，然而細究分辨，就會看到兩項關鍵的差異。

第一是傳統文字學以許慎的《說文解字》為起點，王國維卻能運用最新出土的甲骨文，配合或流傳或出土的金文，重新建構一套中國古文字學。關於「古文」，他進行了一系列的整理，解釋《史記》、《漢書》、《說文解字》各書中所謂「古文」的不同意義，更連結到對於戰國「古文」的全新主張。

第二則是，王國維以對古文字的認識為基礎，不是為了深入經學，毋寧是將章學誠提出的「六經皆史」說推到極端，將各種經書都視為史料，並以古文字認識來重新一字一字、一句一句透過經書的內容來考證、重建古史。

他重建了中國古代「史」的傳承，細部解釋《尚書》、《詩經》部分內容，然後再將這些局部知識統納起來，完成了劃時代的《殷周制度論》。《殷周制度論》中特別強調周代文化的倫理道德優先性，反映了王國維受時代衝擊的抑鬱心情（詳見〈導讀〉），有太強烈以古諷今的成分，然而在點出殷、周之際的制度，乃至文化差異巨變上，王國維打開了古史研究的一大視野，啟發了後代許多尖銳、精到的探索，開路之功不容抹煞。

殷周制度論

中國政治與文化之變革，莫劇於殷周之際。都邑者，政治與文化之標徵也。自上古以來，帝王之都，皆在東方。太皞之虛在陳，大庭氏之庫在魯，黃帝邑於涿鹿之阿，少皞與顓頊之虛皆在魯、衛，帝嚳居亳。惟史言堯都平陽、舜都蒲坂、禹都安邑，俱僻在西北，與古帝宅京之處不同。然堯號「陶唐氏」，而冢在定陶之成陽；舜號「有虞氏」，而子孫封於梁國之虞縣。《孟子》稱舜生卒之地皆在東夷。蓋洪水之災，兗州當其下游，一時或有遷都之事，非定居於西土也。禹時都邑雖無可考，然夏自太康以後，以迄后桀，其都邑及他地名之見於經典者，率在東土，與商人錯處河、濟間蓋數百歲。商有天下，不常厥邑，而前後五遷，不出邦畿千里之內。故自五帝以來，政治、文物所自出之都邑，皆在東方。惟周獨崛起西土。武王克紂之後，立武庚、置三監而去，未能撫有東土也。逮武庚之亂，始以兵力平定東方，克商、踐奄，滅國五十。乃建康叔於衛，伯禽於魯，太公望於齊，召公之子於燕，其餘蔡、郕、郜、雍、曹、滕、凡、蔣、邢、茅諸國，碁置於殷之畿內及其侯甸。而齊、魯、衛三國，以王室懿親，並有勳伐，居蒲姑、商、奄故地，為諸侯長。又作雒邑為東都，以臨東諸侯，而天子仍居豐鎬者，凡十一世。自五帝以來，都邑之自東方而移於西方，蓋自周始。故以族類言之，則虞、夏皆顓頊後，殷、周皆帝嚳後，宜殷、周為親；以地理言之，則虞、夏、商皆居東土，周獨起於西方，故夏、商二代文化略同。〈洪範〉「九疇」，帝之所以錫禹者，而箕子傳之矣。夏之季世，若胤甲，若孔甲，若履癸，始以日為名，而殷人承之矣。文化既爾，政治亦然。周之克殷，滅國五十，又其遺民或遷之雒邑，或分之魯、衛諸國。而殷人所伐不過韋、顧、昆吾，且豕韋之後，仍為商伯；昆吾雖亡，而己姓之國仍存於商周之世。《書．多士》曰：「夏迪簡在王庭，有服在百僚。」當屬事實。故夏、殷間政治與文物之變革，不似殷、周間之劇烈矣。殷、周間之大變革，自其表言之，不過一姓一家之興亡與都邑之移轉；自其裡言之，則舊制度廢而新制度興，舊文化廢而新文化興。又自其表言之，則古聖人之所以取天下及所以守之者，若無以異於後世之帝王；而自其裡言之，則其制度、文物與其立制之本意，乃出於萬世治安之大計，其心術與規摹，迥非後世帝王所能夢見也。

欲觀周之所以定天下，必自其制度始矣。周人制度之大異於商者，一曰立子立嫡之制，由是而生宗法及喪服之制，並由是而有封建子弟之制，君天子、臣諸侯之制。二曰廟數之制。三曰同姓不婚之制。此數者，皆周之所以綱紀天下。其旨則在納上下於道德，而合天子、諸侯、卿、大夫、士、庶民以成一道德之團體，周公制作之本意實在於此。此非穿鑿附會之言也，茲篇所論，皆有事實為之根據。試略述之。

殷以前無嫡庶之制。黃帝之崩，其二子昌意、玄囂之後，代有天下。顓頊者，昌意之子。帝嚳者，玄囂之子也。厥後，虞、夏皆顓頊後，殷、周皆帝嚳後有天下者。但為黃帝之子孫，不必為黃帝之嫡世。動言堯、舜禪讓，湯、武征誅，若其傳天下與受天下有大不同者。然以帝繫言之，堯、舜之禪天下，以舜、禹之功，然舜、禹皆顓頊後，本可以有天下者也；湯、武之代夏、商，固以其功與德，然湯、武皆帝嚳後，亦本可以有天下者也。以顓頊以來諸朝相繼之次言之，固已無嫡庶之別矣。一朝之中，其嗣位者亦然。特如商之繼統法，以弟及為主，而以子繼輔之，無弟然後傳子。自成湯至於帝辛三十帝中，以弟繼兄者凡十四帝。（外丙、中壬、大庚、雍己、大戊、外壬、河亶甲、沃甲、南庚、盤庚、小辛、小乙、祖甲、庚丁。）其以子繼父者亦非兄之子，而多為弟之子。（小甲、中丁、祖辛、武丁、祖庚、廩辛、武乙。）惟沃甲崩，祖辛之子祖丁立；祖丁崩，沃甲之子南庚立；南庚崩，祖丁之子陽甲立：此三事獨與商人繼統法不合。此蓋《史記．殷本紀》所謂「中丁以後九世之亂」，其間當有爭立之事，而不可考矣。故商人祀其先王，兄、弟同禮。即先王兄弟之未立者，其禮亦同。是未嘗有嫡庶之別也。此不獨王朝之制，諸侯以下亦然。近保定南鄉出句兵三，皆有銘，其一曰：「大祖日己，祖日丁，祖日乙，祖日庚，祖日丁，祖日己，祖日己。」其二曰：「祖日乙，大父日癸，大父日癸，中父日癸，父日癸，父日辛，父日己。」其三曰：「大兄日乙，兄日戊，兄日壬，兄日癸，兄日癸，兄日丙。」此當是殷時北方侯國勒祖、父、兄之名於兵器以紀功者。而三世兄弟之名，先後駢列，無上下貴賤之別。是故大王之立王季也，文王之捨伯邑考而立武王也，周公之繼武王而攝政稱王也，自殷制言之，皆正也。（殷自武乙以後，四世傳子。又《孟子》謂：「以紂為兄之子，且以為君，而有微子啟、王子比干。」《呂氏春秋・當務篇》云：「紂之同母三人。其長子曰微子啟，其次曰仲衍，其次曰受德。受德乃紂也，甚少矣。紂母之生微子啟與仲衍也，尚為妾，已而為妻而生紂。紂之父、紂之母欲置微子啟以為大子。大史據法而爭之曰：『有妻之子，而不可置妾之子。』紂故為後。」《史記・殷本紀》則云：「帝乙長子為微子啟。啟母賤，不得嗣。少子辛。辛母正后，故立辛為嗣。」此三說雖不同，似商末已有立嫡之制。然三說已自互異，恐即以周代之制擬之，未敢信為事實也。）捨弟傳子之法，實自周始。當武王之崩，天下未定，國賴長君。周公既相武王克殷、勝紂，勳勞最高，以德、以長、以歷代之制，則繼武王而自立，固其所矣。而周公乃立成王而己攝之，後又反政焉。攝政者，所以濟變也；立成王者，所以居正也。自是以後，子繼之法遂為百王不易之制矣。

由傳子之制，而嫡庶之制生焉。夫捨弟而傳子者，所以息爭也。兄弟之親本不如父子，而兄之尊又不如父，故兄弟間常不免有爭位之事。特如傳弟既盡之後，則嗣立者當為兄之子歟？弟之子歟？以理論言之，自當立兄之子；以事實言之，則所立者往往為弟之子。此商人所以有中丁以後九世之亂，而周人傳子之制，正為救此弊而設也。然使於諸子之中可以任擇一人而立之，而此子又可任立其欲立者，則其爭益甚，反不如商之兄弟以長幼相及者猶有次第矣。故有傳子之法，而嫡庶之法亦與之俱生。其條例，則《春秋左氏傳》之說曰：「太子死，有母弟則立之，無則立長。年鈞擇賢，義鈞則卜。」《公羊》家之說曰：「禮：嫡夫人無子，立右媵；右媵無子，立左媵；左媵無子，立嫡姪娣；嫡姪娣無子，立右媵姪娣；右媵姪娣無子，立左媵姪娣。質家親親，先立娣；文家尊尊，先立姪。嫡子有孫而死，質家親親，先立弟；文家尊尊，先立孫。其雙生也，質家據現在立先生，文家據本意立後生。」此二說中，後說尤為詳密。顧皆後儒充類之說，當立法之初，未必窮其變至此。然所謂「立子以貴不以長，立適以長不以賢」者，乃傳子法之精髓。當時雖未必有此語，固已用此意矣。蓋天下之大利莫如定，其大害莫如爭。任天者定，任人者爭。定之以天，爭乃不生。故天子、諸侯之傳世也，繼統法之立子與立嫡也，後世用人之以資格也，皆任天而不參以人，所以求定而息爭也。古人非不知「官天下」之名美於「家天下」，立賢之利過於立嫡，人才之用優於資格，而終不以此易彼者，蓋懼夫名之可藉而爭之易生，其敝將不可勝窮，而民將無時或息也。故衡利而取重，絜害而取輕，而定為立子、立嫡之法，以利天下後世。而此制實自周公定之，是周人改制之最大者，可由殷制比較得之。有周一代禮制，大抵由是出也。

是故由嫡庶之制，而宗法與服術二者生焉。商人無嫡庶之制，故不能有宗法。藉曰有之，不過合一族之人，奉其族之貴且賢者而宗之。其所宗之人，固非一定而不可易，如周之大宗、小宗也。周人嫡庶之制，本為天子、諸侯繼統法而設，復以此制通之大夫以下，則不為君統而為宗統，於是宗法生焉。周初宗法雖不可考，其見於七十子後學所述者，則〈喪服小記〉曰：「別子為祖，繼別為宗，繼禰者為小宗。有五世而遷之宗，其繼高祖者也。是故祖遷於上，宗易於下。敬宗，所以尊祖禰也。」〈大傳〉曰：「別子為祖，繼別為宗，繼禰者為小宗。有百世不遷之宗，有五世則遷之宗。百世不遷者，別子之後也。宗其繼別子者，百世不遷者也。宗其繼高祖者，五世則遷者也。尊祖故敬宗；敬宗，尊祖之義也。」是故有繼別之大宗，有繼高祖之宗，有繼曾祖之宗，有繼祖之宗，有繼禰之宗，是為五宗。其所宗者皆嫡也，宗之者皆庶也。此制但為大夫以下設，而不上及天子、諸侯。鄭康成於〈喪服小記〉注曰：「別子，諸侯之庶子，別為後世為始祖者也。謂之『別子』者，公子不得禰先君也。」又於〈大傳〉注曰：「公子不得宗君。」是天子、諸侯雖本世嫡，於事實當統無數之大宗，然以尊故，無宗名。其庶子不得禰先君，又不得宗今君，故自為別子，而其子乃為繼別之大宗。言禮者嫌別子之世近於無宗也，故〈大傳〉說之曰：「有大宗而無小宗者，有小宗而無大宗者，有無宗亦莫之宗者，公子是也。公子有宗道。公子之公，為其士大夫之庶者，宗其士大夫之適者。」注曰：「公子不得宗君。君命適昆弟為之宗，使之宗之。」此〈傳〉所謂「有大宗而無小宗」也。又若無適昆弟，則使庶昆弟一人為之宗，而諸庶兄弟事之如小宗，此〈傳〉所謂「有小宗而無大宗」也。〈大傳〉此說，頗與〈小記〉及其自說違異。蓋宗必有所繼，我之所以宗之者，以其繼別若繼高祖以下故也。君之嫡昆弟、庶昆弟皆不得繼先君，又何所據以為眾兄弟之宗乎？或云：立此宗子者，所以合族也。若然，則所合者一公之子耳，至此公之子與先公之子若孫間，仍無合之之道。是大夫、士以下皆有族，而天子、諸侯之子，於其族曾祖父母、從祖祖父母、世父母、叔父母以下服之所及者，乃無綴屬之法，是非先王教人親親之意也。是故由尊之統言，則天子、諸侯絕宗，王子、公子無宗可也。由親之統言，則天子、諸侯之子，身為別子而其後世為大宗者，無不奉天子、諸侯以為最大之大宗。特以尊卑既殊，不敢加以「宗」名，而其實則仍在也。故〈大傳〉曰：「君有合族之道。」其在《詩．小雅》之〈常棣序〉曰「燕兄弟」也，其詩曰：「儐爾籩豆，飲酒之飫。兄弟既具，和樂且孺。」〈大雅〉之〈行葦序〉曰：「周家能內睦九族也。」其詩曰：「戚戚兄弟，莫遠具邇。或肆之筵，或授之几。」是即《周禮．大宗伯》所謂「以飲食之禮親宗族兄弟」者，是天子之收族也。〈文王世子〉曰：「公與族人燕，則以齒。」又曰：「公與族人燕，則異姓為賓。」是諸侯之收族也。夫收族者，大宗之事也。又在〈小雅〉之〈楚茨〉曰：「諸父兄弟，備言燕私。」此言天子、諸侯祭畢而與族人燕也。《尚書大傳》曰：「宗室有事，族人皆侍終日。大宗已侍於賓奠，然後燕私。燕私者何也？祭已而與族人飲也。」是祭畢而燕族人者，亦大宗之事也。是故天子、諸侯雖無「大宗」之名，而有大宗之實。〈公劉〉之詩曰：「食之飲之，君之宗之。」傳曰：「為之君，為之大宗也。」〈板〉之詩曰：「大宗維翰。」傳曰：「王者，天下之大宗。」又曰「宗子維城」，箋曰：「王者之嫡子謂之宗子。」是禮家之「大宗」，限於大夫以下者，詩人直以稱天子、諸侯。惟在天子、諸侯，則宗統與君統合，故不必以「宗」名。大夫、士以下皆以賢才進，不必身是嫡子。故宗法乃成一獨立之統系。是以喪服有為宗子及其母、妻之服，皆齊衰三月，與庶人為國君、曾孫為曾祖父母之服同。適子、庶子祇事宗子、宗婦，雖貴富，不敢以貴富入於宗子之家。子弟猶歸器，祭則具二牲，獻其賢者於宗子，夫婦皆齊而宗敬焉，終事而敢私祭。是故大夫以下，君統之外復戴宗統，此由嫡庶之制自然而生者也。

其次則為喪服之制。喪服之大綱四：曰親親，曰尊尊，曰長長，曰男女有別。無嫡庶，則有親而無尊，有恩而無義，而喪服之統紊矣。故殷以前之服制，就令成一統系，其不能如周禮服之完密，則可斷也。喪服中之自嫡庶之制出者，如父為長子三年，為眾子期；庶子不得為長子三年；母為長子三年，為眾子期；公為適子之長殤、中殤大功，為庶子之長殤、中殤無服；大夫為適子之長殤、中殤大功，為庶子之長殤小功，適婦大功，庶婦小功，適孫期，庶孫小功；大夫為適孫為士者期，庶孫小功；出妻之子為母期，為父後者則為出母無服，為父後者為其母緦；大夫之適子為妻期，庶子為妻小功；大夫之庶子為適昆弟期，為庶昆弟大功，為適昆弟之長殤、中殤大功，為庶昆弟之長殤小功，為適昆弟之下殤小功，為庶昆弟之下殤無服；女子子適人者，為其昆弟之為父後者期，為眾昆弟大功。凡此皆出於嫡庶之制，無嫡庶之世，其不適用此制明矣。又無嫡庶則無宗法，故為宗子與宗子之母、妻之服無所施。無嫡庶、無宗法，則無為人後者，故為人後者為其所後及為其父母昆弟之服亦無所用。故〈喪服〉一篇，其條理至精密纖悉者，乃出於嫡庶之制既行以後。自殷以前，決不能有此制度也。

為人後者為之子，此亦由嫡庶之制生者也。商之諸帝，以弟繼兄者，但後其父而不後其兄，故稱其所繼者仍曰「兄甲」、「兄乙」。既不為之子，斯亦不得云「為之後」矣。又商之諸帝，有專祭其所自出之帝，而不及非所自出者。卜辭有一條曰：「大丁、大甲、大庚、大戊、中丁、祖乙、祖辛、祖丁，牛一，羊一。」（《殷虛書契後編》卷上第五頁及拙撰《殷卜辭中所見先公先王續考》。）其於大甲、大庚之間，不數沃丁，是大庚但後其父大甲，而不為其兄沃丁後也；中丁、祖乙之間，不數外王、河亶甲，是祖乙但後其父中丁，而不為其兄外王、河亶甲後也。又一條曰：「□祖乙、（小乙。）祖丁、（武丁。）祖甲、康祖丁、（庚丁。）武乙衣。」（《書契後編》卷上第二十頁并拙撰《殷卜辭中所見先公先王考》。）於祖甲前不數祖庚，康祖丁前不數廩辛，是亦祖甲本不後其兄祖庚，庚丁不後其兄廩辛。故後世之帝，於合祭之一種中乃廢其祀，（其特祭仍不廢。）是商無「為人後者為之子」之制也。周則兄弟之相繼者，非為其父後，而實為所繼之兄弟後。以春秋時之制言之，《春秋經．文二年》書：「八月丁卯，大事於大廟，躋僖公。」《公羊傳》曰：「譏。何譏爾？逆祀也。其逆祀奈何？先禰而後祖也。」夫僖本閔兄，而《傳》乃以閔為祖、僖為禰，是僖公以兄為弟閔公後，即為閔公子也。又《經》於〈成十五年〉書：「三月乙巳，仲嬰齊卒。」《傳》曰：「仲嬰齊者，公孫嬰齊也。公孫嬰齊則曷為謂之『仲嬰齊』？為兄後也。為兄後則曷為謂之『仲嬰齊』？為人後者為之子也。為人後者為之子，則其稱『仲』何？孫以王父字為氏也。然則嬰齊孰後？後歸父也。」夫嬰齊為歸父弟，以為歸父後，故祖其父仲遂而以其字為氏。是春秋時為人後者，無不即為其子。此事於周初雖無可考，然由嫡庶之制推之，固當如是也。

又與嫡庶之制相輔者，分封子弟之制是也。商人兄弟相及，凡一帝之子，無嫡庶、長幼，皆為未來之儲貳。故自開國之初，已無封建之事，矧在後世？惟商末之微子、箕子，先儒以「微」、「箕」為二國名。然比干亦王子而無封，則「微」、「箕」之為國名，亦未可遽定也。是以殷之亡，僅有一微子以存商祀，而中原除宋以外，更無一子姓之國。以商人兄弟相及之制推之，其效固應如是也。周人既立嫡長，則天位素定，其餘嫡子、庶子，皆視其貴賤賢否，疇以國邑。開國之初，建兄弟之國十五，姬姓之國四十，大抵在邦畿之外。後王之子弟，亦皆使食畿內之邑。故殷之諸侯皆異姓，而周則同姓、異姓各半。此與政治、文物之施行甚有關係，而天子、諸侯君臣之分，亦由是而確定者也。

自殷以前，天子、諸侯君臣之分未定也。故當夏后之世，而殷之王亥、王恆，累葉稱「王」；湯未放桀之時，亦已稱「王」；當商之末，而周之文、武亦稱「王」。蓋諸侯之於天子，猶後世諸侯之於盟主，未有君臣之分也。周初亦然，於〈牧誓〉、〈大誥〉皆稱諸侯曰「友邦君」，是君臣之分亦未全定也。逮克殷踐奄，滅國數十，而新建之國皆其功臣、昆弟、甥舅，本周之臣子，而魯、衛、晉、齊四國，又以王室至親為東方大藩。夏、殷以來古國，方之蔑矣。由是天子之尊，非復諸侯之長而為諸侯之君，其在喪服，則諸侯為天子斬衰三年，與子為父、臣為君同。蓋天子、諸侯君臣之分始定於此。此周初大一統之規模，實與其大居正之制度相待而成者也。

嫡庶者，尊尊之統也。由是而有宗法，有服術。其效及於政治者，則為天位之前定，同姓諸侯之封建，天子之尊嚴。然周之制度，亦有用親親之統者，則祭法是已。商人祭法，見於卜辭所記者，至為繁複。自帝嚳以下，至於先公、先王、先妣，皆有專祭。祭各以其名之日，無親疏、遠邇之殊也。先公、先王之昆弟，在位者與不在位者，祀典略同，無尊卑之差也。其合祭也，則或自上甲至於大甲九世，或自上甲至於武乙二十世，或自大丁至於祖丁八世，或自大庚至於中丁三世，或自帝甲至於祖丁二世，或自小乙至於武乙五世，或自武丁至於武乙四世。又數言「自上甲至於多后衣」，此於卜辭屢見，必非周人三年一祫、五年一禘之大祭，是無毀廟之制也。雖《呂覽》引〈商書〉言「五世之廟，可以觀怪」，而卜辭所記事實乃全不與之合，是殷人祭其先無定制也。周人祭法，《詩》、《書》、《禮經》皆無明文，據禮家言，乃有七廟、四廟之說。此雖不可視為宗周舊制，然禮家所言廟制，必已萌芽於周初，固無可疑也。古人言周制尚文者，蓋兼綜數義而不專主一義之謂。商人繼統之法，不合尊尊之義，其祭法又無遠邇、尊卑之分，則於親親、尊尊二義，皆無當也。周人以尊尊之義經親親之義，而立嫡庶之制；又以親親之義經尊尊之義，而立廟制。此其所以為文也。說廟制者，有七廟、四廟之殊，然其實不異。〈王制〉、〈禮器〉、〈祭法〉、《春秋穀梁傳》皆言天子七廟，諸侯五。〈曾子問〉言「當七廟、五廟無虛主」，《荀子．禮論篇》亦言「有天下者事七世，有一國者事五世」。惟〈喪服小記〉獨言：「王者禘其祖之所自出，以其祖配之，而立四廟。」鄭注：「高祖以下也。與始祖而五也。」如鄭說，是四廟實五廟也。《漢書．韋玄成傳》：玄成等奏：「祭義曰：『王者禘其祖之所自出，以其祖配之，而立四廟。』言始受命而王，祭天以其祖配，而不為立廟，親盡也。立親廟四，親親也。親盡而迭毀，親疏之殺，示有終。周之所以七廟者，以后稷始封，文王、武王受命而王，是以三廟不毀，與親廟四而七。」《公羊．宣六年傳》何注云：「禮，天子、諸侯立五廟。周家祖有功，宗有德，立后稷、文、武廟，至於子孫，自高祖以下而七廟。」〈王制〉鄭注亦云：「七者，太祖及文、武之祧，與親廟四。」則周之七廟，仍不外四廟之制。劉歆獨引〈王制〉說之曰：「『天子三昭三穆，與太祖之廟而七』，七者，其正法，不可常數者也。宗不在此數中。宗，變也。」是謂七廟之中，不數文、武，則有親廟六。以禮意言之，劉說非也。蓋禮有尊之統，有親之統。以尊之統言之，祖愈遠則愈尊，則如殷人之制遍祀先公、先王可也。廟之有制也，出於親之統。由親之統言之，則「親親以三為五，以五為九，上殺、下殺、旁殺而親畢矣」。親，上不過高祖，下不過玄孫。故宗法、服術皆以五為節。〈喪服〉有曾祖父母服而無高祖父母服，曾祖父母之服不過齊衰三月。若夫玄孫之生，殆未有及見高祖父母之死者；就令有之，其服亦不過祖免而止。此親親之界也，過是則親屬竭矣，故遂無服。服之所不及，祭亦不敢及，此禮服家所以有天子四廟之說也。劉歆又云：「天子七日而殯，七月而葬；諸侯五日而殯，五月而葬。」此喪事尊卑之序也，與廟數相應。《春秋左氏傳》曰：「名位不同，禮亦異數。」「自上以下，降殺以兩，禮也。」雖然，言豈一端而已。禮有以多為貴者，有以少為貴者，有無貴賤一者。車服之節，殯葬之期，此有等衰者也。至於親親之事，則貴賤無以異。以三為五，大夫以下用之；以五為九，雖天子不能過也。既有不毀之廟以存尊統，復有四親廟以存親統，此周禮之至文者也。宗周之初，雖無四廟明文，然祭之一種限於四世，則有據矣。《逸周書．世俘解》：「王克殷，格於廟。王烈祖自大王、大伯、王季、虞公、文王、邑考以列升。」此太伯、虞公、邑考與三王並升，猶用殷禮。然所祀者四世也。〈中庸〉言：「周公成文、武之德，追王大王、王季，上祀先公以天子之禮。」於先公之中追王二代，與文、武而四，則成王、周公時廟數雖不必限於四王，然追王者與不追王者之祭，固當有別矣。《書．顧命》所設几筵，乃成王崩，召公攝成王冊命康王時依神之席，（見拙撰《周書顧命考》及《顧命後考》。）而其席則牖間、西序、東序與西夾凡四，此亦為大王、王季、文王、武王設。是周初所立，即令不止四廟，其於高祖以下，固與他先公不同。其後遂為四親廟之制，又加以后稷、文、武，遂為七廟。是故遍祀先公、先王者，殷制也；七廟、四廟者，七十子後學之說也。周初制度，自當在此二者間。雖不敢以七十子後學之說上擬宗周制度，然其不如殷人之遍祀其先，固可由其他制度知之矣。

以上諸制，皆由尊尊、親親二義出。然尊尊、親親、賢賢，此三者治天下之通義也。周人以尊尊、親親二義，上治祖禰，下治子孫，旁治昆弟，而以賢賢之義治官。故天子、諸侯世，而天子、諸侯之卿、大夫、士皆不世。蓋天子、諸侯者，有土之君也。有土之君不傳子、不立嫡，則無以弭天下之爭。卿、大夫、士者，圖事之臣也，不任賢，無以治天下之事。以事實證之，周初三公，惟周公為武王母弟，召公則疏遠之族兄弟，而太公又異姓也。成、康之際，其六卿為召公、芮伯、彤伯、畢公、衛侯、毛公，而召、畢、毛三公又以卿兼三公，周公、太公之子不與焉。王朝如是，侯國亦然，故《春秋》「譏世卿」。世卿者，後世之亂制也。禮有大夫為宗子之服；若如春秋以後世卿之制，則宗子世為大夫，而支子不得與，又何大夫為宗子服之有矣。此卿、大夫、士不世之制，當自殷已然，非屬周制。慮後人疑傳子、立嫡之制通乎大夫以下，故附著之。

男女之別，周亦較前代為嚴。男子稱氏，女子稱姓，此周之通制也。上古女子無稱姓者，有之，惟一姜嫄。姜嫄者，周之妣，而其名出於周人之口者也。傳言黃帝之子為十二姓，祝融之後為八姓，又言虞為姚姓，夏為姒姓，商為子姓。凡此紀錄，皆出周世。據殷人文字，則帝王之妣與母皆以日名，與先王同；諸侯以下之妣亦然。（傳世商人彝器多有「妣甲」、「妣乙」諸文。）雖不敢謂殷以前無女姓之制，然女子不以姓稱，固事實也。（〈晉語〉：「殷辛伐有蘇氏，有蘇氏以妲己女焉。」案：蘇國，己姓，其女稱「妲己」，似己為女子稱姓之始，然恐亦周人追名之。）而周則大姜、大任、大姒、邑姜，皆以姓著。自是迄於春秋之末，無不稱姓之女子。〈大傳〉曰：「四世而緦，服之窮也；五世袒免，殺同姓也；六世親屬竭矣。其庶姓別於上而戚單於下，婚姻可以通乎？」又曰：「繫之以姓而弗別，綴之以食而弗殊，雖百世而婚姻不通者，周道然也。」然則商人六世以後或可通婚，而同姓不婚之制實自周始。女子稱姓，亦自周人始矣。

是故有立子之制，而君位定；有封建子弟之制，而異姓之勢弱，天子之位尊；有嫡庶之制，於是有宗法、有服術，而自國以至天下合為一家；有卿、大夫不世之制，而賢才得以進；有同姓不婚之制，而男女之別嚴。且異姓之國，非宗法之所能統者，以婚媾、甥舅之誼通之。於是天下之國大都王之兄弟、甥舅，而諸國之間亦皆有兄弟、甥舅之親。周人一統之策，實存於是。此種制度，固亦由時勢之所趨，然手定此者，實惟周公。原周公所以能定此制者，以公於舊制本有可以為天子之道，其時又躬握天下之權，而顧不嗣位而居攝，又由居攝而致政，其無利天下之心，昭昭然為天下所共見。故其所設施，人人知為安國家、定民人之大計，一切制度遂推行而無所阻矣。

由是制度，乃生典禮，則「經禮三百、曲禮三千」是也。凡制度、典禮所及者，除宗法、喪服數大端外，上自天子、諸侯，下至大夫、士止，民無與焉，所謂「禮不下庶人」是也。若然，則周之政治但為天子、諸侯、卿、大夫、士設，而不為民設乎？曰：非也。凡有天子、諸侯、卿、大夫、士者，以為民也。有制度、典禮，以治天子、諸侯、卿、大夫、士，使有恩以相洽，有義以相分，而國家之基定，爭奪之禍泯焉。民之所求者，莫先於此矣。且古之所謂國家者，非徒政治之樞機，亦道德之樞機也。使天子、諸侯、大夫、士各奉其制度、典禮，以親親、尊尊、賢賢、明男女之別於上，而民風化於下，此之謂「治」，反是則謂之「亂」。是故天子、諸侯、卿、大夫、士者，民之表也；制度典禮者，道德之器也。周人為政之精髓，實存於此。此非無徵之說也。以經證之，《禮經》言治之跡者，但言天子、諸侯、卿、大夫、士；而《尚書》言治之意者，則惟言庶民。〈康誥〉以下九篇，周之經綸天下之道胥在焉，其書皆以民為言。〈召誥〉一篇，言之尤為反覆詳盡，曰「命」、曰「天」、曰「民」、曰「德」，四者一以貫之。其言曰：「天亦哀於四方民，其眷命用懋，王其疾敬德。」又曰：「今天其命哲，命吉凶，命歷年，知今我初服，宅新邑，肆惟王其疾敬德。王其德之用，祈天永命。」又曰：「欲王以小民受天永命。」且其所謂「德」者，又非徒仁民之謂，必天子自納於德而使民則之，故曰：「其惟王勿以小民淫用非彝。」又曰：「其惟王位在德元，小民乃惟刑用於天下，越王顯。」充此言以治天下，可云至治之極軌。自來言政治者，未能有高焉者也。古之聖人，亦豈無一姓福祚之念存於其心，然深知夫一姓之福祚與萬姓之福祚是一非二，又知一姓、萬姓之福祚與其道德是一非二，故其所以「祈天永命」者，乃在「德」與「民」二字。此篇乃召公之言，而史佚書之以誥天下。（〈洛誥〉云：「作冊逸誥。」是史逸所作〈召誥〉與〈洛誥〉日月相承，乃一篇分為二者，故亦史佚作也。）文、武、周公所以治天下之精義大法，胥在於此。故知周之制度典禮，實皆為道德而設。而制度、典禮之專及大夫、士以上者，亦未始不為民而設也。

周之制度典禮，乃道德之器械，而「尊尊」、「親親」、「賢賢」、「男女有別」四者之結體也，此之謂「民彝」。其有不由此者，謂之「非彝」。〈康誥〉曰：「勿用非謀、非彝。」〈召誥〉曰：「其惟王勿以小民淫用非彝。」「非彝」者，禮之所去、刑之所加也。〈康誥〉曰：「凡民自得罪，寇攘姦宄，殺越人於貨，暋不畏死，罔不憝。」又曰：「元惡大憝，矧惟不孝、不友。子弗祗服厥父事，大傷厥考心；於父不能字厥子，乃疾厥子；於弟弗念天顯，乃弗克恭厥兄；兄亦不念鞠子哀，大不友於弟。惟弔茲，不於我政人得罪，天惟與我民彝大泯亂。曰：乃其速由文王作罰，刑茲無赦。」此周公誥康叔治殷民之道。殷人之刑，惟「寇攘姦宄」，而周人之刑則并及「不孝不友」，故曰「惟弔茲，不於我政人得罪」，又曰「乃其速由文王作罰」，其重民彝也如此。是周制刑之意，亦本於德治、禮治之大經。其所以致太平與刑措者，蓋可睹矣。

夫商之季世，紀綱之廢、道德之隳，極矣。周人數商之罪，於〈牧誓〉曰：「今商王受惟婦言是用，昏棄厥肆祀弗答，昏棄厥遺王父、母弟弗迪，乃惟四方之多罪逋逃，是崇是長，是信是使，是以為大夫、卿士。俾暴虐於百姓，以姦宄於商邑。」於〈多士〉曰：「在今後嗣王，誕淫厥泆，罔顧於天顯民祇。」於〈多方〉曰：「乃惟爾辟，以爾多方，大淫圖天之命，屑有辭。」於〈酒誥〉曰：「在今後嗣王酣身，厥命罔顯於民。祇保越怨不易。誕惟厥縱淫泆於非彝，用燕喪威儀，民罔不衋傷心。惟荒腆於酒，不惟自息乃逸。厥心疾很，不克畏死。辜在商邑，越殷國滅無罹。弗惟德馨香，祀登聞於天，誕惟民怨。庶群自酒，腥聞在上，故天降喪於殷，罔愛於殷，惟逸。天非虐，惟民自速辜。」由前三者之說，則失德在一人；由後之說，殷之臣民，其漸於亡國之俗久矣。此非敵國誣謗之言也，殷人亦屢言之。〈西伯戡黎〉曰：「惟王淫戲用自絕。」〈微子〉曰：「我用沉酗於酒，用亂敗厥德於下。殷罔不小大，好草竊姦宄，卿士師師非度，凡有辜罪，乃罔恆獲。小民方興，相為敵讎。」又曰：「天毒降災荒殷邦，方興沉酗於酒，乃罔畏畏，咈其耇長，舊有位人。今殷民乃攘竊神祇之犧牷牲，用以容，將食無災。」夫商道尚鬼，乃至竊神祇之犧牲。卿士濁亂於上，而法令隳廢於下。舉國上下，惟姦宄敵讎之是務，固不待孟津之會、牧野之誓，而其亡已決矣。而周自大王以後，世載其德，自西土邦君、御事、小子，皆克用文王教，至於庶民，亦聽聽祖考之彝訓。是殷、周之興亡，乃有德與無德之興亡。故克殷之後，尤兢兢以德治為務。〈召誥〉曰：「我不可不監於有夏，亦不可不監於有殷。我不敢知曰：有夏受天命，惟有歷年；我不敢知曰：不其延。惟不敬厥德，乃早墜厥命。我不敢知曰：有殷受天命，惟有歷年；我不敢知曰：不其延。惟不敬厥德，乃早墜厥命。今王嗣受厥命，我亦惟茲二國命，嗣若功。王乃初服。」周之君臣，於其嗣服之初反覆教戒也如是，則知所以驅草竊姦宄、相為敵讎之民而躋之仁壽之域者，其經綸固大有在。欲知周公之聖與周之所以王，必於是乎觀之矣。

說周頌

阮文達〈釋頌〉一篇，其釋「頌」之本義至確。然謂三〈頌〉各章皆是舞容，則恐不然。〈周頌〉三十一篇，惟〈維清〉為〈象〉舞之詩，〈昊天有成命〉、〈武〉、〈酌〉、〈桓〉、〈賚〉、〈般〉為〈武〉舞之詩，其餘二十四篇為舞詩與否，均無確證。至〈清廟〉為升歌之詩，〈時邁〉為金奏之詩，（據《周禮・鍾師》注引呂叔玉說，則〈執競〉、〈思文〉亦金奏之詩。）尤可證其非舞曲。〈毛詩序〉云：「頌者，美盛德之形容，以其成功告於神明者也。」盛德之形容，以貌表之可也，以聲表之亦可也。竊謂〈風〉、〈雅〉、〈頌〉之別，當於聲求之。〈頌〉之所以異於〈風〉、〈雅〉者，雖不可得而知，今就其著者言之，則〈頌〉之聲較〈風〉、〈雅〉為緩也。何以證之？曰〈風〉、〈雅〉有韻，而〈頌〉多無韻也。凡樂詩之所以用韻者，以同部之音間時而作，足以娛人耳也。故其聲促者，韻之感人也深；其聲緩者，韻之感人也淺。韻之娛耳，其相去不能越十言或十五言。若越十五言以上，則有韻與無韻同。即令二韻相距在十言以內，若以歌二十言之時歌此十言，則有韻亦與無韻同。然則〈風〉、〈雅〉所以有韻者，其聲促也。〈頌〉之所以多無韻者，其聲緩而失韻之用，故不用韻。此一證也。其所以不分章者亦然。〈風〉、〈雅〉皆分章，且後章句法多疊前章。其所以相疊者，亦以相同之音間時而作，足以娛人耳也。若聲過緩，則雖前後相疊，聽之亦與不疊同。〈頌〉之所以不分章、不疊句者，當以此。此二證也。〈頌〉如〈清廟〉之篇，不過八句。不獨視〈鹿鳴〉、〈文王〉長短迥殊，即比〈關雎〉、〈鵲巢〉亦復簡短。此亦當由聲緩之故。三證也。〈燕禮〉「記」：「若以樂納賓，則賓及庭，奏〈肆夏〉。賓拜酒，主人答拜，而樂闋。公拜受爵，而奏〈肆夏〉。公卒爵，主人升，受爵以下，而樂闋。」又〈大射儀〉自「奏〈肆夏〉」以至「樂闋」，中間容賓升、主人拜至、降洗、賓降、主人辭、賓對、主人盥、洗觚、賓辭洗、主人對、主人升、賓拜洗、主人答拜、降盥、賓降、主人辭降、賓對、卒盥、升、主人酌膳、獻賓、賓拜、受爵、主人拜送爵、宰胥薦脯醢、庶子設折俎、賓祭脯醢、祭肺、嚌肺、祭酒、啐酒、拜、告旨、主人答拜，凡三十四節。為公奏〈肆夏〉時亦然。〈肆夏〉一詩，不過八句。而自始奏以至樂闋，所容禮文之繁如此，則聲緩可知。此四證也。然則〈頌〉之所以異於〈風〉、〈雅〉者，在聲而不在容。則其所以「美盛德之形容」者，亦在聲而不在容可知。以名〈頌〉而皆視為舞詩，未免執一之見矣。

說商頌

〈商頌〉諸詩作於何時，毛、韓說異。〈毛詩序〉謂：「微子至於戴公，其間禮樂廢壞。有正考父者，得〈商頌〉十二篇於周之大師，以〈那〉為首。」是毛以〈商頌〉為商詩也。《史記．宋世家》：「襄公之時，修行仁義，欲為盟主。其大夫正考父美之，故追道契、湯、高宗，殷所以興，作〈商頌〉。」《集解》駰案：「《韓詩章句》亦『美襄公』。」案：《集解》雖但引薛漢《章句》，疑是韓嬰舊說，史遷從之。揚子《法言．學行篇》：「正考父嘗睎尹吉甫矣。公子奚斯嘗睎正考父矣。」亦以〈商頌〉為考父作。皆在薛漢前。後漢曹褒及刻石之文，亦皆從韓說。是韓以〈商頌〉為宋詩也。襄公、考父時代不同，韓說固誤。然以為考父所作，則固與《毛詩》同本〈魯語〉，未可以臆定其是非也。〈魯語〉：閔馬父謂「正考父校商之名〈頌〉十二篇於周大師，以〈那〉為首」。考漢以前，初無校書之說。即令「校」字作「校理」解，亦必考父自有一本，然後取周大師之本以校之，不得言「得」。是〈毛詩序〉改「校」為「得」，已失〈魯語〉之意矣。余疑〈魯語〉「校」字當讀為「效」。效者，獻也，謂正考父獻此十二篇於周大師。韓說本之。若如〈毛詩序〉說，則所得之本自有次弟，不得復云「以〈那〉為首」也。且以正考父時代考之，亦以獻詩之說為長。《左氏．昭七年傳》：「及正考父佐戴、武、宣。」《世本》：「正考父生孔父嘉。」（《詩．商頌》正義引。）《潛夫論．氏姓志》亦云考孔父之卒在宋殤公十年。自是上推之，則殤公十年，穆公九年，宣公十九年，武公十八年，戴公三十四年；自孔父之卒，上距戴公之立凡九十年。孔父佐穆、殤二公，則其父恐不必逮事戴公。亦令早與政事，亦當在戴公暮年。而戴公之三十年，平王東遷。其時宗周既滅，文物隨之。宋在東土，未有亡國之禍，先代禮樂，自當無恙，故獻之周太師，以備四代之樂。較之〈毛詩序〉說，於事實為近也。然則〈商頌〉為考父所獻，即為考父所作歟？曰：否。〈魯語〉引〈那〉之詩而曰：「先聖王之傳恭，猶不敢專，稱曰『自古』。古曰『在昔』，昔曰『先民』。」可知閔馬父以〈那〉為先聖王之詩，而非考父自作也。《韓詩》以為考父所作，蓋無所據矣。

然則〈商頌〉果為商人之詩與？曰：否。〈殷武〉之卒章曰：「陟彼景山，松柏丸丸。」毛、鄭於「景山」均無說。〈魯頌〉擬此章，則云：「徂徠之松，新甫之柏。」則古自以「景山」為山名，不當如〈鄘風．定之方中〉傳「大山」之說也。案《左氏傳》：「商湯有景亳之命。」《水經注．濟水篇》：「黃溝枝流。北逕己氏縣故城西，又北逕景山東。」此山離湯所都之北亳不遠，商丘蒙亳以北，惟有此山。〈商頌〉所詠，當即是矣。而商自般庚至於帝乙居殷虛，紂居朝歌，皆在河北。則造高宗寢廟不得遠伐河南景山之木。惟宋居商丘，距景山僅百數十里。又周圍數百里內別無名山，則伐景山之木以造宗廟，於事為宜。此〈商頌〉當為宋詩，不為商詩之一證也。又自其文辭觀之，則殷虛卜辭所記祭禮與制度、文物，於〈商頌〉中無一可尋。其所見之人、地名，與殷時之稱不類，而反與周時之稱相類；所用之成語，並不與周初類，而與宗周中葉以後相類。此尤不可不察也。卜辭稱國都曰「商」，不曰「殷」，而〈頌〉則「殷」、「商」錯出。卜辭稱湯曰「大乙」，不曰「湯」，而〈頌〉則曰「湯」、曰「烈祖」、曰「武王」。此稱名之異也。其語句中亦多與〈周詩〉相襲。如〈那〉之「猗那」，即〈檜風．萇楚〉之「阿儺」，〈小雅．隰桑〉之「阿難」，石鼓文之「亞箬」也。〈長發〉之「昭假遲遲」，即〈雲漢〉之「昭假無贏」，〈烝民〉之「昭假於下」也。〈殷武〉之「有截其所」，即〈常武〉之「截彼淮浦，王師之所」也。又如〈烈祖〉之「時靡有爭」，與〈江漢〉句同。「約軝錯衡，八鸞鶬鶬」，與〈采芑〉句同。凡所同者，皆宗周中葉以後之詩。而〈烝民〉、〈江漢〉、〈常武〉，〈序〉皆以為尹吉甫所作。揚雄謂「正考父（睎）尹吉甫」，或非無據矣。顧此數者，其為〈商頌〉襲〈風〉、〈雅〉，抑〈風〉、〈雅〉襲〈商頌〉，或二者均不相襲而同用當時之成語，皆不可知。然〈魯頌〉之襲〈商頌〉，則灼然事實。夫魯之於周，親則同姓，尊則王朝。乃其作〈頌〉，不摹〈周頌〉而摹〈商頌〉，蓋以與宋同為列國，同用天子之禮樂。且〈商頌〉之作，時代較近，易於摹擬故也。由是言之，則〈商頌〉蓋宗周中葉宋人所作，以祀其先王。正考父獻之於周太師，而太師次之於〈周頌〉之後。逮〈魯頌〉既作，又次之於〈魯〉後。若果為商人作，則當如《尚書》例，在〈周頌〉前，不當次〈魯頌〉後矣。然則《韓詩》以〈商頌〉為宋人所作，雖與〈魯語〉閔馬父之說不盡合，然由〈商頌〉之詩證之，固長於毛說遠矣。

釋史

《說文解字》：「史，記事者也。從又持中。中，正也。」其字，古文、篆文並作史，從中。（秦泰山刻石「御史大夫」之「史」，《說文》大、小徐二本皆如此作。）案：古文「中正」之字作中、中、中、中、中、中諸形，「伯仲」之「仲」作中，無作中者。惟篆文始作中。且「中正」，無形之物德，非可手持。然則「史」所從之「中」，果何物乎？吳氏大澂曰：「史象手執簡形。」然中與簡形殊不類。江氏永《周禮疑義舉要》云：「凡官府簿書謂之『中』。故諸官言『治中』、『受中』，〈小司寇〉『斷庶民獄訟之中』，皆謂簿書，猶今之案卷也。此『中』字之本義。故掌文書者，謂之『史』。其字從又、從中。『又』者，右手，以手持簿書也。『吏』字、『事』字皆有『中』字。天有『司中星』，後世有『治中』之官，皆取此義。」江氏以「中」為簿書，較吳氏以「中」為簡者得之。（簡為一簡，簿書則需眾簡。）顧簿書何以云「中」，亦不能得其說。案：《周禮．大史》職：「凡射事，飾中，舍筭。」〈大射儀〉：司射「命釋獲者設中」，「大史釋獲。小臣師執中，先首，坐設之；東面，退。大史實八筭於中，橫委其餘於中西」。又：「釋獲者坐取中之八筭，改實八筭，興，執而俟。乃射。若中，則釋獲者每一個釋一筭，上射於右，下射於左。若有餘筭，則反委之。又取中之八筭，改實八筭於中。興，執而俟」云云。此即〈大史〉職所云「飾中，舍筭」之事。是「中」者，盛筭之器也。中之制度，〈鄉射〉「記」云：「鹿中：髹，前足跪，鑿背容八筭。釋獲者奉之，先首。」又云：「君，國中射，則皮樹中；於郊，則閭中；於竟，則虎中。大夫，兕中；士，鹿中。」是周時中制皆作獸形，有首有足，鑿背容八筭，亦與屮字形不類。余疑中作獸形者，乃周末彌文之制。其初當如屮形，而於屮之上橫鑿孔以立筭，達於下橫；其中央一直，乃所以持之，且可建之於他器者也。考古者簡與筭為一物。古之簡策，最長者二尺四寸，其次二分取一為一尺二寸，其次三分取一為八寸，其次四分取一為六寸。（詳見余《簡牘檢署考》。）筭之制，亦有一尺二寸與六寸二種。射時所釋之筭長尺二寸，投壺筭長尺有二寸。〈鄉射〉「記」：「箭籌八十。長尺有握，握素。」注：「箭，篠也。籌，筭也。握，本所持處也。素，謂刊之也。刊本一膚。」賈疏：「云『長尺』，復云『有握』，則『握』在一尺之外。則此籌尺四寸矣。云『刊本一膚』者，《公羊傳．僖三十一年》：『膚寸而合。』何休云：『側手為膚。』又〈投壺〉：『室中五扶。』注云：『鋪四指曰扶。（案：《文選》應休璉〈與從弟君苗君胄書〉注引《尚書大傳》曰：「扶寸而合，不崇朝而雨天下。」鄭玄曰：「四指為扶。」是「扶」、「膚」一字。）一指案寸。』皆謂布四指，一指一寸，四指則四寸。引之者證『握』、『膚』為一，謂刊四寸也。」所計算之長短，與〈投壺〉不同。疑〈鄉射〉「記」以周八寸尺言，故為尺四寸；〈投壺〉以周十寸尺言，故為尺有二寸。猶《鹽鐵論》言「二尺四寸之律」，而《史記．酷吏傳》言「三尺法」，《漢書．朱博傳》言「三尺律令」，皆由於八寸尺與十寸尺之不同，其實一也。計曆數之算，則長六寸。《漢書．律曆志》：「筭法用竹，徑一分，長六寸。」《說文解字》：「筭，長六寸，計曆數者。」尺二寸與六寸，皆與簡策同制。故古「筭」、「筴」二字，往往互用。〈既夕禮〉：「主人之史請讀賵，執筭，從柩東。」注：「古文『筭』皆作『筴』。」《老子》：「善計者不用籌策。」意謂不用籌筭也。《史記．五帝本紀》：「迎日推筴。」《集解》引晉灼曰：「筴，數也。迎，數之也。」案：「筴」無「數」義，惟《說文解字》云：「算，數也。」則晉灼時本當作「迎日推筭」，又假「筭」為「算」也。漢蕩陰令張遷碑：「八月，筴民。」案：《後漢書．皇后紀》：「漢法，常以八月算人。」是「八月筴民」即「八月算民」，亦以「筴」為「算」。是古筭、筴同物之證也。射時舍筭，既為史事，而他事用筭者，亦史之所掌。（《周禮》馮相氏、保章氏皆大史屬官。〈月令〉：「乃命大史守典奉法，司天、日、月、星辰之行。」是計歷數者，史之事也。又古者筮多用筴以代蓍。《易•繫辭傳》言「乾之策，坤之策」，〈士冠禮〉：「筮人執筴。」又周秦諸書多言「龜策」，罕言「蓍龜」，「筴」、「筭」實一字。而古者卜筮亦史掌之。〈少牢饋食禮〉：「筮者為史。」《左氏傳》亦有「筮史」。是筮亦史事。）筭與簡策本是一物，又皆為史之所執，則盛筭之中，蓋亦用以盛簡。簡之多者，自當編之為篇。若數在十簡左右者，盛之於中，其用較便。《逸周書．嘗麥解》：「宰乃承王中，升自客階，作筴，執筴，從中。宰坐，尊中於大正之前。」是中、筴二物相將，其為盛筴之器無疑。故當時簿書亦謂之「中」。《周禮．天府》：「凡官府、鄉、州及都鄙之治中，受而藏之。」〈小司寇〉：「以三刺斷庶民獄訟之中。」又：「登中於天府。」〈鄉士〉、〈遂士〉、〈方士〉：「獄訟成，士師受中。」〈楚語〉：「左執鬼中。」蓋均謂此物也。然則「史」字「從又持中」，義為持書之人，與「尹」之從又持丨（象筆形。）者同意矣。

然則，謂中為盛筴之器，「史」之義不取諸持箅而取諸持筴，亦有說乎？曰：有。持箅為史事者，正由持筴為史事故也。古者，書、筴皆史掌之。《書．金縢》：「史乃冊祝。」〈洛誥〉：「王命作冊逸祝冊。」又：「作冊逸誥。」〈顧命〉：「大史秉書，由賓階隮，御王冊命。」《周禮．大史》：「掌建邦之六典，掌法，掌則。凡邦國都鄙及萬民之有約劑者，藏之，以貳六官，六官之所登。大祭祀，戒及宿之日，與群執事讀禮書而協事。祭之日，執書以次位常。大會同、朝覲，以書協禮事。及將幣之日，執書以詔王。大師，抱天時，與大師同車。大遷國，抱法以前。大喪，執法以涖勸防。遣之日，讀誄。」〈小史〉：「掌邦國之志，奠繫世，辨昭穆。若有事，則詔王之忌諱。大祭，讀禮法，史以書辨昭穆之俎簋。卿大夫之喪，賜謚，讀誄。」〈內史〉：「掌王之八枋之法，以詔王治。執國法及國令之貳，以考政事，以逆會計。凡命諸侯及孤卿大夫，則冊命之。凡四方之事書，內史讀之。王制祿，則贊為之，以方出之。內史掌書王命，遂貳之。」〈外史〉：「掌書外令，掌四方之志，掌三皇五帝之書，掌達書名於四方。若以書使於四方，則書其令。」〈御史〉：「掌贊書。」〈女史〉：「掌書內令。」〈聘禮〉：「夕幣，史讀書展幣。」又：「誓於其竟，史讀書。」〈覲禮〉：「諸公奉篋服，加命書於其上，升自西階，東面。大史是右，侯氏升，西面立。大史述命。」（注：「讀王命書也。」）〈既夕禮〉：「主人之史請讀賵。」又：「公史自西方東面，讀遣卒命。」〈曲禮〉：「史載筆。」〈王制〉：「大史典禮，執簡記，奉諱惡。」〈玉藻〉：「動則左史書之，言則右史書之。」〈祭統〉：「史由君右執策命之。」《毛詩．靜女》傳：「古者，后、夫人必有女史彤管之法。史不記過，其罪殺之。」又周六官之屬，掌文書者，亦皆謂之史。則史之職，專以藏書、讀書、作書為事。其字所從之「中」，自當為盛筴之器。此得由其職掌證之者也。

史為掌書之官，自古為要職。殷商以前，其官之尊卑雖不可知，然大小官名及職事之名多由史出，則史之位尊地要可知矣。《說文解字》：「事，職也。從史，㞢省聲。」又：「吏，治人者也。從一、從史，史亦聲。」然殷人卜辭皆以「史」為「事」，是尚無「事」字。周初之器，如毛公鼎、番生敦二器，「卿事」作「事」，「大史」作「史」，始別為二字。然毛公鼎之「事」作叓，小子師敦之「卿事」作叓，師寰敦之「嗇事」作叓，從中，上有斿，又持之，亦「史」之繁文。或省作叓，皆所以微與「史」之本字相別。其實猶是一字也。古之官名，多由史出。殷周間王室執政之官，經傳作「卿士」，（《書．牧誓》：「是以為大夫卿士。」〈洪範〉：「謀及卿士。」又：「卿士惟月。」〈顧命〉：「卿士、邦君。」《詩．商頌》：「降予卿士。」是殷周間已有「卿士」之稱。）而毛公鼎、小子師敦、番生敦作「卿事」，殷虛卜辭作「卿史」，（《殷虛書契前編》卷二第二十三頁，又卷四第二十一頁。）是卿士本名「史」也。又：天子、諸侯之執政通稱「御事」，（《書．牧誓》：「我友邦冢君、御事。」〈酒誥〉：「肆余告我友邦君越尹氏、庶士、御事。」〈大誥〉：「大誥猷爾多邦越爾御事。」又：

「厥誥毖庶邦庶士越少正、御事。」又：「我西土棐徂邦君、御事、小子。」〈梓材〉：「王其效邦君越御事。」〈召誥〉：「誥告庶殷越自乃御事。」又：「王先服殷御事，比介於我有周御事。」〈洛誥〉：「予旦以多子越御事。」〈文侯之命〉：「即我御事罔或耆壽，畯在厥服。」多以邦君、御事並稱，蓋謂諸侯之執政者也。）而殷虛卜辭則稱「御史」，（《殷虛書契前編》卷四第二十八頁。）是「御事」亦名「史」也。又古之六卿，《書．甘誓》謂之「六事」。司徒、司馬、司空，《詩．小雅》謂之「三事」，又謂之「三有事」，《春秋左氏傳》謂之「三吏」。此皆大官之稱「事」若「吏」，即稱「史」者也。《書．酒誥》：「有正、有事。」又：「茲乃允惟王正事之臣。」〈立政〉：「立政、立事。」「正」與「事」對文。長官謂之「正」，若「政」；庶官謂之「事」。此庶官之稱「事」即稱「史」者也。「史」之本義為持書之人，引申而為大官及庶官之稱，又引申而為職事之稱。其後三者，各需專字，於是「史」、「吏」、「事」三字於小篆中截然有別：持書者謂之「史」，治人者謂之「吏」，職事謂之「事」。此蓋出於秦漢之際，而《詩》、《書》之文尚不甚區別，由上文所徵引者知之矣。

殷以前，史之尊卑雖不可考，然卿事、御事均以「史」名，則史官之秩亦略可知。〈曲禮〉：「天子建天官，先六大，曰大宰、大宗、大史、大祝、大士、大卜，典司六典。」注：「此蓋殷時制也。」大史與大宰同掌天官，固當在卿位矣。《左氏傳．桓十七年》：「天子有日官，諸侯有日御。日官居卿以底日。」以日官為卿，或亦殷制。周則據〈春官〉序官，大史，下大夫二人，上士四人；小史，中士八人，下士十有六人；內史，中大夫一人，下大夫二人，上士四人，中士八人，下士十有六人；外史，上士四人，中士八人，下士十有六人；御史，中士八人，下士十有六人。其中，官以大史為長，（鄭注：「大史，史官之長。」或疑《書‧酒誥》稱「大史友」、「內史友」，《大戴禮記‧盛德篇》云「大史、內史，左右手也」，似大史、內史各自為寮，不相統屬；且內史官在大史上，尤不得為大史之屬。然毛公鼎云：「御事寮、大史寮。」番生敦云：「御事、大史寮。」不言內史。蓋析言之，則大史、內史為二寮；合言之，則為大史一寮。又周官長、貳不問官之尊卑。如鄉老以公、鄉大夫以卿而為大司徒之屬，世婦以卿而為大宗伯之屬，皆是。則內史為大史之屬亦不嫌也。）秩以內史為尊。內史之官雖在卿下，然其職之機要，除冢宰外，實為他卿所不及。自《詩》、《書》、彝器觀之，內史實執政之一人。其職與後漢以後之尚書令，唐、宋之中書舍人、翰林學士，明之大學士相當，蓋樞要之任也。此官，周初謂之「作冊」，其長謂之「尹氏」。「尹」字從又持丨，象筆形。《說文》所載「尹」之古文作[illegible]。雖傳寫訛舛，未可盡信，然其下猶為「聿」形，可互證也。持中為「史」，持筆為「尹」，作冊之名亦與此意相會。試詳證之。《書‧洛誥》：「王命作冊逸祝冊。」又：「作冊逸告。」「作冊」二字，《偽孔傳》以「王為冊書」釋之。〈顧命〉：「命作冊度。」傳亦以「命史為冊書法度」釋之。孫氏詒讓《周禮正義》始云：「尹逸，蓋為內史。以其所掌職事言之，謂之『作冊』。」（《古籀拾遺‧冗敦跋》略同。）始以「作冊」為內史之異名。余以古書及古器證之，孫說是也。案《書‧畢命序》：「康王命作冊畢分居里，成周郊，作〈畢命〉。」（《史記‧周本紀》作「康王命作冊畢公」。蓋不知「作冊」為官名，「畢」為人名，而以畢公當之。為偽古文〈畢命〉之所本。）《漢書．律曆志》引逸〈畢命豐刑〉曰：「王命作冊豐刑。」《逸周書．嘗麥解》亦有「作筴」。此皆作冊一官之見於古書者。其見於古器者，則癸亥父己鼎云：「王賞作冊豐貝。」睘卣云：「王姜命作冊睘安夷。」伯吳尊蓋云：「宰朏右作冊吳入門。」皆以「作冊」二字冠於人名上，與《書》同例。而吳尊蓋之「作冊吳」，虎敦、牧敦皆作「內史吳」。是「作冊」即內史之明證也。亦稱「作冊內史」。師艅敦：「王呼作冊內史冊命師艅。」冘盉：「王在周，命作冊內史錫冘鹵□□。」亦稱「作命內史」，剌鼎「王呼作命內史冊命剌」是也。內史之長曰「內史尹」，亦曰「作冊尹」。師兌敦：「王呼內史尹冊命師兌。」師晨鼎：「王呼作冊尹冊命師晨。」冘敦：「王受作冊尹者，（假為「書」字。）俾冊命冘。」是也。亦單稱「尹氏」。《詩．大雅》：「王謂尹氏，命程伯休父。」頌鼎、寰盤：「尹氏受王命書。」克鼎：「王呼尹氏冊命克。」師嫠敦：「王呼尹氏冊命師嫠。」是也。或稱「命尹」，（古「命」、「令」同字。「命尹」即「令尹」。楚正卿「令尹」之名蓋出於此。）伊敦「王呼命尹封冊命伊」是也。作冊、尹氏皆《周禮》內史之職，而尹氏為其長。其職在書王命與制祿命官，與大師同秉國政。故《詩．小雅》曰：「赫赫師、尹，民具爾瞻。」又曰：「赫赫師、尹，不平謂何。」又曰：「尹氏、大師，維周之氐，秉國之鈞。」詩人不欲斥王，故呼二執政者而告之。師與尹乃二官，與〈洪範〉之「師尹惟日」、〈魯語〉「百官之政事師尹」同，非謂一人，而「師」其官、「尹」其氏也。《書．大誥》：「肆予告我友邦君越尹氏、庶士御事。」〈多方〉：「誥爾四國、多方越爾殷侯、尹民。」「民」當為「氏」字之誤也。尹氏在邦君、殷侯之次，乃侯國之正卿。殷周之間已有此語。說《詩》者乃以《詩》之「尹氏」為大師之氏，以《春秋》之「尹氏」當之，不亦過乎！且《春秋》之「尹氏」亦世掌其官，因以為氏耳。然則「尹氏」之號，本於內史，《書》之「庶尹」、「百尹」，蓋推內史之名以名之，與「卿事」、「御事」之推史之名以名之者同。然則前古官名多從史出，可以覘古時史之地位矣。

戰國時秦用籀文六國用古文說

余前作〈史籀篇疏證序〉，疑戰國時秦用籀文、六國用古文，並以秦時古器遺文證之。後反覆漢人書，益知此說之不可易也。班孟堅言《倉頡》、《爰歷》、《博學》三篇「文字多取諸《史籀篇》，而字體復頗異，所謂秦篆者也」。許叔重[1]言：「秦始皇帝初兼天下，丞相李斯乃奏同文字，罷其不與秦文合者。斯作《倉頡篇》，中車府令趙高作《爰歷篇》、太史令胡母敬作《博學篇》，皆取《史籀》大篆，或頗省改，所謂小篆者也。」是秦之小篆，本出大篆。而《倉頡》三篇未出、大篆未省改以前，所謂秦文，即籀文也。司馬子長曰：「秦撥去古文。」揚子雲曰：「秦剗滅古文。」許叔重曰：「古文由秦絕。」案：秦滅古文，史無明文。有之，惟有一文字與焚《詩》、《書》二事。六藝之書行於齊、魯，爰及趙、魏，而罕流布於秦，（猶《史籀篇》之不行於東方諸國。）其書皆以東方文字書之。漢人以其用以書六藝，謂之古文。而秦人所罷之文，與所焚之書，皆此種文字。是六國文字即古文也。觀秦書八體中有大篆，無古文。而孔子壁中書與《春秋左氏傳》，凡東土之書，用古文，不用大

1 許慎，字叔重，生卒年不詳。東漢經學家，師從賈逵，工於古文經學。

篆，是可識矣。故古文、籀文者，乃戰國時東、西二土文字之異名，其源皆出於殷周古文。而秦居宗周故地，其文字猶有豐鎬之遺。故籀文與自籀文出之篆文，其去殷周古文反較東方文字（即漢世所謂「古文」。）為近。自秦滅六國，席百戰之威，行嚴峻之法，以同一文字，凡六國文字之存於古籍者，已焚燒剗滅；而民間日用文字，又非秦文不得行用。觀傳世秦權、量等，「始皇廿六年詔」後多刻「二世元年詔」，雖亡國一二年中，而秦法之行如此，則當日同文字之效可知矣。故自秦滅六國以至楚漢之際，十餘年間，六國文字遂遏而不行。漢人以六藝之書皆用此種文字，又其文字為當日所已廢，故謂之「古文」。此語承用既久，遂若六國之古文即殷周古文，而籀、篆皆在其後，如許叔重〈說文序〉所云者，蓋循名而失其實矣。

史記所謂古文說

自秦併天下，同一文字，於是篆、隸行，而古文、籀文廢。然漢初古文、籀文之書，未嘗絕也。《史記．張丞相列傳》：「張丞相蒼好書律曆。秦時為御史，典柱下方書。」而許氏〈說文序〉言「北平侯張蒼獻《春秋左氏傳》」，蓋即「柱下方書」之一。是秦柱下之書至漢初未亡也。〈太史公自序〉言「秦撥去古文，焚滅《詩》、《書》，故明堂石室金匱玉版圖籍散亂」，而武帝元封三年，司馬遷「為太史令，紬史記石室金匱之書」。是秦石室金匱之書，至武帝時未亡也。故太史公修《史記》時所據古書，若〈五帝德〉、若〈帝繫姓〉、若《諜記》、若《春秋曆譜諜》、若《國語》、若《春秋左氏傳》、若《孔氏弟子籍》，凡先秦六國遺書非當時寫本者，皆謂之「古文」。〈五帝本紀〉云：「孔子所傳宰予〈五帝德〉及〈帝繫姓〉，儒者或不傳。余嘗西至崆峒，北過涿鹿，東漸於海，南浮江淮矣，至長老皆各往往稱黃帝、堯、舜之處，風教固殊焉。總之不離古文者近是。」《索隱》云：「古文，謂《帝德》、《帝繫》二書也。」是〈五帝德〉及〈帝繫姓〉二篇，本古文也。〈三代世表〉云：「余讀《諜記》，黃帝以來皆有年數。稽其《曆譜諜》、《終始五德》之〈傳〉，古文悉不同乖異。」

是《諜記》與《終始五德傳》（褚先生補〈三代世表〉引《黃帝終始傳》。是《終始五德傳》亦書名。）亦古文也。〈十二諸侯年表〉云：「太史公讀《春秋曆譜諜》。」又云：「《譜諜》獨記世謚，其辭略，欲一觀諸要難。於是譜十二諸侯，自共和始，迄孔子，表見《春秋》、《國語》學者所譏盛衰大指著於篇，為成學治古文者要刪焉。」由是言之，太史公作〈十二諸侯年表〉，實為《春秋》、《國語》作目錄，故云「為成學治古文者要刪」。是《春秋》、《國語》皆古文也。〈吳太伯世家〉云：「余讀《春秋》古文，乃知中國之虞與荊蠻句吳兄弟也。」此即據《左氏傳》宮之奇所云「太伯、虞仲，太王之昭者」以為說，而謂之《春秋》古文。是太史公所見《春秋左氏傳》亦古文也。〈七十二弟子列傳〉云：「《弟子籍》出孔氏古文近是。」此「孔氏古文」非謂壁中書，乃謂孔氏所傳舊籍，而謂之「古文」，是《孔子弟子籍》亦古文也。然則，太史公所謂「古文」，皆先秦寫本舊書，其文字雖已廢不用，然在當時，尚非難識。故〈太史公自序〉云：「年十歲則誦古文。」太史公自父談時已掌天官，其家宜有此種舊籍也。惟六藝之書為秦所焚，故古寫本較少。然漢中祕有《易》古文經，河間獻王有古文先秦舊書《周官》、《尚書》、《禮》、《禮記》，固不獨孔壁書為然。至孔壁書出，於是《尚書》、《禮》、《春秋》、《論語》、《孝經》皆有古文。孔壁書之可貴，以其為古文經故，非徒以其文字為古文故也。蓋漢景、武間，距用古文之戰國時代不及百年，其識古文當較今日之識篆、隸為易。乃《論衡．正說篇》謂「魯恭王得百篇《尚書》於屋壁中。使使者取視，莫能讀者。」作偽孔安國〈尚書序〉者仍之，謂「科斗書廢已久，時人莫能知」。衛恆《四體書勢》亦云：「漢武時，魯恭王壞孔子宅，得《尚書》、《春秋》、《論語》、《孝經》，時人已不復知有古文，謂之『科斗書』。」是亦疏矣。求之《史記》，但云「孔氏有古文《尚書》，而安國以今文讀之。因以起其家。逸《書》得十餘篇。」此數語，自來讀者多失其解。王氏念孫《讀書雜志》用其子伯申氏之說曰：「當讀『因以起其家』為句，『逸《書》』二字連下讀。『起』，興起也。『家』，家法也。漢世《尚書》多用今文，自孔氏治古文經，讀之、說之，傳以教人，其後遂有古文家。是古文家法自孔氏興起也。故曰『因以起其家。』」（又云：「《漢書．藝文志》曰：『凡《書》九家。』謂孔氏古文、伏生《大傳》、歐陽、大小夏侯說，及劉向《五行傳記》、許商《五行傳記》、《逸周書》、《石渠議奏》也。〈劉歆傳〉曰：『數家之事，皆先帝所親論，今上所考視，謂逸《禮》、古文《尚書》、《春秋左氏》也。』是古文《尚書》自為一家之證。〈書序〉正義引劉向《別錄》曰：『武帝末，民間有得〈泰誓〉，獻之與博士，使讀說之，數月皆起。』《後漢書．桓郁傳》注引華嶠書：『明帝問郁曰：「子幾人能傳學？」郁曰：「臣子皆未能傳學。孤兄子一人學方起。」帝曰：「努力教之，有起者，即白之。」』是『起』謂其學興起也。」）蓋古文《尚書》初出，其本與伏生所傳頗有異同，而尚無章句、訓詁。安國因以今文定其章句，通其假借，讀而傳之，是謂「以今文讀之」。其所謂「讀」，與班孟堅所謂「齊人能正《倉頡》讀」、馬季長所謂「杜子春始通《周官》讀」之「讀」無以異也。然則安國之於古文《尚書》，其事業在「讀之、起之」。至於文字，蓋非當世所不復知，如王仲任輩所云也。自武、昭以後，先秦古書傳世益少，其存者往往歸於祕府，於是「古文」之名漸為壁中書所專有。然祕府古文之書，學者亦類能讀之。如劉向以中古文《易經》校施、孟、梁丘經及費氏經，以中古文《尚書》校歐陽、大小夏侯三家經文。又謂《禮古經》與十七篇文多相似，多三十九篇；謂《孝經》諸家說不安處，古文字讀皆異。劉歆校祕書，見古文《春秋左氏傳》，大好之。子政父子[1]皆未聞受古文字學，而均能讀其書，是古文迄於西京之末，尚非難識如王仲任輩所云也。嗣是迄後漢，如杜伯山[2]、衛敬仲[3]、徐巡[4]、班孟堅、賈景伯[5]、馬季長[6]、鄭康成之徒，皆親見壁中書或其傳寫之本，然未有苦其難讀者。是古文難讀之說，起於王仲任輩未見壁中書者。其說至魏晉之間而大盛，不知漢人初未嘗有是事也。

---

1 指劉向、歆父子。劉向，字子政，西漢人，著有《別錄》等書。

2 杜林，字伯山，生卒年不詳。曾於西州得漆書《古文尚書》一卷。

3 衛宏，字敬仲，生卒年不詳。曾從杜林學《古文尚書》。

4 生卒年不詳。曾師事衛宏，後受學於杜林。其以儒學聞名，自此古學大興。

5 三〇—一〇一，賈逵，字景伯，東漢經學家。著作繁多，有《春秋左氏傳解詁》、《國語解詁》等，逮宋時皆已亡佚。

6 七九—一六六，馬融，字季長，東漢經學家，鄭康成之師。注釋《周易》、《尚書》、《毛詩》等諸書。

漢書所謂古文說

後漢之初所謂「古文」者，專指孔子壁中書。蓋自前漢末亦然。〈說文敘〉記亡新「六書」，一曰「古文」，孔子壁中書也；二曰「奇字」，即古文而異者也。《漢書．藝文志》所錄經籍冠以「古文」二字若「古」字者，惟《尚書古文經》四十六卷、（為五十七篇。）《禮古經》五十六卷、《春秋古經》十二篇、《論語》古二十一篇、《孝經古孔氏》一篇，皆孔子壁中書也。（惟《禮古經》有淹中及孔壁二本。）然中祕古文之書，固不止此。司馬子長作《史記》時所據石室金匱之書，當時未必盡存，固亦不能盡亡。如〈六藝略〉所錄《孔子徒人圖法》二卷，未必非太史公所謂《弟子籍》；〈數術略〉所錄《帝王諸侯世譜》二十卷、《古來帝王年譜》五卷，未必非太史公所謂《諜記》及《春秋曆譜諜》。而志於諸經外書，皆不著「古」、「今」字。蓋諸經之冠以「古」字者，所以別其家數，非徒以其文字也。六藝於書籍中為最尊，而古文於六藝中又自為一派，於是「古文」二字，遂由書體之名，而變為學派之名。故〈地理志〉於古文《尚書》家說，亦單謂之「古文」。如右扶風「汧縣」下云：「吳山在西，古文以為汧山。」又「武功」下云：「太壹山，古文以為終南。垂山，古文以為敦物。皆在縣東。」潁川郡「崇高」下云：「古文以崇高為外方山。」江夏郡「竟陵」下云：「章山在東，古文以為內方山。」又「安陸」下云：「橫尾山在北，古文以為陪尾山。」東海郡「下邳」下云：「葛繹山，古文以為嶧陽。」會稽郡「吳縣」下云：「具區澤在西，揚州藪，古文以為震澤。」豫章郡「歷陵」下云：「傅易山、傅易川在南，古文以為敷淺原。」武威郡「武威」下云：「休屠澤在東北，古文以為豬野澤。」張掖郡「居延」下云：「居延澤在東北，古文以為流沙。」凡汧山、終南、敦物、外方、內方、陪尾諸名，歐陽、大小夏侯三家經文用字或異，而名稱皆同。而〈地理志〉獨云「古文以為」者，蓋古文《尚書》家如王璜、（〈儒林傳〉作「王璜」，〈溝洫志〉作「王橫」。）桑欽、杜林等說〈禹貢〉，以右扶風汧縣之吳山為〈禹貢〉之汧山，以武功之太壹、垂山為〈禹貢〉之終南、敦物。是〈地理志〉所謂「古文」，非以文字言，而以學派言也。其以文字言者，則亦謂之「古文」或謂之「古文字」。〈郊祀志〉言「張敞好古文字」，又載敞〈美陽得鼎議〉曰：「臣愚不足以跡古文。」是孔壁書外之彝器文字，亦謂之「古文」，與許叔重謂鼎彝之銘皆「前代之古文」同。然後漢以降，凡言「古文」者，大抵指壁中書。故許叔重言『古文』者，孔子壁中書」；又云「孔氏古文」也。

說文所謂古文說

許叔重〈說文解字敘〉言「古文」者凡十，皆指漢時所存先秦文字言之。其一曰：「周宣王太史籀著大篆十五篇，與古文或異。」此「古文」似指《倉頡》以來，迄五帝、三王之世，改易殊體之文字，即余前所謂「殷周古文」，以別於戰國古文者。實則不然。叔重但見戰國古文，未嘗多見殷周古文。〈敘〉云：「郡國往往於山川得鼎彝，其銘即前代之古文，皆自相似。」潘文勤公[1]〈攀古樓彝器款識序〉遂謂：「《說文》中古文，本於經文者，必言其所出；其不引經者，皆憑古器銘識也。」吳清卿中丞[2]則謂：「《說文》中古文皆不似今之古鐘鼎，亦不言某為某鐘、某為某鼎字，必嚮拓以前，古器無氈墨傳布，許君未能足徵。」余案：吳說是也。拓墨之法，始於南北朝之拓石經，浸假而用以拓秦刻石。至拓彝器文字，趙宋以前，未之前聞。則郡國所出鼎彝，許君固不能一一目驗，又無拓本

1 一八三〇—一八九〇，潘祖蔭，賜謚文勤。晚清政府要員，好藏金石碑版、鐘鼎彝器等古物古玩。著有《攀古樓彝器款識》等書。

2 一八三五—一九〇二，吳大澂，原名吳大淳，字清卿。清代金石學者，著有《古籀補》、《古字說》兩種。

可致，自難據以入書。全書中所有重文、古文五百許字，皆出壁中書及張蒼所獻《春秋左氏傳》；其在正字中者亦然。故其所謂「籀文與古文或異者」，非謂史籀大篆與史籀以前之古文或異，而實謂許君所見《史籀》九篇與其所見壁中書時或不同。以其所見《史籀篇》為周宣王時書，所見壁中古文為殷周古文，乃許君一時之疏失也。其二曰：「至孔子書六經，左丘明述《春秋》，皆以古文。」此亦似謂殷周古文。然無論壁中所出與張蒼所獻，未必為孔子及丘明手書。即其文字亦當為戰國文字，而非孔子及丘明時之文字。何則？許君此語實根據所見壁中諸經及《春秋左氏傳》言之。彼見其與《史籀篇》文字不類，遂以為即殷周古文。不知壁中書與《史籀篇》文字之殊，乃戰國時東、西二土文字之殊。許君既以壁中書為孔子所書，又以為即用殷周古文，蓋兩失之。故此二條所云「古文」，雖似謂殷周古文，實皆據壁中古文以為說。惟〈敘〉末云「其稱《易》孟氏、《書》孔氏、《詩》毛氏、《禮》、《周官》、《春秋左氏》、《論語》、《孝經》皆古文也」，此「古文」二字乃以學派言之，而不以文字言之，與《漢書．地理志》所用「古文」二字同意，謂說解中所稱多用孟、孔、毛、左諸家說，皆古文學家，而非今文學家也。（《易》孟氏非古文學家，特牽率書之。）其餘所云「古文」者六，皆指先秦古文。其尤顯明者，曰「古文者，孔子壁中書也」，曰「皆不合孔氏古文」，又申之曰：「壁中書者，魯恭王壞孔子宅而得《禮記》、《尚書》、《春秋》、《論語》、《孝經》，又北平侯張蒼獻《春秋左氏傳》。」其示《說文》中所收古文之淵源，最為明白矣。至其述山川鼎彝，又分別言之曰：「其銘即前代之古文，皆自相似。」云「前代之古文」者，所以別於孔壁之古文；云「皆自相似」者，以明與孔壁古文不甚相似也。漢代鼎彝所出無多，《說文》古文又自成一系，與殷周古文截然有別。其全書中正字及重文中之古文，當無出壁中書及《春秋左氏傳》以外者。即有數字不見於今經文，亦當在逸經中，或因古今經字有異同之故。學者苟持此說以讀《說文》，則無所凝滯矣。

流沙墜簡序

光緒戊申，英人斯坦因博士[1]訪古於我新疆、甘肅，得漢、晉木簡千餘以歸，法國沙畹博士[2]為之考釋。越五年，癸丑歲暮，乃印行於倫敦。未出版，沙氏即以手校之本寄上虞羅叔言參事，參事復與余重行考訂。握槧踰月，粗具條理，乃略考簡牘出土之地，弁諸篇首，以諗讀是書者。案：古簡所出，厥地凡三：一為敦煌迤北之長城，二為羅布淖爾北之古城，其三則和闐東北之尼雅城及馬咱托拉、拔拉滑史德三地也。敦煌所出，皆兩漢之物。出羅布淖爾北者，其物大抵上自魏末，迄於前涼。其出和闐旁三地者，都不過二十餘簡，又皆無年代可考；然其最古者猶當為後漢遺物，其近者亦當在隋唐之際也。今略考諸地古代之情狀，而闕其不可知者，世之君子以覽觀焉。

1 Marc Aurel Stein，一八六二－一九四三，著名英國考古學家、語言學家。四次出使中亞考察，尤其著重新疆、甘肅一帶。公開敦煌遺書的存在，賤買諸多文物並攜回英國。

2 Édouard Émmannuel Chavannes，譯名為沙瓦納，一八六五－一九一八，法國漢學家，為敦煌學研究先驅，有「歐洲漢學泰斗」之稱。

漢代簡牘出於敦煌之北，其地當北緯四十度，自東經（據英國固林威志經度。）九十三度十分至九十五度二十分之間。出土之地，東西綿亙二度有餘，斯氏以此為漢之長城，其說是也。案：秦之長城，西迄臨洮；及漢武帝時，匈奴渾邪王降漢，以其地為武威、酒泉郡；（元狩三年。）後又分置張掖、敦煌郡，（元鼎六年。）始築令居，以西列四郡，據兩關焉。此漢代築城事之見於史者，不言其迄於何地也。其見於後人記載者，則法顯《佛國記》云：「敦煌有塞，東西可八十里，南北四十里。」《晉書．涼武昭王傳》云：「玄盛乃修敦煌舊塞東西二圍，（「東西」疑「東北」之訛。）以防北虜之患；築敦煌舊塞西南二圍，以威南虜。」案唐《沙州圖經》，則沙州有古塞城、古長城二址：「塞城周迴州境，東在城東四十五里，西在城西十五里，南在州城南七里，北在州城北五里」；「古長城則在州北六十三里，東至階亭烽一百八十里，入瓜州常樂縣界，西至曲澤烽二百一十二里，正西入磧，接石城界」云云。李暠所修，有東、西、南、北四圍，當即《圖經》之古塞城。法顯所見僅有縱橫二圍，其東西行者，或即《圖經》之古長城，而里數頗短，蓋城在晉末當已頹廢，而《圖經》所記東西三百里者，則窮其廢址者也。此城遺址，《圖經》謂在州北六十三里。今木簡出土之地，正直其所，實唐《沙州圖經》所謂古長城也。前漢時，敦煌郡所置三都尉，皆治其所。都尉之下，又各置候官。由西而東，則首玉門都尉下之大煎都候官、玉門候官；（皆在漢龍勒縣境。）次則中部都尉所屬之平望候官、步廣候官；（漢敦煌縣境。）又東則宜禾都尉所屬各候官。（漢效穀、廣至二縣境。以上說均見本書《屯戍叢殘》「烽燧類」考釋中及附錄〈烽燧圖表〉。）又東入酒泉郡，則有酒泉西部都尉所治之西部障、北部都尉所治之偃泉障；又東北入張掖郡，則有張掖都尉所治之遮虜障，疑皆沿長城置之。今日酒泉、張掖以北，長城遺址之有無雖不可知，然以當日之建置言之，固宜如是也。今斯氏所探得者，敦煌迤北之長城，當〈漢志〉敦煌、龍勒二縣之北境，尚未東及廣至界，漢時簡牘即出於此，實漢時屯戍之所，又由中原通西域之孔道也。長城之說既定，玉門關之方位亦可由此決。玉門一關，〈漢志〉繫於敦煌郡龍勒縣下。嗣是《續漢書．郡國志》、《括地志》、《元和郡縣志》、兩《唐書．地理志》、《太平寰宇記》、《輿地廣記》，以至近代官私著述，皆以漢之玉門關在今敦煌西北。惟《史記．大宛列傳》云：「太初二年，貳師將軍李廣利伐大宛，還至敦煌，請罷兵，益發而復往。天子聞之，大怒，而使使遮玉門，曰：『軍有敢人者，輒斬之。』貳師恐，因留敦煌。」沙畹博士據此以為，太初二年前之玉門關尚在敦煌之東，其徙敦煌西北則為後日之事。其說是也。案〈漢志〉，酒泉郡有玉門縣，顏師古注引闞駰《十三州志》，謂「漢罷玉門關屯，徙其人於此」。余疑玉門一縣正當酒泉出敦煌之孔道，太初以前之玉門關當置於此，闞駰「徙屯」之說未必確也。嗣後關城雖徙，而縣名尚仍其故，雖中更廢置，迄於今日，尚名「玉門」，故古人有誤以玉門縣為玉門關者。後晉高居誨《使于闐記》云：「至肅州後渡金河，西百里出天門關，又西百里出玉門關。」高氏所謂玉門關，實即自漢迄今之玉門縣也。（唐之玉門軍亦置於此，而玉門關則移於瓜州境。《元和郡縣志》云玉門關在瓜州晉昌縣西二里，而以在壽昌縣西北者為玉門故關，則唐之玉門關復徙而東矣。）漢時西徙之關，則《括地志》始記其距龍勒之方向道里，曰「玉門關在縣（漢之龍勒，在唐為壽昌縣。）西北一百十八里」，（《史記·大宛傳》正義引。）《舊唐書·地理志》、《元和志》、《寰宇記》、《輿地廣記》均襲其文。近秀水陶氏《辛卯侍行記》[3]記漢玉門、陽關道路，謂「自敦煌西北行百六十里之大方盤城，為漢玉門關故地」，又謂「其西七十里有地名西湖，有邊牆遺址及烽墩數十所」。斯氏亦於此發見關城二所：一在東經九十四度以西之小鹽湖，一在東經九十三度三十分，相距二十餘分，與大方盤城及西湖相去七十里之說相近。然則當九十四度稍西者，殆即陶《記》之大方盤城；當九十三度三十分者，殆即陶氏所謂西湖耶？沙畹博士疑九十四度稍西之廢址為太初以前之玉門關，而在其西者，乃其後徙之處。余則謂太初以前之玉門關，當在酒泉郡玉門縣。如在東經九十四度、北緯四十度間，則仍在敦煌西北，與《史記·大宛傳》之文不合。而太初以後之玉門關，以《括地志》所記方位道里言之，則在唐壽昌縣西北百一十八里。今自敦煌西南行一百四十里，有巴彥布喇汎，陶氏以為唐壽昌縣故址。自此西北百一十八里，迄於故塞，則適在東經九十四度、北緯四十度之交。則當九十四度稍西之廢址，實為太初以後之玉門關，而當九十三度三十分者，當為玉門以西之他障塞。蓋漢武伐宛之後，西至鹽澤，往往起亭。又據《沙州圖經》，則古長城遺址且西入蹟中，則玉門以西亦當為漢時屯戍之所，未足據以為關城之證也。故博士二說之中，余取其一，但其地為〈漢志〉龍勒縣之玉門關，而非《史記·大宛傳》之玉門，則可信也。其西徙之年，史書

3 秀水陶氏即陶葆廉，一八六二－一九三八，浙江秀水人，清末學者。著有《辛卯侍行記》、《測地膚言》等書。

不記。今據斯氏所得木簡，則有武帝太始三年玉門都尉護眾文書，（《屯戍叢殘》第一頁。）其時關城當已西徙於此，上距太初二年不過十載，是其西徙必在李廣利克大宛之後，（太初四年。）西起亭至鹽澤之時也。又漢及新莽時玉門都尉所有版籍皆出於此，可為〈漢志〉玉門關之鐵證，不獨與古書所記一一吻合而已。

至魏晉木簡殘紙，則出於羅布淖爾涸澤北之古城稍西，於東經九十度，當北緯四十度三十一分之地。光緒庚子，俄人希亭[4]始至此地，頗獲古書。後德人喀爾亨利[5]及孔拉第[6]二氏據其所得遺書，定此城為古樓蘭之墟。沙畹博士考證斯坦因博士所得遺物，亦從其說。余由斯氏所得簡牘，及日本橘瑞超[7]氏於此所得之西域長史李柏二書，知此地決非古樓蘭。其地當前涼之世，實名「海頭」，而《漢書·西域傳》及《魏略·西戎傳》之「居盧倉」、《水經·河水注》之「龍城」，皆是地也。何以知其

---

4 疑為瑞典人斯文赫定(Sven Anders Hedin)，一八六五—一九五二，地理學家、探險家。於一九〇一年發現樓蘭（今已證實其所發現非古樓蘭城）。

5 Karl Himly，多譯為希姆來，德國語言學家。研究斯文赫定於羅布泊所得文物，發現文物多有「Kroralna」一詞，並推測斯文赫定所發現之古城為樓蘭。

6 August Conrady，多譯為孔好古。一八六四—一九二五，德國漢學家，翻譯斯文赫定於羅布泊所得文物。

7 一八九〇—一九六八，明治、昭和時代日本淨土真宗僧人、探險家。曾隨日本探險隊赴中國，並獨自於樓蘭探險，得前涼西域長吏的書信草稿〈李柏文書〉；其後再次赴中亞，搜購莫高窟文物，一時行蹤不明，後與日本探險隊於敦煌偶遇。

非古樓蘭也？曰：斯氏所得簡牘中，其中言樓蘭者凡三：一曰「帳下督薛明言，謹案文書，前至樓蘭□還守隄兵」，（本書《屯戍叢殘》第三頁。）此為本地部將奉使至樓蘭後所上之文書，蓋不待言；二曰「八月廿八日，樓蘭白疏，惲惶恐白」；（本書《簡牘遺文》第四頁。）其三曰「樓蘭□白」。（同上。）而細觀他書疏之例，則或云「十月四日具書焉耆元頓首」，（同上。）或云「敦煌具書，畔毗再拜」，（同上第五頁。）皆於姓名前著具書之地。以此推之，則所云「樓蘭白疏，惲惶恐白」者，必為自樓蘭所致之疏。其書既自樓蘭來，則其所抵之地不得為樓蘭矣。此遺物中之一確證也。更求之地理上之證據，亦正不乏。《水經．河水注》云：「河水東逕墨山國南，又東逕注賓城南，又東逕樓蘭城而東注，河水又東逕於泑澤，即《經》所謂蒲昌海也」云云。案：「河水」者，今之寬車河或塔里木河；「泑澤」與「蒲昌海」者，今之羅布淖爾也。則樓蘭一城，當在塔里木河入羅布淖爾處之西北，亦即在淖爾西北隅。此城則在淖爾東北隅。此其不合者一也。古樓蘭國自昭帝元鳳四年徙居羅布淖爾西南之鄯善後，國號雖改，而城名尚存。《後漢書．班勇傳》：「議遣西域長史將五百人屯樓蘭，西當焉耆、龜茲徑路，南強鄯善、于闐心膽，北扞匈奴，東近敦煌。」〈楊終傳〉亦言「遠屯伊吾、樓蘭、車師、戊己」，《魏略》言「過龍堆到故樓蘭」，皆謂羅布淖爾西北之樓蘭城。故東方人之呼淖爾也，曰「泑澤」，曰「鹽澤」，曰「蒲昌海」；而自西方來者，則呼之曰「牢蘭海」。《水經．河水注》引釋氏《西域記》：「南河自于闐於東北三千里，至鄯善入牢蘭海」是也。古牢、樓同音，〈士喪禮〉「牢中」鄭注：「牢，讀為樓。」蓋自西方來，必先經樓蘭城而後至羅布淖爾，故名此淖爾曰「牢蘭海」。(《史記正義》引《括地志》作「穿蘭海」，字之誤也。) 此又樓蘭在淖爾西北之一證。此其不合二也。故曰希、斯二氏所發見淖爾東北之古城，決非古樓蘭也。然則其名可得而言之歟？曰：由橘氏所得李柏二書觀之，此地當前涼之世實名「海頭」。李書二紙，其中所言之事同，所署之月日同，所遣之使者同，實一書之二草稿，可決其為此城中所書，而非來自他處者也。其一書曰「今奉臺使來西，月二日到此」，「此」字旁注「海頭」二字；其二曰「詔家見遣使來慰勞諸國，月二日來到海頭」。或云「此」，或云「海頭」，則此地在前涼時固名「海頭」。海頭之名，諸史未見，當以居蒲昌海東頭得名，未必古有此稱也。求古籍中與此城相當之地，惟《水經》之「龍城」足以當之。《水經．河水注》：「蒲昌海，水積鄯善之西北，龍城之東南。龍城，故姜賴之墟，胡之大國也。蒲昌海溢，盪覆其國。城基尚存而至大，晨發西門，莫達東門」云云，其言頗誇大難信，然其所記龍城方位，正與此城相合。又據其所云「姜賴之墟」，(酈注此事，本《涼州異物志》。《太平御覽》八百六十五引《異物志》云：「姜賴之墟，今稱龍城。恆谿無道，以感天廷，上帝震怒，溢海蕩傾，剛鹵千里，蒺藜之形，其下有鹽，累棋而生。」原注：「姜賴，胡國名也。」酈注檃栝其事。) 可以知此城漢時之名焉。案：各史〈西域傳〉絕不聞有姜賴國，惟漢魏時，由玉門出蒲昌海孔道以達樓蘭、龜茲，中間有「居盧倉」一地。姜、居，賴、盧，皆一聲之轉。準以地望，亦無不合。何以言之？《漢書．西域傳》：「烏孫烏就屠襲殺狂王，自立為昆彌。漢遣破羌將軍辛武賢將兵萬五千人至敦煌，遣使者案行表，穿卑鞮侯井以西，欲通渠轉穀，積居盧倉以討之。」孟康曰：「卑鞮侯井，大井六通渠也，下流湧出，在白龍堆東土山下。」夫井之下流在白龍堆東，而居廬倉則在井西，其地望正與此城合。《魏略．西戎傳》（〈魏志・烏丸傳〉注引。）云：「從玉門關西出，發都護井，迴三隴沙北頭，經居廬倉，從沙西井轉西北，過龍堆，到故樓蘭，轉西詣龜茲，為西域中道。」案：今敦煌塞外大沙磧，古人或總稱之曰「白龍堆」，（《漢書・地理志》「敦煌郡」下云「正西關外有白龍堆沙」，〈西域傳〉云「樓蘭當白龍堆」，孟康言「卑鞮侯井……，在白龍堆東土山下」，是敦煌以西、樓蘭以東之沙磧，皆謂之「白龍堆」也。）或總名之曰「三隴沙」，（《廣志》：「流沙在玉門關外，東西二千里，南北數百里，有斷石，曰三隴。」則似以「三隴沙」為沙磧總名也。）而《魏略》之文殊為分曉，其在東南者，謂之曰「三隴沙」；而在西北者，則專有「白龍堆」之名。今此城適在大沙磧之中間，又當玉門、樓蘭間之孔道，與《魏略》之「居廬倉」地望正合，則其為漢之居廬倉無疑。又觀《魏略》、《水經注》所記，蒲昌海北岸之地僅有二城，其在西者，二書均謂之「樓蘭」；則在東者，舍「居廬」、「姜賴」奚屬矣？然則此城之稱，曰「居廬」，曰「姜賴」，乃漢時之舊名。曰「海頭」，則魏晉以後之新名；而「龍城」，則又西域人所呼之異名也。（《水經注》所記，出《涼州異物志》，疑亦用釋氏《西域記》。觀「晨發西門，莫達東門」二語，可知為西方人所記。即令為《異物志》語，恐亦本之西域賈胡也。）此地自魏晉以後為西域長史治所，亦有數證。橘氏所得李柏二書，既明示此事；斯氏於此所得簡牘中，有書函之檢署，曰「因王督致西域長史張君坐前，元言疏」，（《簡牘遺文》第一頁。）又有出納簿書，上署「□西域長史文書事，□中闞□」。（《屯戍叢殘》第十一頁。）一為抵長史之書，一則著長史之屬，則西域長史曾駐此地，蓋無可疑。此二簡皆無年月，不能定其為魏晉及前涼之物，然參伍考之，則魏晉間已置西域長史於此，不自前涼始矣。案《後漢書．西域傳》，西域長史實屯柳中，以行都護之事。（後漢之初，亦放西京之制，以都護統西域，未幾而罷。後班超以將兵長史平定西域，遂為都護，未幾復罷。嗣是索班以行敦煌長史出屯伊吾。索班歿後，班勇建議遣西域長史屯樓蘭。延光三年，卒以勇為西域長史，出屯柳中，不復置都護，自是長史遂攝行都護事矣。）故《漢書》記西域諸國道里，以都護治所烏壘城為據；而《後漢書》所記，則以長史所治柳中為據。逮漢末，中原多事，不遑遠略，敦煌曠無太守且二十載，（〈魏志・倉慈傳〉）則柳中之屯與長史之官，必廢於是時矣。魏黃初元年，始置涼州刺史，（〈張既傳〉。）並以尹奉為敦煌太守。（〈閻溫傳〉。）三年，鄯善、龜茲、于闐各遣使貢獻，西域遂通，置戊己校尉，（文帝紀。）以行敦煌長史張恭為之。（〈閻溫傳〉。）而西域長史之置，不見紀傳，惟〈倉慈傳〉言：「慈太和中遷敦煌太守，數年卒官。西域諸胡聞慈死，共會聚於戊己校尉及長吏治下發哀。」「長吏」二字，語頗含混。後漢以來，西域除西域長史、戊己校尉外，別無他長吏，魏當仍之，則「長吏」二字必「長史」之訛也。又據斯氏所得一簡，云：「西域長史承移：今初除，月廿三日當上道，從上邽至天水。」以簡中所記地名考之，實為自魏至晉太康七年間之物。（見《屯戍叢殘考釋》。）恐西域長史一官，自黃初以來即與戊己校尉同置，惟其所治之地，不遠屯柳中，而近據海頭，蓋魏晉間中國威力已不如兩漢盛時，故近治海頭，與邊郡相依倚，此又時勢所必然者矣。至前涼時，西域長史之官始見於史，（《晉書・張駿傳》。）而《魏書．張駿傳》則又稱為「西域都護」。〈傳〉言：「駿分敦煌、晉昌、高昌三郡，西域都護、戊己校尉、玉門大護軍三營為沙州，以西胡校尉楊宣為刺史。」（《晉書・地理志》亦引此文，錯亂不可讀。）案：張駿時，西域有長史無都護，「都護」二字必「長史」之誤，或以其職掌相同而互稱之。斯氏於此地所得一簡，云「今遣大侯究犁與牛詣營下受試」，（《屯戍叢殘》第三頁。）稱長史所居為「營下」；又斯氏於尼雅北古城所得木簡，有「西域長史營寫鴻臚書」語，（本書〈補遺〉。）此又《魏書．張駿傳》之三營，其一當為西域長史之證也。此三營者，戊己校尉屯高昌，（《晉書・張駿傳》：「初，戊己校尉趙貞不附於駿，至是，駿擊禽之，以其地為高昌郡。」）玉門大護軍屯玉門，而西域長史則屯海頭，以成鼎足之勢。則自魏晉迄涼，海頭為西域重地，蓋不待言。張氏以後，呂光、李暠及沮渠蒙遜父子迭有其地。後魏真君之際，沮渠無諱兄弟南併鄯善，北取高昌，此城居二國之間，猶當為一重鎮。逮魏滅鄯善、蠕蠕，據高昌，沮渠氏亡，此城當由是荒廢。作《涼州異物志》者，乃有「海水溢覆」之說，而酈氏注《水經》用之。顧周隋以前，磧道未閉，往來西域者尚取道於此，故酈氏猶能言其大略。然非希、斯諸氏之探索，殆不能知為古代西域之重地矣。

其餘木簡，出於和闐所屬尼雅城北及馬咱託拉、拔拉滑史德三地者，其數頗少。尼雅廢墟，斯氏以為古之精絕國。案：今官書，尼雅距和闐七百十里，與《漢書．西域傳》、《水經．河水注》所記精絕去于闐道里數合，而與所記他國去于闐之方向、道里皆不合，則斯氏說是也。《後漢書．西域傳》言「光武時，莎車王賢誅滅諸國，賢死（明帝永平四年。）之後，遂更相攻伐。小宛、精絕、戎盧、且末為鄯善所併」，故范《書》無精絕國傳。今尼雅所出木簡十餘，隸書精妙，似漢末人書跡，必在永平以後。所署之人，曰「王」，曰「大王」，曰「且末夫人」，蓋且末王女為精絕王夫人者。蓋後漢中葉以後，且末、精絕仍離鄯善而自立也。考釋既竟，爰序其出土之地，並其關於史事之犖犖大者如右，其戍役情狀與言制度名物者，並具考釋中，茲不贅云。甲寅正月。

第四輯

宋元戲曲——

《宋元戲曲史》與《二牖軒隨錄》（選錄）

提要

一九〇八年，王國維將自己的居所命名為「學學山海居」，其中隱含了他此時研究的主要動向——由「詞山」轉往「曲海」。先是對於詞的興趣，由創作延伸到「詞話」理論推衍，再進而往下探索詞曲間的文類歷史挪移改易，寫了《戲曲考源》，然後他燃起雄心，仿效明代號稱「詞山曲海」的文人李中麓，廣為蒐集歷來戲曲目錄，編撰為《曲錄》。

站在《曲錄》龐大史料的基礎上，王國維開始創發《宋元戲曲考》。從一九一二年開筆，只花了兩三個月時間，就先在《東方雜誌》上連載，之後由商務印書館以《宋元戲曲史》的書名印行出版。不過他從一開始就對商務頗有微詞，除了抱怨「潤筆」太低之外，也不滿意分卷與書名安排。他自己屬意的正式書名，是《宋元戲曲考》。

這本書著重要「考」的，是中國戲曲的成就。動機是為了修正許多人認為相較於西方，中國戲劇不發達的看法。王國維自己原本也抱持這樣的態度，抬高與文人關係密切的「詞」，而輕忽在勾欄、戲臺上扮演的「曲」。然而蒐集《曲錄》過程中，王國維不只認識到了因為不受文人重視，「曲」

這個文類作品散逸得多麼嚴重，進而大量閱讀從各方「出土」的戲曲作品，他做出了和原有刻板印象徹底相反的評價。

他高抬關漢卿《竇娥冤》是「一空依傍，自鑄偉詞」的巨作，這部作品和其他元劇傑作，即使列於莎士比亞等世界大悲劇中，絕無愧色。

《宋元戲曲考》分四大部分。第一部分是溯源戲劇至歌舞，舞又來自「巫」，「巫」之後有「優」，戲劇就來自「巫」和「優」的傳統。

第二部分從第二章到第七章，考論唐代有歌舞劇和滑稽劇，要到宋代才出現真正的戲劇。再往下，到了元雜劇，才又出現了真正的「戲曲」。

第三部分從第八章到第十三章，詳細描述了元雜劇的構成，分析了元劇在樂曲與文體上的突破發展。王國維論斷：元雜劇合動作、言語、歌唱三者而成，而且將原本的「敘事體」改為「代言體」，形塑了精采的效果。

王國維同時將元雜劇分為三期，以關漢卿、白樸、馬致遠活躍的第一期定為鼎盛期，盛稱此期產生了「中國最自然的文學」。

第四部分則考察所謂的「南戲」，南北相比，北劇悲壯沉雄，南劇則輕柔曲折，但又特別強調不論南北，這時期的戲劇作品都有「意境」，而且文章都很「自然」。這就是以《人間詞話》所建立起的美學標準為終極依歸了。

第二章　宋之滑稽戲

今日流傳之古劇，其最古者出於金元之間。觀其結構，實綜合前此所有之滑稽戲及雜戲、小說為之。又宋元之際，始有南曲、北曲之分，此二者亦皆綜合宋代各種樂曲而為之者也。今欲溯其發達之跡，當分為三章論之：一、宋之滑稽戲；二、宋之小說雜戲；三、宋之樂曲是也。

宋之滑稽戲，大略與唐滑稽戲同，當時亦謂之雜劇。茲復彙集之如下：

劉攽《中山詩話》：「祥符、天禧中，楊大年、錢文僖、晏元獻、劉子儀以文章立朝，為詩皆宗李義山，後進多竊義山語句。嘗內宴，優人有為義山者，衣服敗裂，告人曰：『吾為諸館職撏撦至此。』聞者歡笑。」

范鎮《東齋記事》（卷一）：「賞花釣魚宴賦詩，往往有宿搆者。天聖中，永興軍進山水石，適置會，命賦山水石，其間多荒惡者，蓋出其不意耳。中坐，優人入戲，各執筆若吟詠狀。其一人忽仆於界石上，眾扶掖起之。既起，曰：『數日來作賞花釣魚詩，準備應制，卻被這石頭擦倒。』左右皆大笑。翌日，降出其詩，令中書銓定，祕閣校理韓義最為鄙惡，落職，與外任。」

張師正《倦游雜錄》：（江少虞《皇朝事實類苑》卷六十五引。）「景祐末，詔以鄭州為奉寧軍，蔡州為淮康軍。范雍自侍郎領淮康節鉞，鎮延安。時羌人旅拒，戍邊之卒，延安為盛。有內臣盧押班者為鈐轄，心常輕范。一日，軍府開宴，有軍伶人雜劇，稱參軍，夢得一黃瓜，長丈餘，是何祥也？一伶賀曰：『黃瓜上有刺，必作黃州刺史。』一伶批其頰曰：『若夢見鎮府蘿蔔，須作蔡州節度使？』范疑盧所教，即取二伶杖背，黥為城旦。」

宋無名氏《續墨客揮犀》（卷五）：「熙寧九年太皇生辰，教坊例有獻香雜劇。時判都水監侯叔獻新卒，伶人丁仙現假為一道士善出神，一僧善入定。或詰其出神何所見，道士云：『近曾出神至大羅，見玉皇殿上有一人披金紫，熟視之，乃本朝韓侍中也，手捧一物。竊問旁立者，曰：「韓侍中獻國家金枝玉葉萬世不絕圖。」』僧曰：『近入定到地獄，見閻羅殿側，有一人衣緋垂魚，細視之，乃判都水監侯工部也，手中亦擎一物。竊問左右，云：「為奈河水淺，獻圖欲別開河道耳。」』時叔獻興水利以圖恩賞，百姓苦之，故伶人有此語。」（江少虞《皇朝事實類苑》卷六十五引此條作《倦游雜錄》。）

朱彧《萍洲可談》（卷三）：「熙寧間，王介甫行新法。（中略。）其時多引人上殿。伶人對上作俳，跨驢直登軒陛，左右止之，其人曰：『將謂有腳者盡上得。』薦者少沮。」

陳師道《談叢》（卷一）：「王荊公改科舉，暮年乃覺其失，曰：『欲變學究為秀才，不謂變秀才為學究也。』蓋舉子專誦王氏章句而不解其義，正如學究誦注疏爾。教坊雜戲亦曰：『學《詩》

於陸農師，學《易》於龔深之。（「之」當作「父」。）』蓋譏士之寡聞也。」

王闢之《澠水燕談錄》（卷十）：「頃有秉政者，深被眷倚，言事無不從。一日御宴，教坊雜劇為小商，自稱姓趙，以瓦瓿賣沙糖。道逢故人，喜而拜之。伸足誤踏瓿倒，糖流於地。小商彈指嘆息曰：『甜采，你即溜也怎奈何？』左右皆笑，俚語以王姓為甜采。」

李廌《師友談記》：「東坡先生近令門人作〈人不易物賦〉。或戲作一聯曰：『伏其几而襲其裳，豈為孔子；學其書而戴其帽，未是蘇公。』（士大夫近年做東坡桶高檐短帽，名曰「子瞻樣」。）廌因言之，公笑曰：『近扈從醴泉觀，優人以相與自誇文章為戲者。一優丁仙現曰：「吾之文章，汝輩不可及也。」眾優曰：「何也？」曰：「汝不見吾頭上子瞻乎？」』上為解顏，顧公久之。」

《萍洲可談》（卷三）：「王德用為使相，黑色，俗號『黑相』。嘗與北使伴射，使已中的，黑相取箭鉧頭，一發破前矢，俗號『劈筈箭』。姚麟亦善射，為殿帥十年，伴射嘗蒙獎賜。崇寧初，王恩以遭遇處位殿帥，不習弓矢，歲歲以伴射為窘。伶人對御作俳，先一人持一矢入，曰：『黑相劈筈箭，售錢三百萬。』又一人持八矢入，曰：『老姚射不輸箭，售錢三百萬。』後二人挽箭一車入，曰：『車箭賣一錢。』或問：『此何人家箭，價賤如此？』答曰：『王恩不及垜箭。』」

又：「崇寧鑄九鼎，帝鼐居中，八鼎各鎮一隅。是時行當十錢，蘇州無賴子弟冒法盜鑄。會浙中大水，伶人對御作俳：『今歲東南大水，乞遣彤鼎往鎮蘇州。』或作鼎神附奏云：『不願前去，恐一例鑄作當十錢。』朝廷因治章綎之獄。」

曾敏行《獨醒雜志》（卷九）：「崇寧二年，鑄大錢。蔡元長建議，俾為折十。民間不便。優人因內宴，為賣漿者。或投一大錢，飲一杯，而索償其餘。賣漿者對以方出市，未有錢，可更飲漿。乃連飲至於五六。其人鼓腹曰：『使相公改作折百錢，奈何！』上為之動，法由是改。又大農告乏，時有獻廩俸減半之議。優人乃為衣冠之士，自冠帶、衣裾、被身之物，輒除其半。眾怪而問之，則曰：『減半。』已而兩足共穿半袴，躄而來前。復問之，則又曰：『減半。』乃長嘆曰：『但知減半，豈料難行。』語傳禁中，亦遂罷議。」

洪邁《夷堅志》丁集（卷四）：「俳優侏儒，周技之最下且賤者，然亦能因戲語而箴諷時政，有合於古矇誦工諫之義，世目為雜劇者是已。崇寧初，斥遠元祐忠賢，禁錮學術，凡偶涉其時所為所行，無論大小，一切不得志。伶者對御為戲：推一參軍作宰相，據坐，宣揚朝政之美。一僧乞給公據游方，視其戒牒，則元祐三年者，立塗毀之，而加以冠巾。一道士失亡度牒，問其披戴時，亦元祐也，剝其衣服，使為民。一士以元祐五年獲薦，當免舉，禮部不為引用，來自言，即押送所屬屏斥。已而主管宅庫者附耳語曰：『今日在左藏庫請相公料錢一千貫，盡是元祐錢，合取鈞旨。』其人俯首久之，曰：『從後門搬入去。』副者舉所挺，杖其背曰：『你做到宰相，元來也只要錢。』是時至尊亦解顏。」

又：「蔡京作宰，弟卞為元樞。卞乃王安石婿，尊崇婦翁。當孔廟釋奠時，躋於配享而封舒王。優人設孔子正坐，顏、孟與安石侍側。孔子命之坐，安石揖孟子居上。孟辭曰：『天下達尊，爵居其一。輒僅蒙公爵，相公貴為真王，何必謙光如此。』遂揖顏。曰：『回也陋巷匹夫，平生無分毫事業。公為命世真儒，位貌有間，辭之過矣。』安石遂處其上。夫子不能安席，亦避位。安石惶懼，拱手云：『不敢。』往復未決。子路在外，情憤不能堪，徑趨從祀堂，挽公冶長臂而出。公冶為窘迫之狀，謝曰：『長何罪？』乃責數之曰：『汝全不救護丈人，看取別人家女婿！』其意以譏卞也。時方議欲升安石於孟子之上，為此而止。」

又：「又常設三輩為儒、道、釋，各稱頌其教。儒者曰：『吾之所學，仁、義、禮、智、信，曰「五常」。』遂演暢其旨，皆採引經書，不雜媟語。次至道士，曰：『吾之所學，金、木、水、火、土，曰「五行」。』亦說大意。末至僧，僧抵掌曰：『二子腐生常談，不足聽。吾之所學，生、老、病、死、苦，曰「五化」。藏經淵奧，非汝等所得聞。當以現世佛菩薩法理之妙，為汝陳之，盍以次問我？』曰：『敢問生？』曰：『內自太學辟雍，外至下州偏縣，凡秀才讀書者，盡為三舍生。華屋美饌，月書季考，三歲大比，脫白掛綠，上可以為卿相。國家之於生也如此。』曰：『敢問老？』曰：『老而孤獨貧困，必淪溝壑。今所在立孤老院，養之終身。國家之於老也如此。』曰：『敢問病？』曰：『不幸而有疾，家貧不能拯療，於是有安濟坊使之存處。差醫付藥，責以十全之效。其於病也如此。』曰：『敢問死？』曰：『死者，人所不免。惟貧民無所歸，則擇空隙地為漏澤園。無以斂，則與之棺，使得葬埋。春秋享祀，恩及泉壤。其於死也如此。』曰：『敢問苦？』其人瞑目不應，陽若惻悚然。促之再三，乃蹙額答曰：『只是百姓一般受無量苦。』徽宗為惻然長思，弗以為罪。」

周密《齊東野語》（卷二十）：「宣和間，徽宗與蔡攸輩在禁中自為優戲。上作參軍趨出，攸戲上曰：『陛下好個神宗皇帝。』上以杖鞭之，曰：『你也好個司馬丞相。』」

又（卷十）：「宣和中，童貫用兵燕薊，敗而竄。一日內宴，教坊進伎，為三四婢，首飾皆不同。其一當額為髻，曰：『蔡太師家人也。』其二髻偏墜，曰：『鄭太宰家人也。』又一人滿頭為髻，如小兒，曰：『童大王家人也。』問其故，蔡氏者曰：『太師覲清光，此名朝天髻。』鄭氏者曰：『吾太宰奉祠就第，此嬾梳髻。』至童氏者，曰：『大王方用兵，此三十六髻也。』」（三十六計，走為上計，宋人有此俗語。）

劉績《霏雪錄》：「宋高宗時，饔人瀹餛飩不熟，下大理寺。優人扮兩士人，相貌各異。問其年，一曰甲子生，一曰丙子生。優人告曰：『此二人皆合下大理。』高宗問故，優人曰：『䴵子、餅子皆生，與餛飩不熟者同罪。』上大笑，赦原饔人。」

張知甫《可書》：「金人自侵中國，惟以敲棒擊人腦而斃。紹興間，有伶人作雜戲云：『若要勝金人，須是我中國一件件相敵乃可。且如金國有粘罕，我國有韓少保；金國有柳葉鎗，我國有鳳凰弓；金國有鑿子箭，我國有鎖子甲；金國有敲棒，我國有天靈蓋。』人皆笑之。」

岳珂《桯史》（卷七）：「秦檜以紹興十五年四月丙子朔，賜第望僊橋。丁丑，賜銀絹萬匹兩，錢千萬，綵千縑。有詔就第賜燕，假以教坊優伶，宰執咸與。中席，優長誦致語，退。有參軍者前，褒檜功德，一伶以荷葉交倚從之。詼語雜至，賓歡既洽。參軍方拱揖謝，將就倚，忽墜其幞頭，乃總髮為髻，如行伍之巾，後有大巾鐶，為雙疊勝。伶指而問曰：『此何鐶？』曰：『二勝鐶。』遽以朴擊其首曰：『爾但坐太師交倚，請取銀絹例物，此鐶掉腦後可也！』一坐失色。檜怒，明日，下伶於獄，有死者。於是語禁始益繁。」

《夷堅志》丁集（卷四）：「紹興中，李椿年行經界量田法。方事之初，郡縣奉命嚴急，民當其職者頗困苦之。優者為先聖先師，鼎足而坐。有弟子從末席起，咨叩所疑。孟子奮然曰：『仁政必自經界始。吾下世千五百年，其言乃為聖世所施用，三千之徒皆不如我。』顏子默默無語。或於傍笑曰：『使汝不是短命而死，也須做出一場害人事。』時秦檜方主李議，聞者畏獲罪，不待此段之畢，即以謗褻聖賢，叱執送獄。明日，杖而逐出境。」

又：「壬戌省試，秦檜之子熺，侄昌時、昌齡皆奏名，公議籍籍而無敢輒語。至乙丑春首，優者即戲場設為士子赴南宮，相與推論知舉官為誰，或指侍從某尚書、某侍郎當主文柄。優長者非之曰：『今年必差彭越。』問者曰：『朝廷之上，不聞有此官員。』曰：『漢梁王也。』曰：『彼是古人，死已千年，如何來得？』曰：『前舉是楚王韓信，信、越一等人，所以知今為彭王。』問者嗤其妄且扣厥指，笑曰：『若不是韓信，如何取得他三秦？』四座不敢領略，一鬨而出。秦亦不敢明行譴罰云。」

明田汝成《西湖游覽志餘》（卷二十一）：（此條當出宋人小說，未知所本。）「紹興間，內宴，有優人作善天文者，云：『世間貴官人必應星象，我悉能窺之。法當用渾儀，設玉衡，若對其人窺之，則見星而不見其人。玉衡不能卒辦，用銅錢一文亦可。』乃令窺光堯，云：『帝星也。』秦師垣，曰：『相星也。』韓蘄王，曰：『將星也。』張循王，曰：『不見其星。』眾皆駴，復令窺之。曰：『中不見星，只見張郡王在錢眼內坐。』殿上大笑。俊最多資，故譏之。」

張端義《貴耳集》（卷下）：「壽皇賜宰執宴，御前雜劇，妝秀才三人。首問曰：『第一秀才，仙鄉何處？』曰：『上黨人。』次問：『第二秀才，仙鄉何處？』曰：『澤州人。』次問：『第三秀才，仙鄉何處？』曰：『湖州人。』又問：『上黨秀才，汝鄉出何生藥？』曰：『某鄉出人參。』次問：『澤州秀才，汝鄉出甚生藥？』曰：『某鄉出甘草。』次問：『湖州出甚生藥？』曰：『出黃蘗。』『如何湖州出黃蘗？』『最是黃蘗苦人。』當時，皇伯秀王在湖州，故有此語。壽皇即日召入，賜第，奉朝請。」

又：「何自然中丞上疏，乞朝廷併庫，壽皇從之。方且講究未定，御前有燕。雜劇伶人妝一賣故衣者，持褲一腰，只有一隻褲口。買者得之，問『如何著？』賣者曰：『兩腳併做一褲口。』買者曰：『褲卻併了，只恐行不得。』壽皇即寢此議。」

《桯史》（卷十）：「淳熙間，胡給事元質既新貢院，嗣歲庚子，適大比。（中略。）會初場賦題出《孟子》『舜聞善若決江河』，而以『聞善而行沛然莫禦』為韻。士既就案矣。（中略。）忽一老儒擿《禮部韻》示諸生，謂『沛』字惟十四泰有之，一為『顛沛』，一為『沛邑』，注無『沛決』之義。

惟它有『霈』字，乃從『雨』，為可疑。眾曰『是！』鬨然叩簾請。（中略。）或入於房，執考校者一人毆之。考校者惶遽，急曰：『有雨頭也得，無雨頭也得。』或又咎其誤，曰：『第二場更不敢也。』蓋一時祈脫之辭。移時稍定，試司申：『鼓譟場屋。』胡以其不稱於禮遇也，怒，物色為首者，盡繫獄。韋布益不平。既拆號，例宴主司以勞還，畢三爵，優伶序進。有儒服立於前者，一人旁揖之，相與詫博洽，辨古今，岸然不相下，因各求挑試所誦憶。其一問：『漢名宰相凡幾？』儒服以蕭、曹以下，枚數之無遺。群優咸贊其能。乃曰：『漢相吾言之，敢問唐三百年間，名將帥何人也？』旁揖者亦詘指英、衛，以及季葉，曰：『張巡、許遠、田萬春。』儒服奮起爭曰：『巡、遠是也。萬春之姓雷，歷考史牒，未有以雷為田者。』揖者不服，撐拒騰口。俄一綠衣參軍自稱教授，前據几，二人敬質疑，曰：『是故雷姓。』揖者大詬，袒裼奮拳，教授遽作恐懼狀，曰：『有雨頭也得，無雨頭也得。』坐中方失色，知其諷己也。忽優有黃衣者，持令旗躍出稠人中，曰：『制置大學給事台旨：「試官在座，爾輩安得無禮！」』群優亟斂容，趨下，喏曰：『第二場更不敢也。』俠戺皆笑，席客大慙。明日，遁去，遂釋繫者。胡意其為郡士所使，錄優而詰之，杖而出諸境。然其語盛傳至今。」

又（卷五）：「韓平原在慶元初，其弟仰冑為知閤門事，頗與密議，時人謂之『大小韓』，求捷徑者爭趨之。一日內宴，優人有為衣冠到選者，自敘履歷、才藝，應得美官，而流滯銓曹，自春徂冬，未有所擬，方徘徊浩嘆。又為日者，敝帽持扇過其旁，遂邀使談庚甲，問以得祿之期。日者厲聲曰：『君命甚高，但於五星局中財帛宮若有所礙。目下若欲亨達，先見小寒；更望成事，必見大寒可也。』優蓋以寒為韓，侍宴者皆縮頸匿笑。」

張仲文《白獺髓》：（《說郛》卷三十八。）「嘉泰末年，平原公恃有扶日之功，凡事自作威福，政事皆不由內出。會內宴，伶人王公瑾曰：『今日政如客人賣傘，不由裡面。』」

葉紹翁《四朝聞見錄》（戊集）：「韓侂冑用兵既敗，為之鬚髮俱白，困悶不知所為。優伶因上賜侂冑宴，設樊遲、樊噲，旁有一人曰樊惱。又設一人，揖問遲：『誰與你取名？』對以『夫子所取』。則拜曰：『此聖門之高弟也。』又揖問噲曰：『誰名汝？』對曰：『漢高祖所命。』則拜曰：『真漢家之名將也。』又揖惱曰：『誰名汝？』對以『樊惱自取』。又因郭倪、郭果（按：「果」當作「倬」。）敗，因賜宴，以生菱進於桌上，命二人移桌。忽生菱墮，盡碎。其一人曰：『苦，苦，苦！壞了多少生靈，只因移果桌！』」

《貴耳集》（卷下）：「袁彥純尹京，專一留意酒政。煮酒賣盡，取常州宜興縣酒、衢州龍游縣酒在都下賣。御前雜劇，三個官人：一曰京尹，二曰常州太守，三曰衢州太守。三人爭坐位，常守讓京尹曰：『豈宜在我二州之下。』衢守爭曰：『京尹合在我二州之下。』常守問曰：『如何有此說？』衢守云：『他是我二州拍戶。』寧廟亦大笑。」

又：「史同叔為相日，府中開宴，用雜劇人作一士人，念詩曰：『滿朝朱紫貴，盡是讀書人。』旁一士人曰：『非也。滿朝朱紫貴，盡是四明人。』自後，相府有宴，二十年不用雜劇。」

《桯史》（卷十三）：「蜀伶多能文，俳語率雜以經史，凡制帥幕府之燕集，多用之。嘉定初，吳畏齋帥成都，從行者多選人，類以京削繫念，伶知其然。一日，為古衣冠服數人，遊於庭，自稱孔門弟子，交質以姓氏。或曰『常』，或曰『於』，或曰『吾』。問其所莅官，則合而應曰：『皆選人也。』固請析之，居首者率然對曰：『子乃不我知，《論語》所謂「常從事於斯矣」，即某其人也。官為從事而繫以姓，固理之然。』問其次，曰：『亦出《論語》「於從政乎何有」，蓋即某官氏之稱。』又問其次，曰：『某又《論語》十七篇所謂「吾將仕」者。』遂相與嘆詫，以選調為淹抑。有慫恿其旁者曰：『子之名不見於七十子，固聖門下弟，盍叩十哲而請教焉？』如其言，見顏、閔，方在堂，群而請益。子騫蹙頞曰：『如之何？何必改。』兗公應之曰：『然，回也不改。』眾憮然不怡，曰：『無已，質諸夫子。』如之，夫子不答，久而曰：『鑽遂改，火急可已矣。』坐客皆愧而笑。聞者至今啟顏。優流侮聖言，直可誅絕。特記一時之戲語如此。」

《齊東野語》（卷十三）：「蜀優尤能涉獵古經，援引經史，以佐口吻，資笑談。當史丞相彌遠用事，選人改官，多出其門。制閫大宴，有優為衣冠者數輩，皆稱為孔門弟子，相與言『吾儕皆選人』。遂各言其姓曰『吾為常從事』，『吾為於從政』，『吾為吾將仕』，『吾為路文學』。別有二人出曰：『吾宰予也。夫子曰：「於予與改。」可謂僥倖。』其一曰：『吾顏回也。夫子曰：「回也不改。」吾為四科之首而不改，汝何為獨改？』曰：『吾鑽，故改，汝何不鑽？』曰：『吾非不鑽，而鑽彌堅耳。』曰：『汝之不改宜也，何不鑽彌遠乎？』其離析文義，可謂侮聖言，而巧發微中，有足稱言者焉。有袁三者，名尤著。有從官姓袁者，制蜀，頗乏廉聲。群優四人，分主酒、色、財、氣，各誇張其好尚之樂，而餘者互譏笑之。至袁優，則曰：『吾所好者，財也。』因極言財之美、利，眾亦譏誚不已。徐以手自指曰：『任你譏笑，其如袁丈好此何！』

又：「近者己亥，史巖之為京尹，其弟以參政督兵於淮。一日內宴，伶人衣金紫，而幞頭忽脫，乃紅巾也。或驚問曰：『賊裹紅巾，何為官亦如此？』傍一人答云：『如今做官的都是如此。』於是褫其衣冠，則有萬回佛自懷中墜地，其旁者曰：『他雖做賊，且看他哥哥面。』

又：「女冠吳知古用事，人皆側目。內宴日，參軍肆筵張樂，胥輩請僉文書。參軍怒曰：『吾方聽觱栗，可少緩。』請至再三，其答如前。胥擊其首曰：『甚事不被觱栗壞了。』蓋是俗呼黃冠為『觱栗』也。」

又：「王叔知吳門日，名其酒曰『徹底清』。錫宴日，伶人持一樽，誇於眾曰：『此酒名「徹底清」。』既而開樽，則濁醪也。旁誚之云：『汝既為徹底清，卻如何如此？』答云：『本是徹底清，被錢打得渾了。』」

羅大經《鶴林玉露》（卷三）：「端平間，真西山參大政，未及有所建置而薨。魏鶴山督師，亦未及有所設施而罷。臨安優人裝一儒生，手持一鶴，別一儒生與之邂逅，問其姓名，曰：『姓鍾名庸。』問所持何物，曰：『大鶴也。』因傾蓋懽然，呼酒對飲。其人大嚼洪吸，酒肉靡有孑遺。忽顛仆於地，群數人曳之不動。一人乃批其頰，大罵曰：『說甚〈中庸〉、〈大學〉，喫了許多酒食，一動也動不得！』遂一笑而罷。或謂有使其為此以姍侮君子者，府尹乃悉黥其人。」

《西湖游覽志餘》（卷二）：（不知其所本。）「丁大全作相，與董宋臣表裡。（中略。）一日內宴，一人專打鑼，一人扑之，曰：『今日排當，不奏他樂，丁丁董董不已，何也？』曰：『方今事皆丁、董，吾安得不丁董！』」

仇遠《稗史》：（《說郛》卷二十五。）「至元丙子，北兵入杭，廟朝為虛。有金姓者，世為伶官，流離無所歸。一日，道遇左丞范文虎，向為宋殿帥時，熟知其為人，謂金曰：『來日公宴，汝來獻伎，不愁貧賤。』如期往，為優戲，作諢曰：『某寺有鐘，寺僧不敢擊者數日。主僧問故，乃言鐘樓有巨神，神怪，不敢登也。主僧亟往視之，神即跪伏投拜。主僧曰：「汝何神也？」答曰：「鐘神。」主僧曰：「既是鐘神，何故投拜？」』眾皆大笑，范為之不懌，其人亦不顧。識者莫不多之。」

附 遼、金、偽齊

《宋史．孔道輔傳》：道輔奉使契丹，「契丹宴使者，優人以文宣王為戲，道輔艴然徑出」。

邵伯溫《聞見前錄》（卷十）：「潞公謂溫公曰：『吾留守北京，遣人入大遼偵事。回云，見遼主大宴群臣，伶人劇戲，作衣冠者，見物必攫取懷之。有從其後以挺朴之者，曰：「司馬端明耶？」君實清名在夷狄如此。』溫公媿謝。」

沈作喆《寓簡》（卷十）：「偽齊劉豫既僭位，大宴群臣，教坊進雜劇。有處士問星翁曰：『自古帝王之興，必有受命之符。今新主有天下，抑有嘉祥美瑞以應之乎？』星翁曰：『固有之。新主即位之前一日，有一星聚東井，真所謂符命也。』處士以杖擊之曰：『五星非一也，乃云聚耳。一星又何聚焉？』星翁曰：『汝固不知也。新主聖德，比漢高祖只少四星兒裡。』」

《金史．后妃傳》：章宗元妃李氏「勢位熏赫，與皇后侔。一日，宴宮中，優人玳瑁頭者戲於上前。或問：『上國有何符瑞？』優曰：『汝不聞鳳凰見乎？』曰：『知之而未聞其詳。』優曰：『其飛有四，所應亦異：若嚮上飛，則風雨順時；嚮下飛，則五穀豐登；嚮外飛，則四國來朝；嚮裡飛，（音同李妃。）則加官進祿。』上笑而罷」。

宋、遼、金三朝之滑稽劇，其見於載籍者略具於此。此種滑稽劇，宋人亦謂之雜劇，或謂之雜戲。呂本中《童蒙訓》曰：「作雜劇者，打猛諢入，卻打猛諢出。」吳自牧《夢粱錄》亦云：雜劇「全用故事，務在滑稽」。孟元老《東京夢華錄》云：聖節「內殿雜戲，為有使人預宴，不敢深作諧謔」，則無使人時可知。是宋人雜劇，固純以詼諧為主，與唐之滑稽劇無異。但其中腳色較為著明，而布置亦稍複雜。然不能被以歌舞，其去真正戲劇尚遠。然謂宋人戲劇遂止於此，則大不然。雖明之中葉，尚有此種滑稽劇，觀文林《瑯琊漫鈔》、徐咸《西園雜記》、沈德符《萬曆野獲編》所載者，全與宋滑稽劇無異。若以此概明之戲劇，未有不笑之者也。宋劇亦然。故欲知宋元戲劇之淵源，不可不兼於他方面求之也。

第三章　宋之小說雜戲

宋之滑稽戲，雖託故事以諷時事，然不以演事實為主，而以所含之意義為主。至其變為演事實之戲劇，則當時之小說實有力焉。

小說之名起於漢。〈西京賦〉云：「小說九百，本自虞初。」《漢書．藝文志》有「《虞初周說》九百四十三篇」。其書之體例如何，今無由知。惟《魏略》（〈魏志．王粲傳〉注引。）言臨淄侯植「誦俳優小說數千言」，則似與後世小說已不相遠。六朝時，干寶、任昉、劉義慶諸人咸有著述。至唐而大盛。今《太平廣記》所載，實集其成。然但為著述上之事，與宋之小說無與焉。宋之小說，則不以著述為事，而以講演為事。灌園耐得翁《都城紀勝》，謂說話有四種：一小說，一說經，一說參請，一說史書。《夢粱錄》（卷二十）所記略同。《武林舊事》（卷六）所載諸色伎藝人中，有書會，（謂說書會。）有演史，有說經諢經，有小說。而《都城紀勝》、《夢粱錄》均謂小說人能以一朝一代故事，頃刻間提破。則演史與小說，自為一類。此三書所記，皆南渡以後之事，而其源則發於宋初。高承《事物紀原》（卷九）：「仁宗時，市人有能談三國事者，或採其說，加緣飾，作影人。」

《東坡志林》（卷六）：「王彭嘗云：『塗巷中小兒薄劣，為其家所厭苦，輒與錢，令聚坐聽說古話，至說三國事』」云云。《東京夢華錄》（卷五）所載京瓦伎藝，有霍四究「說三分」，尹常「賣《五代史》」。至南渡以後，有敷衍《復華篇》及《中興名將傳》者，見於《夢粱錄》。此皆演史之類也。其無關史事者，則謂之小說。《夢粱錄》云：「小說一名銀字兒，如煙粉、靈怪、傳奇、公案、朴刀、桿棒、發發、蹤參等事。」則其體例，亦當與演史大略相同。今日所傳之《五代平話》，實演史之遺；《宣和遺事》，殆小說之遺也。此種說話，以敘事為主，與滑稽劇之但託故事者迥異。其發達之跡，雖略與戲曲平行，而後世戲劇之題目，多取諸此，其結構亦多依倣為之。所以資戲劇之發達者，實不少也。

至與戲劇更相近者，則為傀儡。傀儡起於周季，《列子》以偃師刻木人事，為在周穆王時，或係寓言，然謂列子時已有此事，當不誣也。《樂府雜錄》以為起於漢祖平城之圍，其說無稽。《通典》則云：「窟礧子，作偶人以戲。善歌舞，本喪家樂也。漢末始用之於嘉會。」其說本於應劭《風俗通》，則漢時固確有此戲矣。漢時此戲結構如何，雖不可考，然六朝之際，此戲已演故事。《顏氏家訓．書證篇》：「或問：『俗名傀儡子為郭禿，有故實乎？』答曰：『《風俗通》云：「諸郭皆諱禿。」當是前世有姓郭而病禿者，滑稽調戲，故後人為其象，呼為郭禿。』」唐時傀儡戲中之郭郎，實出於此，至宋猶有此名。唐之傀儡，亦演故事。《封氏聞見記》（卷六）：「大曆中，太原節度辛景雲葬日，諸道節度使使人修祭。范陽祭盤最為高大，刻木為尉遲鄂公、突厥鬥將之象。機關動作，不異於生。祭訖，靈車欲過，使者請曰：『對數未盡。』又停車，設項羽與漢高祖會鴻門之象，良久乃畢。」至宋而傀儡最盛，種類亦最繁，有懸絲傀儡、走線傀儡、杖頭傀儡、藥發傀儡、肉傀儡、水傀儡各種。（見《東京夢華錄》、《武林舊事》、《夢粱錄》。）《夢粱錄》云：「凡傀儡，敷衍煙粉、靈怪、鐵騎、公案、史書、歷代君臣將相故事話本，或講史，或作雜劇，或如崖詞。（中略。）大抵弄此多虛少實，如巨靈神、朱姬大仙等也。」則宋時此戲，實與戲劇同時發達，其以敷衍故事為主，且較勝於滑稽劇。此於戲劇之進步上，不能不注意者也。

傀儡之外，似戲劇而非真戲劇者，尚有影戲，此則自宋始有之。《事物紀原》（九）：「宋朝仁宗時，市人有能談三國事者，或採其說，加緣飾，作影人，始為魏、吳、蜀三分戰爭之象。」《東京夢華錄》所載京瓦伎藝，有影戲，有喬影戲，南宋尤盛。《夢粱錄》云：「有弄影戲者，元汴京初以素紙雕簇，自後人巧工精，以羊皮雕形，以綵色裝飾，不致損壞。（中略。）其話本與講史書者頗同，大抵真假相半。公忠者雕以正貌，奸邪者刻以醜形，蓋亦寓褒貶於其間耳。」然則影戲之為物，專以演故事為事，與傀儡同。此亦有助於戲劇之進步者也。

以上三者，皆以演故事為事。小說但以口演，傀儡、影戲則為其形象矣，然而非以人演也。其以人演者，戲劇之外，尚有種種，亦戲劇之支流，而不可不一注意也。

三教　《東京夢華錄》（卷十）：十二月，「即有貧者三教人為一火，裝婦人、神鬼。敲鑼擊鼓，巡門乞錢，俗呼為『打夜胡』」。

訝鼓　《續墨客揮犀》（卷七）：「王子醇初平熙河，邊陲寧靜，講武之暇，因教軍士為訝鼓戲，數年間，遂盛行於世。其舉動、舞裝之狀與優人之詞，皆子醇初製也。或云子醇初與西人對陣，兵未交，子醇命軍士百餘人裝為訝鼓隊。繞出軍前，虜見皆愕眙。進兵奮擊，大破之。」《朱子語類》（卷一百三十九）亦云：「如舞訝鼓，其間男子、婦人、僧道、雜色，無所不有，但都是假的。」

舞隊　《武林舊事》（卷二）所記舞隊，全與前二者相似，今列其目：

《查查鬼》（《查大》）、《李大口》（《一字口》）、《賀豐年》、《長瓠斂》（《長頭》）、《兔吉》（《兔毛大伯》）、《吃遂》、《大憨兒》、《麤妲》、《麻婆子》、《快活三郎》、《黃金杏》、《瞎判官》、《快活三娘》、《沈承務》、《一臉膜》、《貓兒相公》、《洞公觜》、《細妲》、《河東子》、《黑遂》、《王鐵兒》、《交椅》、《夾棒》、《屏風》、《男女竹馬》、《男女杵歌》、《大小斫刀鮑老》、《交袞鮑老》、《子弟清音》、《女童清音》、《諸國獻寶》、《穿心國入貢》、《孫武子教女兵》、《六國朝》、《四國朝》、《遏雲社》、《緋綠社》、《胡安女》、《鳳阮嵇琴》、《撲蝴蝶》、《回陽丹》、《火藥》、《瓦盆鼓》、《焦鎚架兒》、《喬三教》、《喬迎酒》、《喬親事》、《喬樂神》（《馬明王》）、《喬捉蛇》、《喬學堂》、《喬宅眷》、《喬像生》、《喬師娘》、《獨自喬地仙》、《旱划船》、《教象》、《裝態》、《村田樂》、《鼓板》、《踏橇》（一作《踏蹺》）、《撲旗》、《抱鑼裝鬼》、《獅豹蠻牌》、《十齋郎》、《耍和尚》、《劉袞》、《散錢行》、《貨郎》、《打嬌惜》。

其中裝作種種人物，或有故事。其所以異於戲劇者，則演劇有定所，此則巡迴演之。然後來戲名、曲名中，多用其名目，可知其與戲劇非毫無關係也。

第四章　宋之樂曲

前二章既述宋代之滑稽戲及小說、雜戲，後世戲劇之淵源，略可於此窺之。然後代之戲劇，必合言語、動作、歌唱以演一故事，而後戲劇之意義始全，故真戲劇必與戲曲相表裡。然則戲曲之為物，果如何發達乎？此不可不先研究宋代之樂曲也。宋之歌曲，其最通行而為人人所知者，是為詞，亦謂之近體樂府，亦謂之長短句。其體始於唐之中葉，至晚唐五代而作者漸多，及宋而大盛。宋人讌集，無不歌以侑觴。然大率徒歌而不舞，其歌亦以一闋為率。其有連續歌此一曲者，如歐陽公之〈採桑子〉，凡十一首；趙德麟之商調〈蝶戀花〉，凡十首。一述西湖之勝，一詠會真之事，皆徒歌而不舞。其所以異於普通之詞者，不過重疊此曲，以詠一事而已。

其歌舞相兼者，則謂之傳踏，（曾慥《樂府雅詞》卷上。）亦謂之轉踏，（王灼《碧雞漫志》卷三。）亦謂之纏達。（《夢粱錄》卷二十。）北宋之轉踏，恆以一曲連續歌之，每一首詠一事，共若干首，則詠若干事。然亦有合若干首而詠一事者。《碧雞漫志》（卷三）謂石曼卿作〈拂霓裳轉踏〉，述開元、天寶遺事是也。其曲調惟〈調笑〉一調用之最多，今舉其一例：

〈調笑轉踏〉　鄭僅（《樂府雅詞》卷上。）

良辰易失，信四者之難併；佳客相逢，實一時之盛會。用陳妙曲，上助清歡。女伴相將，調笑入隊。

秦樓有女字羅敷。二十未滿十五餘。金鐶約腕攜籠去，攀枝折葉城南隅。使君春思如飛絮。五馬徘徊芳草路。東風吹鬢不可親，日晚蠶飢欲歸去。

歸去。攜籠女。南陌春愁三月暮。使君春思如飛絮。五馬徘徊頻駐。蠶飢日晚空留顧。笑指秦樓歸去。

石城女子名莫愁。家住石城西渡頭。拾翠每尋芳草路，採蓮時過綠蘋洲。五陵豪客青樓上。醉倒金壺待清唱。風高江闊白浪飛，急催艇子操雙槳。

雙槳。小舟蕩。喚取莫愁迎疊浪。五陵豪客青樓上。不道風高江廣。千金難買傾城樣。那聽繞梁清唱。

繡戶朱簾翠幕張。主人置酒宴華堂。相如年少多才調，消得文君暗斷腸。斷腸初認琴心挑。么絃暗寫相思調。從來萬曲不關心，此度傷心何草草。

草草。最年少。繡戶銀屏人窈窕。瑤琴暗寫相思調。一曲關心多少。臨邛客舍成都道。苦恨相逢不早。（此三曲分詠羅敷、莫愁、文君三事。尚有九曲詠九事，文多略之。）

〈放隊〉

新詞宛轉遞相傳。振袖傾鬟風露前。月落烏啼雲雨散，遊人陌上拾花鈿。

此種詞前有勾隊詞，後以一詩一曲相間，終以放隊詞，則亦用七絕，此宋初體格如此。然至汴宋之末，則其體漸變。《夢粱錄》（卷二十）：「在京時，只有纏令、纏達。有引子、尾聲為纏令。引子後只有兩腔迎互循環，間有纏達。」此纏達之音，與傳踏同，其為一物無疑也。吳《錄》所云，與上文之傳踏相比較，其變化之跡顯然。蓋勾隊之詞，變而為引子；放隊之詞，變而為尾聲；曲前之詩，後亦變而用他曲，故云「引子後只有兩腔迎互循環」也。今纏達之詞皆亡，惟元劇中正宮套曲，其體例全自此出。觀第七章所引例，自可了然矣。

傳踏之制，以歌者為一隊，且歌且舞，以侑賓客。宋時有與此相似，或同實異名者，是為隊舞。《宋史．樂志》：隊舞之制，其名各十。小兒隊凡七十二人：一曰柘枝隊，二曰劍器隊，三曰婆羅門隊，四曰醉鬍騰隊，五曰諢臣萬歲樂隊，六曰兒童感聖樂隊，七曰玉兔渾脫隊，八曰異域朝天隊，九曰兒童解紅隊，十曰射雕回鶻隊。女弟子隊凡一百五十三人：一曰菩薩蠻隊，二曰感化樂隊，三曰拋球樂隊，四曰佳人剪牡丹隊，五曰拂霓裳隊，六曰採蓮隊，七曰鳳迎樂隊，八曰菩薩獻香花隊，九曰綵雲仙隊，十曰打球樂隊。其裝飾各由其隊名而異：如佳人剪牡丹隊，則衣紅生色砌衣，戴金冠，剪牡丹花；採蓮隊則執蓮花；菩薩獻香花隊則執香花盤。其舞未詳，其曲宋人或取以填詞。其中有拂霓裳隊，而《碧雞漫志》謂石曼卿作〈拂霓裳傳踏〉，恐與傳踏為一，或為傳踏之所自出也。宋時舞曲，尚有曲破。《宋史．樂志》：太宗洞曉音律，製曲破二十九。此在唐五代已有之，至宋時又藉以演故事。史浩《鄮峰真隱漫錄》之〈劍舞〉即是也。今錄其辭如左：

〈劍舞〉（《鄮峰真隱漫錄》卷四十六。）

二舞者對廳立裀上。（下略。）樂部唱〈劍器曲破〉，作舞一段了。二舞者同唱〈霜天曉角〉：

瑩瑩巨闕。左右凝霜雪。且向玉階掀舞，終當有、用時節。唱徹。人盡說。寶此剛不折。內使姦雄落膽，外須遣、豺狼滅。

樂部唱曲子，作舞〈劍器曲破〉一段。舞罷，二人分立兩邊。別二人漢裝者出，對坐，桌上設酒果，竹竿子念：

伏以斷蛇大澤，逐鹿中原。佩赤帝之真符，接蒼姬之正統。皇威既振，天命有歸。量勢雖盛於重瞳，度德難勝於隆準。鴻門設會，亞父輸謀。徒矜起舞之雄姿，厥有解紛之壯士。想當時之賈勇，激烈飛揚；宜後世之效顰，迴翔宛轉。雙鸞奏技，四座騰歡。

樂部唱曲子，舞〈劍器曲破〉一段。一人左立者上裀舞，有欲刺右漢裝者之勢。又一人舞進前，翼蔽之。舞罷，兩舞者並退，漢裝者亦退。復有兩人唐裝者出，對坐。桌上設筆硯紙，舞者一人換婦人裝立裀上。竹竿子念：

伏以雲鬟聳蒼璧，霧縠罩香肌。袖翻紫電以連軒，手握青蛇而的皪。花影下、游龍自躍，錦裀上、蹌鳳來儀。逸態橫生，瑰姿譎起。領此入神之技，誠為駭目之觀。巴女心驚，燕姬色沮。豈惟張長史草書大進，抑亦杜工部麗句新成。稱妙一時，流芳萬古。宜呈雅態，以洽濃歡。

樂部唱曲子，舞〈劍器曲破〉一段，作龍蛇蜿蜒曼舞之勢。兩人唐裝者起，二舞者一男一女，對舞，結〈劍器曲破〉徹。竹竿子念：

項伯有功扶帝業，大娘馳譽滿文場。合茲二妙甚奇特，欲使嘉賓釂一觴。霍如羿射九日落，矯如群帝驂龍翔。來如雷霆收震怒，罷如江海含晴光。歌舞既終，相將好去。

念了，二舞者出隊。

由此觀之，其樂有聲無詞，且於舞踏之中，寓以故事，頗與唐之歌舞戲相似。而其曲中有破有徹，蓋截大曲入破以後用之也。

此外兼歌舞之伎，則為大曲。大曲自南北朝已有此名。南朝大曲，則清商三調中之大曲，《宋書·樂志》所載者是也。北朝大曲，則《魏書·樂志》言之而不詳。至唐而雅樂、清樂、燕樂，西涼、龜茲、安國、天竺、疏勒、高昌樂中，均有大曲。（見《大唐六典》卷十四「協律郎」條注。）然傳於後世者，惟胡樂大曲耳。其名悉載於《教坊記》，而其詞尚略存於《樂府詩集·近代曲辭》中。宋之大曲，即自此出。教坊所奏，凡十八調四十大曲，《文獻通考》及《宋史·樂志》具載其目。此外亦尚有之，故又有五十大曲及五十四大曲之稱。（詳見拙著《宋大曲考》，茲略之。）其曲辭之存於今日者，有董穎〈薄媚〉、（《樂府雅詞》卷上。）曾布〈水調歌頭〉、（王明清《玉照新志》卷二。）史浩〈採蓮〉。（《鄮峰真隱漫錄》卷四十五。）三曲稍長，然亦非其全遍。其中間一二遍，則於宋詞中間遇之。大曲遍數，多至一二十。其各遍之名，則唐時有排遍、入破、徹。（《樂府詩集》卷七十九。）而排遍、入破，又各有數遍。徹者，入破之末一遍也。宋大曲則王灼謂：「凡大曲有散序、靸、排遍、攧、正攧、入破、虛催、實催、袞遍、歇拍、殺袞，始成一曲，謂之『大遍』。」（《碧雞漫志》卷三。）沈括亦云：「所謂『大遍』者，有序、引、歌、歙、嗺、哨、催、攧、袞、破、行、中腔、踏歌之類，凡數十解。」（《夢溪筆談》卷五。）沈氏所列各名，與現存大曲不合，王說近之。惟攧後尚有延遍，實催前尚有袞遍。（即張炎《詞源》所謂「中袞」。）而散序與排遍，均不止一遍，排遍且多至八九，故大曲遍數，往往至於數十，惟宋人多裁截用之。即其所用者，亦以聲與舞為主，而不以詞為主，故多有聲無詞者。自北宋時，葛守誠撰四十大曲，而教坊大曲始全有詞。然南宋修內司所編《樂府混成集》，大曲一項，凡數百解，有譜無詞者居半，（周密《齊東野語》卷十。）則亦不以詞重矣。其攧、破、催、袞，以舞之節名之。此種大曲，遍數既多，自於敘事為便，故宋人詠事多用之。今錄董穎〈薄媚〉，以示其一例。宋人大曲之存者，以此為最長矣。

〈薄媚〉（西子詞。《樂府雅詞》卷上。）

排遍第八

怒潮卷雪，巍岫布雲，越襟吳帶如斯。有客經遊，月伴風隨。值盛世。觀此江山美。合放懷、何事卻興悲。不為回頭，舊谷天涯。為想前君事。越王嫁禍獻西施。吳即中深機。　闔廬死。有遺誓。句踐必誅夷。吳未干戈出境，倉卒越兵，投怒夫差。鼎沸鯨鯢。越遭勁敵，可憐無計脫重圍。歸路茫然，城郭邱墟，飄泊稽山裡。旅魂暗逐戰塵飛。天日慘無輝。

排遍第九

自笑平生，英氣凌雲，凜然萬里宣威。那知此際。熊虎塗窮，來伴麋鹿卑棲。既甘臣妾，猶不許，何為計。爭若都燔寶器。盡誅吾妻子，徑將死戰決雄雌。天意恐憐之。　偶聞太宰正擅權，貪賂市恩私。因將寶玩獻誠，雖脫霜戈，石室囚繫。憂嗟又經時。恨不如巢燕自由歸。殘月朦朧，寒雨瀟瀟，有血都成淚。備嘗嶮厄反邦畿。冤憤刻肝脾。

第十攧

種陳謀，謂吳兵正熾。越勇難施。破吳策，惟妖姬。有傾城妙麗。名稱（一作字。）西子。

歲方笄。算夫差惑此。須致顛危。范蠡微行，珠貝為香餌。苧蘿不釣釣深閨。吞餌果殊姿。素肌纖弱，不勝羅綺。鸞鏡畔、粉面淡勻，梨花一朵瓊壺裡。嫣然意態嬌春，寸眸剪水。斜鬟鬆翠。人無雙、宜名動君王，繡履容易。來登玉陛。

入破第一

窣湘裙，搖漢珮。步步香風起。斂雙蛾，論時事。蘭心巧會君意。殊珍異寶，猶自朝臣未與。妾何人，被此隆恩，雖令效死。奉嚴旨。

隱約龍姿忻悅。更把甘言說。辭俊美，質娉婷，天教汝、眾美兼備。聞吳重色，憑汝和親，應為靖邊陲。將別金門，俄揮粉淚。靚妝洗。

第二虛催

飛雲駛。香車故國難回睇，芳心漸搖，迤邐吳都繁麗。忠臣子胥，預知道為邦祟。諫言先啟。願勿容其至。周亡褒姒。商傾妲己。

吳王卻嫌胥逆耳。才經眼、便深恩愛。東風暗綻嬌蘂。綵鸞翻妬伊。得取次、于飛共戲。金屋看承，他宮盡廢。

第三袞遍

華宴夕，燈搖醉，粉菡萏，籠蟾桂。揚翠袖，含風舞，輕妙處，驚鴻態。分明是。瑤臺瓊榭，閬苑蓬壺，景盡移此地。花繞仙步，鶯隨管吹。

寶帳煖留春，百和馥郁融鴛被。銀漏永，楚雲濃，三竿日、猶褪霞衣。宿酲輕腕，嗅宮花，雙帶繫。合同心時。波下比目，深憐到底。

第四催拍

耳盈絲竹，眼搖珠翠。迷樂事。宮闈內。爭知。漸國勢陵夷。姦臣獻佞，轉恣奢淫，天譴歲屢饑。從此萬姓離心解體。　越遣使。陰窺虛實，蚤夜營邊備。兵未動，子胥存，雖堪伐、尚畏忠義。斯人既戮，又且嚴兵卷土，赴黃池觀釁，種蠡方云可矣。

第五袞遍

機有神，征鼙一鼓，萬馬襟喉地。庭喋血，誅留守，憐屈服，斂兵還，危如此。當除禍本，重結人心，爭奈竟荒迷。戰骨方埋，靈旗又指。　勢連敗。柔荑攜泣。不忍相拋棄。身在兮，心先死。宵奔兮，兵已前圍。謀窮計盡，唳鶴啼猿，聞處分外悲。丹穴縱近，誰容再歸。

第六歇拍

哀誠屢吐，甬東分賜。垂暮日，置荒隅，心知愧。寶鍔紅委。鸞存鳳去，辜負恩憐，情不似虞姬。尚望論功，榮歸故里。　降令曰，吳無赦汝，越與吳何異。吳正怨，越方疑。從公論，合去妖類。蛾眉宛轉，竟殞鮫綃，香骨委塵泥。渺渺姑蘇，荒蕪鹿戲。

第七煞袞

王公子。青春更才美，風流慕連理。耶溪一日，悠悠回首凝思。雲鬟煙鬢，玉珮霞裾，依約露妍姿。送目驚喜。俄迂玉趾。　同仙騎。洞府歸去，簾櫳窈窕戲魚水。正一點犀通，遽別恨何已。媚魄千載，教人屬意。況當時。金殿裡。

此曲自「排遍第八」至「煞袞」，共十遍，而截去「排遍第七」以上不用。此種大曲，遍數既多，雖便於敘事，然其動作皆有定則，欲以完全演一故事，固非易易。且現存大曲，皆為敘事體，而非代言體；即有故事，要亦為歌舞戲之一種，未足以當戲曲之名也。

由上所述宋樂曲觀之，則傳踏僅以一曲反復歌之；曲破與大曲，則曲之遍數雖多，然仍限於一曲；至合數曲而成一樂者，惟宋鼓吹曲中有之。宋大駕鼓吹，恆用〈導引〉、〈六州〉、〈十二時〉三曲。梓宮發引，則加〈祔陵歌〉；虞主回京，則加〈虞主歌〉，各為四曲。南渡後郊祀，則於〈導引〉、〈六州〉、〈十二時〉三曲外，又加〈奉禋歌〉、〈降仙臺〉二曲，共為五曲。合曲之體例，始於鼓吹見之。若求之於通常樂曲中，則合諸曲以成全體者，實自諸宮調始。諸宮調者，小說之支流，而被之以樂曲者也。《碧雞漫志》（卷二）：「熙寧、元豐間，「澤州孔三傳始創諸宮調古傳，士大夫皆能誦之。」」《夢粱錄》（卷二十）云：「說唱諸宮調，昨汴京有孔三傳，編成傳奇靈怪，入曲說唱。」《東京夢華錄》（卷五）記崇、觀以來瓦舍伎藝，有孔三傳耍秀才諸宮調。《武林舊事》（卷六）所載諸色伎藝人，諸宮調傳奇，有高郎婦等四人，則南北宋均有之。今其詞尚存者，惟金董解元之《西廂》耳。董解元《西廂》，胡元瑞、焦理堂、施北研筆記中均有考訂，訖不知為何體。沈德符《野獲編》（卷廿五）且妄以為金人院本模範。以余考之，確為諸宮調無疑。觀陶南村《輟耕錄》謂「金章宗時董解元所編《西廂記》，世代未遠，猶罕有人能解之」，則後人不識此體，固不足怪也。此編之為諸宮調有三證：本書卷一〈太平賺〉詞云：「俺平生情性好疏狂，疏狂的情性難拘束。一回家想麼，詩魔多愛選多情曲。比前賢樂府不中聽，在諸宮調裡卻著數。」此開卷自敘事作詞緣起，而自云「在諸宮調裡」，其證一也。元凌雲翰《柘軒詞》，有〈定風波〉詞〈賦崔鶯鶯傳〉云：「翻殘金舊日諸宮調本，才入時人聽。」則金人所賦《西廂》詞，自為諸宮調，其證二也。此書體例，求之古曲，無一相似。獨元王伯成《天寶遺事》見於《雍熙樂府》、《九宮大成》所選者，大致相同。而元鍾嗣成《錄鬼簿》（卷上）於王伯成條下注云：「有《天寶遺事諸宮調》行於世。」王詞既為諸宮調，則董詞之為諸宮調無疑，其證三也。其所以名諸宮調者，則由宋人所用大曲傳踏，不過一曲，其在同一宮調中甚明。惟此編每宮調中，多或十餘曲，少或一二曲，即易他宮調，合若干宮調以詠一事，故謂之諸宮調。今錄二三調以示其例耳。

【黃鐘宮・出隊子】最苦是離別，彼此心頭難棄捨。鶯鶯哭得似癡呆，臉上啼痕都是血，有千種恩情何處說。夫人道：「天晚教郎疾去！」怎奈紅娘心似鐵，把鶯鶯扶上七香車。君瑞攀鞍空自攧，道得箇冤家寧奈些。【尾】馬兒登程，坐車兒歸舍。馬兒往西行，坐車兒往東拽。兩口兒一步兒離得遠如一步也。

【仙呂調・點絳唇纏令】美滿生離，據鞍兀兀離腸痛，舊歡新寵，變作高唐夢。回首孤城，依約青山擁。西風送，戍樓寒重，初品〈梅花弄〉。【瑞蓮兒】衰草淒淒一徑通，丹楓索索滿林紅。平生蹤跡無定著，如斷蓬。聽塞鴻，啞啞的飛過暮雲重。

【風吹荷葉】憶得枕鴛衾鳳，今宵管半壁兒沒用。觸目淒涼千萬種，見滴流流的紅葉，淅零零的微雨，率剌剌的西風。【尾】驢鞭半裊，吟肩雙聳，休問離愁輕重，向箇馬兒上馱也馱不動。（離蒲西行三十里，日色晚矣，野景堪畫。）

【仙呂調・賞花時】落日平林噪晚鴉，風袖翩翩催瘦馬，一徑入天涯，荒涼古岸，衰草帶霜滑。瞥見箇孤林端入畫。籬落蕭疏帶淺沙，一箇老大伯捕魚蝦，橫橋流水，茅舍映荻花。【尾】駝腰的柳樹上有魚槎，一竿風旆茅簷上掛。澹煙瀟灑，橫鎖著兩三家。（生投宿於村落。）

此上八曲，已易三調，全書體例皆如是。此於敘事最為便利，蓋大曲等先有曲，而後人借以詠事。此則製曲之始，本為敘事而設，故宋金雜劇院本中，後亦用之，（見後二章。）非徒供說唱之用而已。

宋人樂曲之不限一曲者，諸宮調之外，又有賺詞。賺詞者，取一宮調之曲若干，合之以成一全體。此體久為世人所不知。案《夢粱錄》（卷二十）：「紹興年間，有張五牛大夫，因聽動鼓板中有

〈太平令〉或賺鼓板，即今拍板大節抑揚處是也，遂撰為『賺』。賺者，誤賺之之義，正堪美聽中，不覺已至尾聲，是不宜為片序也。又有『覆賺』，其中變花前月下之情及鐵騎之類」云云。是唱賺之中，亦有敷演故事者，今已不傳。其常用賺詞，余始於《事林廣記》（日本翻元泰定本，戊集卷二。）中發見之。其前且有唱賺規例，今具錄如左：

遏雲要訣

夫唱賺一家，古謂之道賺。腔必真，字必正。欲有墩亢掣拽之殊，字有脣喉齒舌之異。抑分輕清、重濁之聲，必別合口、半合口之字。更忌馬嚻韃子，俗語鄉談。如對聖案，但唱樂道、山居、水居、清雅之詞，切不可以風情花柳、豔冶之曲，如此則為瀆聖。社條不賽。筵會吉席，上壽慶賀，不在此限。假如未唱之初，執拍當胸，不可高過鼻，須假鼓板村掇；三拍起引子，唱頭一句；又三拍至兩片結尾，三拍煞；入序，尾，三拍，巾斗煞；入賺，頭一字當一拍，第一片三拍，後倣此。出賺三拍，出聲巾斗，又三拍煞。尾聲總十二拍：第一句四拍，第二句五拍，第三句三拍煞。此一定不踰之法。

遏雲致語（筵會用。）【鷓鴣天】

遇酒當歌酒滿斟，一觴一詠樂天真。三盃五盞陶情性，對月臨風自賞心。環列處，總佳賓，歌聲繚亮歇行雲。春風滿座知音者，一曲教君側耳聽。

圓社市語【中呂宮·圓裡圓】

【紫蘇丸】相逢閑暇時，有閑的打喚瞞兒，呵喝囉聲嗽道膁廝，俺嗏歡喜。才下腳，須和美，試問伊家，有甚夾氣，又管甚官場側背，算人間落花流水。

【縷縷金】把金銀錠打旋起，花星臨照我，怎彈避？近日間遊戲，因到花市簾兒下，瞥見一個表兒圓，咱每便著意。

【好孩兒】生得寶妝蹺，身分美，繡帶兒纏腳，更好肩背。畫眉兒入鬢春山翠，帶著粉鉗兒，更綰個朝天髻。

【大夫娘】忙入步，又遲疑，又怕五角兒衝撞我沒蹺踢。綱兒盡是札，圓底都鬆例，要拋聲忒壯果難為，真個費腳力。

【好孩兒】供送飲三盃，先入氣，道今宵打歇處，把人拍惜。怎知他水脉透不由得你。咱們只要表兒圓時，復地一合兒美。

【賺】春遊禁陌，流鶯往來穿梭戲，紫燕歸巢，葉底桃花綻蕊。賞芳菲，蹴鞦韆高而不遠，似踏火不沾地，見小池，風擺荷葉戲水。素秋天氣，正翫月斜插花枝，賞登高佶料沙羔美，最好當場落帽，陶潛菊繞籬。仲冬時，那孩兒忌酒怕風，帳幙中纏腳忒稔膩。講論處，下梢團圓到底，怎不則劇。

【越恁好】勘腳并打二，步步隨定伊，何曾見走衺。你於我，我與你，場場有踢，沒些拗背。兩個對壘，天生不枉作一對。腳頭果然廝稠密密。

【鶻打兔】從今後一來一往，休要放脫些兒。又管甚攪閑底，拽閑定白打賺廝，有千般解數，真個難比。

骨自有

【尾聲】五花叢裡英雄輩，倚玉偎香不暫離，做得個風流第一。

《事林廣記》雖載此詞，然不著其為何時人所作。以余考之，則當出南渡之後。詞前有「遏雲要訣」，遏雲者，南宋歌社之名。《武林舊事》（卷三）：「二月八日為桐川張王生辰，霍山行宮朝拜極盛，百戲競集，如緋綠社、（雜劇。）齊雲社、（蹴球。）遏雲社（唱賺。）」等云云。《夢粱錄》（卷十九）〈社會〉條下亦載之。今此詞之首，有「遏雲要訣」、「遏雲致語」。又云「唱賺」、「道賺」，而詞中又有賺詞，則為宋遏雲社所唱賺詞無疑也。所唱之曲，題為「圓社市語」，圓社謂蹴球。《事林廣記》（戊集卷二）〈圓社摸場〉條，起四句云：「四海齊雲社，當場蹴氣球，作家偏著所，圓社最風流。」今曲題如此，而曲中所使皆蹴球家語，則圓社為齊雲社無疑。以遏雲社之人，唱齊雲社之事，謂非南宋人所作不可也。此詞自其結構觀之，則似北曲；自其曲名，則疑為南曲。蓋其用一宮調之曲，頗似北曲套數；其曲名則〈縷縷金〉、〈好孩兒〉、〈越恁好〉三曲，均在南曲中呂宮。〈紫蘇丸〉則在南曲仙呂宮，北曲中無此數調。〈鶻打兔〉則南北曲皆有，惟皆無〈大夫娘〉一曲。蓋南北曲之形式及材料，在南宋已全具矣。

第七章　古劇之結構

宋金以前雜劇院本，今無一存。又自其目觀之，其結構與後世戲劇迥異，故謂之古劇。古劇者，非盡純正之劇，而兼有競技遊戲在其中，既如前二章所述矣。蓋古人雜劇，非瓦舍所演，則於讌集用之。瓦舍所演者，技藝甚多，不止雜劇一種。而讌集時所以娛耳目者，雜劇之外，亦尚有種種技藝，觀《宋史·樂志》、《東京夢華錄》、《夢粱錄》、《武林舊事》所載天子大宴禮節可知。即以雜劇言，其種類亦不一。正雜劇之前，有豔段，其後散段謂之雜扮，（見第六章。）二者皆較正雜劇為簡易。此種簡易之劇，當以滑稽戲、競技遊戲充之，故此等亦時冒雜劇之名，此在後世猶然。明顧起元《客座贅語》謂：「南都萬曆以前，大席則用教坊打院本，乃北曲四大套者。中間錯以撮墊圈，舞觀音，或百丈旗，或跳隊。」明代且然，則宋金固不足怪。但其相異者，則明代競技等，錯在正劇之中間，而宋金則在其前後耳。至正雜劇之數，每次所演，亦復不多。《東京夢華錄》謂：「雜劇入場，一場兩段。」《夢粱錄》亦云：「次做正雜劇，通名兩段。」《武林舊事》（卷一）所載「天基聖節排當樂次」，亦皇帝初坐，進雜劇二段；再坐，復進二段。此可以例其餘矣。

腳色之名，在唐時只有參軍、蒼鶻，至宋而其名稍繁。《夢粱錄》（卷二十）云：「雜劇中末泥為長，每一場四人或五人。（中略。）末泥色主張，引戲色分付，副淨色發喬，副末色打諢。或添一人，名曰裝孤。」《輟耕錄》（卷二十五）所述略同。惟《武林舊事》（卷四）所載「乾淳教坊樂部」中，雜劇三甲，一甲或八人或五人。其所列腳色五，則有戲頭而無末泥，有裝旦而無裝孤，而引戲、副淨、副末三色則同，惟副淨則謂之次淨耳。《夢粱錄》云：「雜劇中末泥為長。」則末泥或即戲頭。然戲頭、引戲，實出古舞中之舞頭、引舞。（唐王建《宮詞》「舞頭先拍第三聲」，又「每過舞頭分兩向」，則舞頭唐時已有之。《宋史・樂志》有引舞，亦謂之引舞頭。《樂府雜錄・傀儡》條有引歌舞者郭郎，則引舞亦始於唐也。）則末泥亦當出於古舞中之舞末。《東京夢華錄》（卷九）云：舞旋「多是雷中慶。舞曲破擷前一遍，舞者入場。至歇拍，一人入場。對舞數拍。前舞者退，獨後舞者終其曲，謂之舞末」。末之名當出於此。又長言之則為末尼也。淨者，參軍之促音。宋代演劇時，參軍色手執竹竿子以句之，（見《東京夢華錄》卷九。）亦如唐代協律郎之舉麾樂作、偃麾樂止相似，故參軍亦謂之竹竿子。由是觀之，則末泥色以主張為職，參軍色以指麾為職，不親在搬演之列。故宋戲劇中淨、末二色，反不如副淨、副末之著也。

唐之參軍、蒼鶻，至宋而為副淨、副末二色。夫上既言淨為參軍之促音，茲何故復以副淨為參軍也？曰：副淨本淨之副，故宋人亦謂之參軍。《夢華錄》中執竹竿子之參軍，當為淨；而第二章滑稽劇中所屢見之參軍，則副淨也。此說有徵乎？曰：《輟耕錄》云：「副淨，古謂之參軍。副末，古謂之蒼鶻。鶻能擊禽鳥，末可打副淨。」此說以第二章所引《夷堅志》（丁集卷四）、《桯史》（卷七）、《齊東野語》（卷十三）諸事證之，無乎不合，則參軍之為副淨，當可信也。故淨與末始見於宋末諸書，而副淨與副末，則北宋人著述中已見之。黃山谷〈鼓笛令〉詞云：「副靖傳語木大，鼓兒裡且打一和。」《王直方詩話》（《苕溪漁隱叢話》前集卷三十引。）載，歐陽公致梅聖俞簡云：「正如雜劇人上名，下韻不來，須副末接續。」凡宋滑稽劇中與參軍相對待者，雖不言其為何色，其實皆為副末。此出於唐代參軍與蒼鶻之關係，其來已古。而《夢粱錄》所謂末泥色主張，引戲色分付，副淨色發喬，副末色打諢，此四語實能道盡宋代腳色之職分也。主張、分付，皆編排命令之事，故其自身不復演劇；發喬者，蓋喬作愚謬之態，以供嘲諷；而打諢，則益發揮之以成一笑柄也。試細玩第二章所載滑稽劇，無在不可見發喬、打諢二者之關係。至他種雜劇，雖不知如何，然謂副淨、副末二色，為古劇中最重之腳色，無不可也。

至「裝孤」、「裝旦」二語，亦有可尋味者。元人腳色中有孤有旦，其實二者非腳色之名。孤者，當時官吏之稱；旦者，婦女之稱。其假作官吏、婦女者，謂之裝孤、裝旦則可，若徑謂之孤與旦，則已過矣。孤者，當以帝王、官吏自稱孤寡，故謂之孤；旦與妲不知其義，然《青樓集》謂張奔兒為風流旦，李嬌兒為溫柔旦，則旦疑為宋元倡伎之稱。優伶本非官吏，又非婦人，故其假作官吏、婦人者，謂之裝孤、裝旦也。

要之，宋雜劇、金院本二目所現之人物，若妲、若旦、若徠，則示其男女及年齒；若孤、若酸、若爺老、若邦老，則示其職業及位置；若厥、若偌，則示其性情舉止；（其解均見拙著《古劇腳色考》。）若哮、若鄭、若和，雖不解其義，亦當有所指示。然此等皆有某腳色以扮之，而其自身非腳色之名，則可信也。

宋雜劇、金院本二目中，多被以歌曲。當時歌者與演者果一人否，亦所當考也。滑稽劇之言語，必由演者自言之。至自唱歌曲與否，則當視此時已有代言體之戲曲否以為斷。若僅有敘事體之曲，則當如第四章所載史浩〈劍舞〉，歌唱與動作，分為二事也。

綜上所述者觀之，則唐代僅有歌舞劇及滑稽劇，至宋金二代而始有純粹演故事之劇。故雖謂真正之戲劇起於宋代，無不可也。然宋金演劇之結構，雖略如上，而其本則無一存。故當日已有代言體之戲曲否，已不可知，而論真正之戲曲，不能不從元雜劇始也。

第十一章　元劇之結構

元劇以一宮調之曲一套為一折。普通雜劇大抵四折，或加楔子。案《說文》（六）：「楔，櫼也。」今木工於兩木間有不固處，則斫木札入之，謂之楔子，亦謂之櫼。雜劇之楔子亦然。四折之外，意有未盡，則以楔子足之。昔人謂北曲之楔子即南曲之引子，其實不然。元劇楔子或在前，或在各折之間，大抵用仙呂〈賞花時〉或〈端正好〉二曲。惟《西廂記》第二劇中之楔子，則用正宮〈端正好〉全套，與一折等，其實亦楔子也。除楔子計之，仍為四折。惟紀君祥之《趙氏孤兒》則有五折，又有楔子，此為元劇變例。又張時起之《賽花月秋千記》，今雖不存，然據《錄鬼簿》所記，則有六折。此外無聞焉。若《西廂記》之二十折，則自五劇構成，合之為一，分之則仍為五。此在元劇中亦非僅見之作。如吳昌齡之《西遊記》，其書至國初尚存。其著錄於《也是園書目》者云四卷，見於曹寅《楝亭書目》者云六卷。明凌濛初〈西廂序〉云：「吳昌齡《西遊記》有六本。」則每本為一卷矣。凌氏又云：「王實甫《破窑記》、《麗春園》、《販茶船》、《進梅諫》、《于公高門》，各有二本；關漢卿《破窑記》、《澆花旦》，亦有二本。」此必與《西廂記》同一體例。此外《錄鬼簿》所載，如李文蔚有《謝安東山高臥》，下注云「趙公輔次本」，而於趙公輔之《晉謝安東山高臥》下，則注云「次本」；武漢臣有《虎牢關三戰呂布》，下注云「鄭德輝次本」，而於鄭德輝此劇下，則注云「次本」。蓋李、武二人作前本，而趙、鄭續之，以成一全體者也。餘如武漢臣之《曹伯明錯勘贓》，尚仲賢之《崔護謁漿》，趙子祥之《太祖夜斬石守信》、《風月害夫人》，趙文殷之《宦門子弟錯立身》，金仁傑之《蔡琰還朝》，皆注「次本」。雖不言所續何人，當亦續《西廂記》之類。然此不過增多劇數，而每劇之以四折為率，則固無甚出入也。

雜劇之為物，合動作、言語、歌唱三者而成，故元劇對此三者，各有其相當之物。其記動作者曰科，記言語者曰賓、曰白，記所歌唱者曰曲。元劇中所記動作，皆以科字終。後人與白並舉，謂之科白，其實自為二事。《輟耕錄》記金人院本，謂教坊「魏、武、劉三人鼎新編輯，魏長於念誦，武長於筋斗，劉長於科汎」。科汎，或即指動作而言也。賓白，則余所見周憲王自刊雜劇，每劇題目下，即有「全賓」字樣。明姜南《抱璞簡記》（《續說郛》卷十九。）曰：「北曲中有全賓、全白，兩人相說曰賓，一人自說曰白。」則賓、白又有別矣。臧氏〈元曲選序〉云：「或謂元取士有填詞科。（中略。）主司所定題目外，止曲名及韻耳。其賓白，則演劇時伶人自為之，故多鄙俚蹈襲之語。」填詞取士說之妄，今不必辨，至謂賓白為伶人自為，其說亦頗難通。元劇之詞，大抵曲、白相生，苟不兼作白，則曲亦無從作，此最易明之理也。今就其存者言之，則《元曲選》中百種，無不有白，此猶可諉為明人之作也。然白中所用之語，如馬致遠《薦福碑》劇中之「曳刺」，鄭光祖《王粲登樓》劇中之「點湯」，一為遼金人語，一為宋人語，明人已無此語，必為當時之作無疑。至《元刊雜劇三十種》，則有曲無白者誠多，然其與《元曲選》複出者，字句亦略相同，而有曲、白相生之妙。恐坊間刊刻時，刪去其白，如今日坊刊腳本然。蓋白則人人皆知，而曲則聽者不能盡解。此種刊本，當為供觀劇者之便故也。且元劇中賓白，鄙俚蹈襲者固多，然其傑作如《老生兒》等，其妙處全在於白。苟去其白，則其曲全無意味。欲強分為二人之作，安可得也。且周憲王時代去元未遠，觀其所自刊雜劇，曲白俱全，則元劇亦當如此。愈以知臧說之不足信矣。元劇每折唱者止限一人，若末、若旦；他色則有白無唱，若唱，則限於楔子中。至四折中之唱者，則非末若旦不可。而末若旦所扮者，不必皆為劇中主要之人物。苟劇中主要之人物於此折不唱，則亦退居他色，而以末若旦扮唱者，此一定之例也。然亦有出於例外者，如關漢卿之《蝴蝶夢》第三折，則旦之外，俫兒亦唱。尚仲賢之《氣英布》第四折，則正末扮探子唱，又扮英布唱。張國賓之《薛仁貴》第三折，則丑扮禾旦上唱，正末復扮伴哥唱。范子安之《竹葉舟》第四折，則首列禦寇唱，次正末唱。然《氣英布》劇探子所唱，已至尾聲，故元刊本及《雍熙樂府》所選，皆至尾聲而止，後三曲或後人所加。《蝴蝶夢》、《薛仁貴》中，俫及丑所唱者，既非本宮之曲，且刊本中皆低一格，明非曲。《竹葉舟》中列禦寇所唱，明曰道情，至下〈端正好〉曲，乃入正劇。蓋但以供點綴之用，不足破元劇之例也。惟《西廂記》第一、第四、第五劇之第四折，皆以二人唱。今《西廂》只有明人所刊，其為原本如此，抑由後人竄入，則不可考矣。

元劇腳色中，除末、旦主唱，為當場正色外，則有淨有丑。而末、旦二色，支派彌繁。今舉其見於元劇者，則末有外末、沖末、二末、小末，旦有老旦、大旦、小旦、旦倈、色旦、搽旦、外旦、貼旦等。《青樓集》云：「凡妓以墨點破其面者為花旦。」元劇中之色旦、搽旦，殆即是也。元劇有外旦、外末，而又有外。外則或扮男，或扮女，當為外末、外旦之省。外末、外旦之省為外，猶貼旦之後省為貼也。案《宋史．職官志》，凡直館、院則謂之館職，以他官兼者謂之貼職。又《武林舊事》（卷四）〈乾淳教坊樂部〉有「衙前」，有「和顧」。而和顧人中，如朱和、蔣寧、王原全下皆注云「次貼衙前」，意當與貼職之貼同，即謂非衙前而充衙前（衙前謂臨安府樂人。）也。然則曰沖、曰外、曰貼，均係一義，謂於正色之外，又加某色以充之也。此外見於元劇者，以年齡言，則有若孛老、卜兒、倈兒；以地位職業言，則有若孤、細酸、伴哥、禾旦、曳剌、邦老，皆有某色以扮之，而其自身則非腳色之名，與宋金之腳色無異也。

元劇中歌者與演者之為一人，固不待言。毛西河《詞話》獨創異說，以為演者不唱，唱者不演。然《元曲選》各劇，明云「末唱」、「旦唱」。《元刊雜劇》亦云「正末開」或「正末放」，則為旦、末自唱可知。且毛氏連廂之說，元明人著述中從未見之，疑其言猶蹈明人杜撰之習。即有此事，亦不過演劇中之一派，而不足以概元劇也。

演劇時所用之物謂之砌末。焦理堂《易餘籥錄》（卷十七）曰：「《輟耕錄》有諸雜砌之目，不知所謂。按：元曲《殺狗勸夫》祇從取砌末上，謂所埋之死狗也；《貨郎旦》外旦取砌末付淨科，謂金銀財寶也；《梧桐雨》正末引宮娥挑燈拿砌末上，謂七夕乞巧筵所設物也；《陳摶高臥》外扮使臣引卒子捧砌末上，謂詔書、纁帛也；《冤家債主》和尚交砌末科，謂銀也；《誤入桃源》正末扮劉晨、外扮阮肇，各帶砌末上，謂行李包裹或採藥器具也；又淨扮劉德引沙三、王留等將砌末上，謂春社中羊酒、紙錢之屬也。」余謂焦氏之解砌末是也。然以之與雜砌相牽合，則頗不然。雜砌之解，已見上文，似與砌末無涉。砌末之語，雖始見元劇，必為古語。案宋無名氏《續墨客揮犀》（卷七）云：「問今州郡有公宴，將作曲，伶人呼細末將來，此是何義？對曰：凡御宴進樂，先以弦聲發之，然後眾樂和之，故號絲抹將來。今所在起曲，遂先之以竹聲，不惟訛其名，亦失其實矣。」又張表臣《珊瑚鉤詩話》（卷二）亦云：「始作樂，必曰『絲抹將來』，亦唐以來如是。」余疑砌末或為細末之訛。蓋絲抹一語，既訛為細末，其義已亡，而其語獨存，遂誤視為將某物來之意，因以指演劇時所用之物耳。

第十二章　元劇之文章

元雜劇之為一代之絕作，元人未之知也；明之文人始激賞之，至有以關漢卿比司馬子長者。（韓文靖邦奇。）三百年來，學者文人大抵屏元劇不觀；其見元劇者，無不加以傾倒。如焦理堂《易餘籥錄》之說，可謂具眼矣。焦氏謂一代有一代之所勝，欲自楚〈騷〉以下撰為一集：漢則專取其賦，魏晉六朝至隋則專錄其五言詩，唐則專錄其律詩，宋專錄其詞，元專錄其曲。余謂律詩與詞，固莫盛於唐宋，然此二者果為二代文學中最佳之作否，尚屬疑問；若元之文學，則固未有尚於其曲者也。元曲之佳處何在？一言以蔽之，曰自然而已矣。古今之大文學，無不以自然勝，而莫著於元曲。蓋元劇之作者，其人均非有名位學問也；其作劇也，非有藏之名山、傳之其人之意也。彼以意興之所至為之，以自娛娛人。關目之拙劣，所不問也；思想之卑陋，所不諱也；人物之矛盾，所不顧也。彼但摹寫其胸中之感想與時代之情狀，而真摯之理與秀傑之氣時流露於其間。故謂元曲為中國最自然之文學，無不可也；若其文字之自然，則又為其必然之結果，抑其次也。

明以後傳奇無非喜劇，而元則有悲劇在其中。就其存者言之，如《漢宮秋》、《梧桐雨》、《西蜀夢》、《火燒介子推》、《張千替殺妻》等，初無所謂先離後合、始困終亨之事也。其最有悲劇之性質者，則如關漢卿之《竇娥冤》，紀君祥之《趙氏孤兒》。劇中雖有惡人交構其間，而其蹈湯赴火者，仍出於其主人翁之意志，即列之於世界大悲劇中，亦無媿色也。

元劇關目之拙，固不待言。此由當日未嘗重視此事，故往往互相蹈襲，或草草為之。然如武漢臣之《老生兒》、關漢卿之《救風塵》，其布置結構，亦極意匠慘淡之致，寧較後世之傳奇，有優無劣也。

然元劇最佳之處，不在其思想結構，而在其文章。其文章之妙，亦一言以蔽之，曰有意境而已矣。何以謂之有意境？曰寫情則沁人心脾，寫景則在人耳目，述事則如其口出是也。古詩詞之佳者，無不如是，元曲亦然。明以後，其思想結構儘有勝於前人者，惟意境則為元人所獨擅。茲舉數例以證之。其言情述事之佳者，如關漢卿《謝天香》第三折：

【正宮・端正好】我往常在風塵，為歌妓，不過多見了幾箇筵席，回家來仍作箇自由鬼，今日倒落在無底磨牢籠內！

馬致遠《任風子》第二折：

【正宮・端正好】添酒力晚風涼，助殺氣秋雲暮，尚兀自腳趔趄醉眼模糊。他化的我一方之地都食素，單則俺殺生的無緣度。

語語明白如畫，而言外有無窮之意。又如《竇娥冤》第二折：

【鬥蝦蟆】空悲戚，沒理會，人生死，是輪迴。感著這般病疾，值著這般時勢，可是風寒暑濕，或是飢飽勞役，各人證候自知。人命關天關地，別人怎生替得，壽數非干一世，相守三朝五夕。說甚一家一計，又無羊酒緞匹，又無花紅財禮，把手為活過日，撒手如同休棄。不是竇娥忤逆，生怕旁人論議，不如聽咱勸你，認箇自家悔氣。割捨的一具棺材，停置幾件布帛，收拾出了咱家門裡，送入他家墳地。這不是你那從小兒年紀指腳的夫妻，我其實不關親，無半點悽愴淚。休得要心如醉，意似癡，便這等嗟嗟怨怨，哭哭啼啼。

此一曲直是賓白，令人忘其為曲。元初所謂當行家，大率如此。至中葉以後，已罕覯矣。其寫男女離別之情者，如鄭光祖《倩女離魂》第三折：

【醉春風】空服遍瞑眩藥不能痊，知他這腤臢病何日起，要好時直等的見他時，也只為這症候因他上得。得。一會家縹渺呵，忘了魂靈；一會家精細呵，使著軀殼；一會家混沌呵，不知天地。

【迎仙客】日長也愁更長，紅稀也信尤稀，春歸也奄然人未歸。我則道相別也數十年，我則道相隔著數萬里。為數歸期，則那竹院裡刻遍琅玕翠。

此種詞如彈丸脫手，後人無能為役。惟南曲中《拜月》、《琵琶》，差能近之。至寫景之工者，則馬致遠之《漢宮秋》第三折：

【梅花酒】呀！對著這迥野淒涼，草色已添黃。兔起早迎霜，犬褪得毛蒼，人搠起纓鎗，馬負著行裝，車運著餱糧，打獵起圍場。他他他傷心辭漢主，我我我攜手上河梁。他部從，入窮荒；我鑾輿，返咸陽。返咸陽，過宮墻；過宮墻，繞迴廊；繞迴廊，近椒房；近椒房，月昏黃；月昏黃，夜生涼；夜生涼，泣寒螿；泣寒螿，綠紗窗；綠紗窗，不思量。

【收江南】呀！不思量，便是鐵心腸，鐵心腸也愁淚滴千行。美人圖今夜掛昭陽，我那裡供養，便是我高燒銀燭照紅妝。

尚書云：陛下回鑾罷，娘娘去遠了也。（駕唱：）

【鴛鴦煞】我煞大臣行，說一箇推辭謊，又則怕筆尖兒那火編修講。不見那花朵兒精神，怎趁那草地裡風光。唱道竚立多時，徘徊半晌，猛聽的塞雁南翔，呀呀的聲嘹亮，卻原來滿目牛羊，是兀那載離恨的氈車，半坡裡響。

以上數曲，真所謂寫情則沁人心脾，寫景則在人耳目，述事則如其口出者。第一期之元劇，雖淺深大小不同，而莫不有此意境也。

古代文學之形容事物也，率用古語，其用俗語者絕無。又所用之字數亦不甚多。獨元曲以許用襯字故，故輒以許多俗語，或以自然之聲音形容之。此自古文學上所未有也。茲舉其例，如《西廂記》第四劇第四折：

【雁兒落】綠依依墻高柳半遮，靜悄悄門掩清秋夜，疏刺刺林梢落葉風，昏慘慘雲際穿窗月。

【得勝令】驚覺我的是顫巍巍竹影走龍蛇，虛飄飄莊周夢蝴蝶，絮叨叨促織兒無休歇，韻悠悠砧聲兒不斷絕。痛煞煞傷別，急煎煎好夢兒應難捨，冷清清的咨嗟，嬌滴滴玉人兒何處也？

此猶僅用三字也。其用四字者，如馬致遠《黃粱夢》第四折：

【叨叨令】我這裡穩丕丕土坑上迷颩沒騰的坐，那婆婆將粗刺刺陳米喜收希和的播。那蹇驢兒柳陰下舒著足乞留惡濫的臥，那漢子去脖項上婆娑沒索的摸。你則早醒來了也麼哥，你則早醒來了也麼哥，可正是窗前彈指時光過。

其更奇絕者，則如鄭光祖《倩女離魂》第四折：

【古水仙子】全不想這姻親是舊盟，則待教祆廟火刮刮匝匝烈燄生。將水面上鴛鴦忒楞楞騰分開交頸，疏剌剌沙鞴雕鞍撒了鎖鞓。廝琅琅湯偷香處喝號提鈴，支楞楞爭絃斷了不續碧玉箏。吉丁丁璫精磚上摔破菱花鏡，撲通通東井底墜銀瓶。

又無名氏《貨郎旦》劇第四折，則所用疊字其數更多：

【貨郎兒六轉】我則見黯黯慘慘天涯雲布，萬萬點點瀟湘夜雨；正值著窄窄狹狹溝溝塹塹路崎嶇，黑黑黯黯彤雲布，赤留赤律瀟瀟灑灑斷斷續續，出出律律忽忽魯魯陰雲開處，霍霍閃閃電光星注。正值著颼颼摔摔風，淋淋淥淥雨，高高下下凹凹答答一水模糊，撲撲簌簌濕濕淥淥疏林人物，卻便似一幅慘慘昏昏瀟湘水墨圖。

由是觀之，則元劇實於新文體中自由使用新言語，在我國文學中，於《楚辭》、內典外，得此而三。然其源遠在宋、金二代，不過至元而大成。其寫景、抒情、述事之美，所負於此者實不少也。元曲分三種，雜劇之外，尚有小令、套數。小令祇用一曲，與宋詞略同。套數則合一宮調中諸曲為一套，與雜劇之一折略同。但雜劇以代言為事，而套數則以自敘為事，此其所以異也。元人小令、套數之佳，亦不讓於其雜劇。茲各錄其最佳者一篇，以示其例，略可以見元人之能事也。

小令：

天淨沙（無名氏。此詞《庶齋老學叢談》及元刊《樂府新聲》均不著名氏，《堯山堂外紀》以為馬致遠撰，朱竹垞《詞綜》仍之，不知何據。）

枯藤老樹昏鴉，小橋流水人家，古道西風瘦馬。夕陽西下，斷腸人在天涯。

套數：

秋思（馬致遠。見元刊《中原音韻》、《樂府新聲》。）

【雙調・夜行船】百歲光陰如夢蝶，重回首往事堪嗟。昨日春來，今朝花謝。急罰盞夜闌燈滅。

【喬木查】秦宮漢闕，做衰草牛羊野，不恁漁樵無話說。縱荒墳橫斷碑，不辨龍蛇。

【慶宣和】投至狐蹤與兔穴，多少豪傑。鼎足三分半腰折，魏耶？晉耶？

【落梅風】天教富，不待奢，無多時好天良夜。看錢奴硬將心似鐵，空辜負錦堂風月。

【風入松】眼前紅日又西斜，疾似下坡車。晚來清鏡添白雪，上牀與鞋履相別。莫笑鳩巢計拙，葫蘆提一就裝呆。

【撥不斷】利名竭，是非絕，紅塵不向門前惹，綠樹偏宜屋角遮，青山正補墻東缺，竹籬茅舍。

【離亭宴煞】蛩吟罷一枕才寧貼，雞鳴後萬事無休歇，算名利何年是徹。密匝匝蟻排兵，亂紛紛蜂釀蜜，鬧穰穰蠅爭血。裴公綠野堂，陶令白蓮社。愛秋來那些？和露滴黃花，帶霜烹紫蟹，煮酒燒紅葉。人生有限杯，幾箇登高節？囑付與頑童記者，便北海探吾來，道東籬醉了也。

〈天淨沙〉小令，純是天籟，彷彿唐人絕句。馬東籬〈秋思〉一套，周德清評之以為萬中無一，明王元美等亦推為套數中第一，誠定論也。此二體雖與元雜劇無涉，可知元人之於曲，天實縱之，非後世所能望其項背也。

元代曲家，自明以來稱關、馬、鄭、白，然以其年代及造詣論之，寧稱關、白、馬、鄭為妥也。

關漢卿一空倚傍，自鑄偉詞，而其言曲盡人情，字字本色，故當為元人第一；白仁甫、馬東籬高華雄渾，情深文明；鄭德輝清麗芊綿，自成馨逸，均不失為第一流。其餘曲家，均在四家範圍內，惟宮大用瘦硬通神，獨樹一幟。以唐詩喻之，則漢卿似白樂天，仁甫似劉夢得，東籬似李義山，德輝似溫飛卿，而大用則似韓昌黎；以宋詞喻之，則漢卿似柳耆卿，仁甫似蘇東坡，東籬似歐陽永叔，德輝似秦少游，大用似張子野。雖地位不必同，而品格則略相似也。明寧獻王《曲品》躋馬致遠於第一，而抑漢卿於第十。蓋元中葉以後，曲家多祖馬、鄭而祧漢卿，故寧王之評如是，其實非篤論也。

元劇自文章上言之，優足以當一代之文學。又以其自然故，故能寫當時政治及社會之情狀，足以供史家論世之資者不少。又曲中多用俗語，故宋、金、元三朝遺語所存甚多，輯而存之，理而董之，自足為一專書。此又言語學上之事，而非此書之所有事也。

第十五章　元南戲之文章

元之南戲，以《荊》、《劉》、《拜》、《殺》並稱，得《琵琶》而五。此五本尤以《拜月》、《琵琶》為眉目，此明以來之定論也。元南戲之佳處，亦一言以蔽之，曰自然而已矣。申言之，則亦不過一言，曰有意境而已矣。故元代南北二戲，佳處略同，惟北劇悲壯沉雄，南戲清柔曲折，此外殆無區別，此由地方之風氣及曲之體制使然。而元曲之能事，則固未有間也。

元人南戲，推《拜月》、《琵琶》。明代如何元朗、臧晉叔、沈德符輩，皆謂《拜月》出《琵琶》之上。然《拜月》佳處，大都蹈襲關漢卿《閨怨佳人拜月亭》雜劇，但變其體制耳。明人罕睹關劇，又尚南曲，故盛稱之。今舉其例，資讀者之比較焉。

關劇第一折：

【油葫蘆】分明是風雨催人辭故國，行一步一太息。兩行愁淚臉邊垂，一點雨間一行悽惶淚，一陣風對一聲長吁氣。百忙裡一步一撒，索與他一步一提。這一對繡鞋兒分不得幫和底，稠緊緊粘軟軟帶著淤泥。

南戲《拜月亭》第十三齣：

【剔銀燈】（老旦：）迢迢路不知，是那裡？前途去，安身在何處？（旦：）一點點雨間著一行行悽惶淚，一陣陣風對著一聲聲愁和氣。（合：）雲低，天色向晚，子母命存亡兀自尚未知。

【攤破地錦花】（旦：）繡鞋兒分不得幫和底，一步步提，百忙裡褪了跟兒。（老旦：）冒雨衝風，帶水拖泥。（合：）步遲遲，全沒些氣和力。

又如《拜月》南戲中第三十二齣，實為全書中之傑作，然大抵本於關劇第三折。今先錄關劇一段如下：

（旦做入房裡科。小旦云了。）夜深也，妹子你歇息去波，我也待睡也。（小旦云了。）梅香安排香桌兒去，我去燒炷夜香咱。（梅香云了。）

【伴讀書】你靠欄檻臨臺榭，我準備名香爇。心事悠悠憑誰說？只除向金鼎焚龍麝。與你殷勤參拜遙天月，此意也無別。

【笑和尚】韻悠悠比及把角品絕，碧熒熒投至那鐙兒滅。薄設設衾共枕空舒設，冷清清不恁迭，閑遙遙生枝節，悶懨懨怎捱他如年夜？（梅香云了，做燒香科。）

【倘秀才】天那，這一炷香，則願削減俺尊君狠切；這一炷香，則願俺那抛閃下的男兒較些。那一箇耶娘不間疊，不似俺忒啤嗻劣缺。

（做拜月科。云：）願天下心廝愛的夫妻，永無分離，教俺兩口兒早得團圓。（小旦云了，做羞科。）

【叨叨令】元來你深深的花底將身兒遮，搽搽的背後把鞋兒捻，澀澀的輕把我裙兒拽，煴煴的羞得我腮兒熱。小鬼頭直到撞破我也末哥，直到撞破我也末哥，我一星星都索從頭兒說。（小旦云了。）妹子，你不知我兵火中多得他本人氣力來，我以此忘不下他。（小旦云了，打悲科。）恁姐夫姓蔣，名世隆，字彥通，如今二十三歲也。（小旦打悲科，做猛問科。）

【倘秀才】來波，我怨感我合哽咽，不剌你啼哭你為甚迭？（小旦云了。）你莫不元是俺男兒舊妻妾？阿！是是是。當時只爭箇字兒別，我錯呵了應者。（小旦云了。）你兩個是親弟兄。（小旦云了，做歡喜科。）

【呆古朵】似恁的呵，嗒從今後越索著疼熱，休想似在先時節。你又是我妹妹姑姑，我又是你嫂嫂姐姐。（小旦云了。）這般者，俺父母多宗派，您兄弟無枝葉。從今後休從俺耶娘家根腳排，只做俺兒夫家親眷者。（小旦云了。）若說著俺那相別呵，話長。

【三煞】他正天行汗病，換脉交陽，那其間被俺耶把我橫拖倒拽出招商舍，硬廝強扶上走馬車。誰想舞燕啼鶯，翠鸞嬌鳳，撞著猛虎獰狼，蝠蠍頑蛇。又不敢號咷悲哭，又不敢囑付丁寧，空則索感嘆傷嗟。據著那淒涼慘切，一霎兒似癡呆。

【二煞】則就裡先肝腸眉黛千千結，煙水雲山萬萬疊。他便似烈焰飄風，劣心卒性；怎禁他後擁前推，亂棒胡茄。阿誰無箇老父？誰無箇尊君？誰無箇親耶？從頭兒看來，都不似俺那狠爹爹。

【尾】他把世間毒害收拾徹，我將天下憂愁結攬絕。（小旦云了。）沒盤纏，在店舍，有誰人，廝擡貼。那蕭疏，那淒切，生分離，廝拋撇。從相別，那時節，音書無，信音絕。我這些時眼跳腮紅耳輪熱，眠夢交雜不寧貼，您哥哥暑濕風寒縱較些，多被那煩惱憂愁上斷送也。

（下。）

《拜月》南戲第三十二齣，全從此出，而情事更明白曲盡，今亦錄一段以比較之：

（旦：）呀，這丫頭去了，天色已晚。只見半彎新月，斜挂柳梢。不免安排香案，對月禱告一番。爭些誤了。

【二郎神慢】拜星月，寶鼎中明香滿爇。（小旦潛上聽科。旦：）上蒼！這一炷香呵。願我拋閃下的男兒疾效些，得再睹同歡同悅。（小旦：）悄悄輕把衣袂拽，卻不道小鬼頭春心動也。（走科。旦：）妹子到那裡去？（小旦：）我也到父親行去說。（旦扯科。小旦：）放手，我這回定要去。（旦跪科。）妹子饒過姐姐罷。（小旦：）姐姐請起。那嬌怯，無言俛首，紅暈滿腮頰。

【鶯集御林春】恰才的亂掩胡遮，事到如今漏泄，姊妹心腸休見別，夫妻每是些周折。（旦：）教我難推恁阻。罷！妹子。我一星星對伊仔細從頭說。（小旦：）姐姐，他姓什麼？（旦：）姓蔣。（小旦：）呀，他也姓蔣？叫做什麼名字？（旦：）世隆名。（小旦：）呀，他家在那裡？（旦：）中都路是家。（小旦：）呀，姐姐你怎麼認得他？他是什麼樣人？（旦：）是我男兒受儒業。

【前腔】（小旦悲科。）聽說罷姓名家鄉，這情苦意切，悶海愁山，將我心上撇，不由人不淚珠流血。（旦：）我悽惶是正理，只合此愁休對愁人說。妹子，你啼哭為何因？莫非是我男兒舊妻妾？

【前腔】（小旦：）他須是瑞蓮親兄。（旦：）呀，元來是令兄，為何失散了？（小旦：）為軍馬犯闕。（旦：）是，我曉得了。散失忙尋相應者，那時節祇爭個字兒差迭。妹子，和你比先前又親，自今越更著疼熱，你休隨著我跟腳，久已後是我男兒那枝葉。

【前腔】（小旦：）我須是你妹妹姑姑，你是我嫂嫂又是姐姐。未審家兄和你因甚別，兩分離是何時節？（旦：）正遇寒冬冷月，恨爹爹將奴拆散在招商舍。（小旦：）你如今還思量著他麼？（旦：）思量起痛心酸，那其間染病耽疾。（小旦：）那時怎生割捨得撇了？（旦：）是我男兒教我怎割捨。

【四犯黃鶯兒】（小旦：）他直恁太情切，你十分忒軟怯，眼睜睜忍相拋撇。（旦：）枉自怨嗟，無可計設，當不過他搶來推去望前拽。（合：）意似虺蛇，性似蝎螫，一言如何訴說！

【前腔】（小旦：）流水下似馬和車，頃刻間途路賒，他在窮途逆旅應難捨。（旦：）那時節呵，囊篋又竭，藥食又缺，他那裡悶懨懨捱不過如年夜。（合：）寶鏡分裂，玉釵斷折，何日重圓再接？

【尾】自從別後信音絕，這些時魂驚夢怯，莫不是煩惱憂愁將人斷送也。

細較南、北二戲，則漢卿雜劇固酣暢淋漓，而南戲中二人對唱亦宛轉詳盡，情與詞偕，非元人不辨。然則《拜月》縱不出於施君美，亦必元代高手也。

《拜月亭》南戲，前有所因。至《琵琶》則獨鑄偉詞，其佳處殆兼南北之勝。今錄其〈喫糠〉一節，可窺其一斑：

【商調過曲・山坡羊】（旦：）亂荒荒不豐稔的年歲，遠迢迢不回來的夫婿，急煎煎不耐煩的二親，軟怯怯不濟事的孤身體。衣典盡，寸絲不掛體，幾番拚死了奴身己，爭奈沒主公婆教誰看取。思之，虛飄飄命怎期？難捱，實丕丕災共危。

【前腔】滴溜溜難窮盡的珠淚，亂紛紛難寬解的愁緒，骨崖崖難扶持的病身，戰兢兢難捱過的時和歲。這糠，我待不喫你呵，教奴怎忍飢？我待喫你呵，教奴怎生喫？思量起來不如奴先死，圖得不知親死時。思之，虛飄飄命怎期？難捱，實丕丕災共危。　奴家早上安排些飯與公婆喫，豈不欲買些鮭菜，爭奈無錢可買。不想公婆抵死埋怨，祇道奴家背他自喫了什麼東西，不知奴家喫的是米膜糠粃。又不敢教他知道，便使他埋怨殺我，我也不敢分說。苦！這些糠粃，怎生喫得下！（喫吐科。）

【雙調過曲・孝順歌】（旦：）嘔得我肝腸痛，珠淚垂，喉嚨尚兀自牢嗄住。糠那，你遭礱被舂杵，篩你簸揚你，喫盡控持，好似奴家身狼狽，千辛萬苦皆經歷。苦人喫著苦滋味，兩苦相逢，可知道欲吞不去。（外淨潛上覷科。）

【前腔】（旦：）糠和米，本是相依倚，被簸揚作兩處飛。一貴與一賤，好似奴家與夫婿，終無見期。丈夫便是米呵，米在他方沒處尋；奴家便似糠呵，怎的把糠來救得人飢餒？好似兒夫出去，怎的教奴，供膳得公婆甘旨。（外淨潛下科。）

【前腔】（旦：）思量我生無益，死又值甚底！不如忍飢死了為怨鬼。只一件公婆老年紀，靠奴家相依倚，祇得苟活片時。片時苟活雖容易，到底日久也難相聚。漫把糠來相比，這糠尚兀自有人喫，奴家的骨頭，知他埋在何處？（外淨上。淨云：）媳婦，你在這裡喫什麼？（旦云：）奴家不曾喫什麼？（淨搜奪科。旦云：）婆婆，你喫不得。（外云：）咳，這是什麼東西？

【前腔】（旦：）這是穀中膜，米上皮。（外云：）呀，這便是糠，要他何用？（旦：）將來餺饠可療飢。（淨云：）咦，這糠祇好將去喂豬狗，如何把來自喫？（旦：）嘗聞古賢書，狗彘食人食，也強如草根樹皮。（外淨云：）恁的苦澀東西，怕不噎壞了你？（旦：）齧雪吞氈，蘇卿猶健；餐松食柏，到做得神仙侶。這糠呵，縱然喫些何慮？（淨云：）阿公，你休聽他說謊，這糠如何喫得？（旦：）爹媽休疑，奴須是你孩兒的糟糠妻室。（外淨看哭科。）媳婦，我元來錯埋怨了你，兀的不痛殺我也。

此一齣實為一篇之警策。竹垞《靜志居詩話》謂：「聞則誠填詞，夜案燒雙燭，填至〈喫糠〉一齣，句云『糠和米本一處飛』，雙燭花交為一。」吳舒鳧〈長生殿傳奇序〉亦謂：「則誠居櫟社沈氏樓，清夜案歌，几上蠟炬二枚，光交為一，因名其樓曰『瑞光』。」此事固屬附會，可知自昔皆以此齣為神來之作。然《記》中筆意近此者，亦尚不乏此種筆墨，明以後人全無能為役，故雖謂北劇南戲，限於元代可也。

寫定元雜劇

〈寫定元本元雜劇序〉

上虞羅氏所藏《元刊雜劇三十種》，前年由日本京都大學影刊行世，余為董校刊之役，凡元板中別字、訛字，皆仍其舊，不改一字，所以存元本之真面目也。然世人恆苦其難讀，蓋元時別字俗體與今不同，又其訛字，非熟於宋元詞曲者亦無自知之。今取其最佳者，重為寫定，庶足為讀曲之一助歟。甲寅十二月詞山識。

《新刊關目嚴子陵垂釣七里灘》（《寫定元本元雜劇》第一。）

某姓嚴，名光，字子陵，本貫會稽嚴州人也。自幼年好遊翫江湖，即今在富陽富春山畔七里灘，釣魚為生。方今王新室在位為君一十七年，滅漢宗壹萬五千七百餘口，絕劉後患，天下把這姓劉的搜拿。有一人春陵鄉白水村姓劉名秀，字文叔，不敢呼為劉文叔，改名為金和秀才。他常從我為兄相待，近日在下村李二公莊上，閑攀話飲酒。想漢朝以來，

【點絳唇】開創高皇，上天謫降，蕭丞相，韓信，張良。自平帝生王莽。

【混江龍】自從夏桀將禹喪，獨夫殷紂滅成湯。丕顯哉弔民伐罪，丕承立守緒成康。剛四十垂拱巖廊朝彩鳳，第五輩巡狩湘流中淹殺昭王。自開基啟運，立國安邦，坐籌帷幄，竭力疆場，百十萬陣，三五千場，滿身矢鏃，遍體金瘡，尸橫草野，鴉啄人腸，未曾列兩行墨跡在史書中，卻早臥一邱新土在芒山上。咱人這富貴似蝸牛角半痕涎沫，功名似飛螢尾一點光芒。

【油葫蘆】劉文叔相期何故爽？一會家自暗想，怎生來今日晚了時光？他只在漁舟纜住收罾網，酒旗搖處沽村釀。暢情時酌一壺，開懷處飲幾觴。知他是暮年間身死中年喪，醉不到三萬六千場。

【天下樂】則願的王新室官命長。我這裡斟量，有箇意況。這乾坤姓王的由他姓王，他奪了呵奪了漢朝，篡了呵篡了漢邦，倒與俺閑人們留下醉鄉。

【那吒令】則咱這醉眼覷世界，不悠悠蕩蕩；則咱這醉眼覷日月，不來來往往；則咱這醉眼覷富貴，不勞勞攘攘。咱醉眼寬似滄海中，咱醉眼竟高似青霄上，咱醉眼不識箇宇宙洪荒。

【鵲踏枝】他笑咱唱的來不依腔，舞的來煞顛狂。俺不比你們皺定眉兒，別是天堂。富漢們喝

菜湯，穿粗衣潑裳，有一日潑家私，似狗倖羊腸。

【寄生草】我比他喫茶飯知個飢飽，我比他穿衣服知個暖涼。酒添的神氣能榮旺，飯裝的皮袋偏肥胖，衣穿的寒暑難侵傍。看誰人省悟是誰癡？怕不鳳凰飛在梧桐上。

【六幺序】你將他稱賞，把他讚揚，那廝則是火避□虎，當道豺狼。咱人但曉三章，但識斟量，忠孝賢良。□□敬光，怎肯受王新室紫綬金章。□□□鬼眼通身相，有多少馬壯人強。改年建號時間旺，篡了劉家朝典，奪了漢世封疆。

【幺】遍端詳，那廝模樣，休緊休忙，等那穹蒼，到那時光，漢室忠良，議論商量。引領刀槍，撞入門墻，拖下龍牀，脫了衣裳，木驢牽將，鬧市雲陽。手脚舒長，六道長釘釘上，咱大家看一場。不爭你動起刀槍，天下荒荒，正應道龍門魚傷。盡乾坤一片青羅網，咱人逃出、大等高張。你漢家枝葉合興旺。見放著不天摧地塌，國破家亡。

【後庭花】你道我瓦盆兒醜看相，磁甌兒少意況，強如這惹禍患黃金盞，招灾殃碧玉觴。玉觴內飲瓊漿，耳邊際聲嘹亮。絳沙籠銀燭光，列金釵十二行。裙搖的環珮響，步金蓮羅襪香，嬌滴滴宮樣妝，玉纖纖手內將，黃金盞面上，巧埋伏，暗隱藏。

【青哥兒】那裡面暗隱著風波、風波千丈。你說波、使磁甌的有甚悲傷？我醉了呵東倒西歪儘不妨。我若爛醉在村鄉，著李二公扶將，到草舍茅堂，靠甕牖蓬窗，新葦席清涼，舊木枕邊相，擺脫下衣裳，放散但心腸，任百事無妨。到大來免慮忘憂，納被蒙頭，恁□翻身，強如你宰相侯王，遭斷沒屬官象牙牀，泥金坑。
【賺煞尾】平地上窩弓，水面上張羅網，□誰相尋相訪。鴻鵠志飛騰天一方，揀深山曠野潛藏。□行唐，驀嶺登岡，拽著個鈍木斧，繫著條粗麻繩，擔著條舊擔杖。我則待駕孤舟蕩漾，趁五湖煙浪，望七里灘頭，輕舟短棹，簑笠綸竿，一鉤香餌釣斜陽。

右第一折。

【鬥鵪鶉】我把這縵笠做交遊，簑衣為伴侶。這縵笠遮了些冷露寒煙，簑衣遮了些斜風細雨。看紅鴛戲波面千層，喜白鷺頂風絲一縷。白日坐一襟芳草茵，晚來宿半間茅苫屋。想從前錯怨天公，也甚有安排我處。
【紫花兒】你道我不達時務，我是個避世嚴陵，釣幾尾漏網的游魚。怎禁四蹄玉兔，三足金烏。仔細躊躕，覷了些成敗興亡，閱了些今古，浪淘盡千古風流人物：昨日個虎踞在咸陽，今日早鹿走姑蘇。
【金蕉葉】七里灘從來是祖居，十輩兒不知禍福，常繞定灘頭景物。我若是不做官，一世兒平生願足。
【調笑令】巴到日暮，看天隅，見隱隱殘霞三四縷。釣的這錦鱗來滿向籃中貯，正是收綸罷釣漁父。那的是江上晚來堪畫處，抖搜著綠簑歸去。

【鬼三臺】休停住，疾回去，不去呵枉惹的我訕言□語。回奏與你漢鑾輿，休著俺閑人受苦。皂朝靴緊行拘我二足，紗幞頭帶著掐我頭顱。我手執的是斑竹綸竿，怎秉得你花紋象笏。

【禿厮兒】你那有榮辱襴袍靴笏，不如俺無拘束新酒活魚，青山綠水開圖畫。玉帶上，掛金魚，都是囂虛。

【聖藥王】我則這水國居，樂有餘。你問我棄高官不做待閒居？重阿，止不過請些俸祿；輕阿，但抹著滅了九族。不用一封天子詔賢書，回去也不是護身符。

【麻郎】我盡說與你肺腑，我同你鑾輿，兩個常遶著南陽酒爐，醉酩酊不能家去。

【幺】俺是酒徒，醉餘，睡處，又無甚花氈繡褥。我布袍袖將他蓋伏，常與我席頭兒奪樹。

【絡絲娘】倒兩個醉□□同眠抵足，我怎去他手裡三叩頭揚塵拜舞？我說來的言詞你寄將去，休忘了一句。

【尾】說與你劉文叔有分付處別處分付，我不做官阿，有甚沒發付你那襴袍靴笏？我則知十年前共飲的舊知交，誰認的什麼中興漢光武！

右第二折。

自從與劉文叔酌別之後，今經十年光景，他如今做了中興皇帝，宣命我兩三次，我不肯做官。你不知國家興廢，「漢家公卿笑子陵，子陵還笑漢公卿。一竿七里灘頭竹，釣出千秋萬古名」。雲山蒼蒼，江水泱泱。貧道之風，山高水長。主人宣命我兩次三番，我不肯去，則做那布衣之交。時特作一書來請，休說君臣相待，則做個朋友相看，也索禮當一賀。

【端正好】高祖般性寬洪，文帝般心明聖，可知道漢業中興。為我不從丹詔修書請，更道違宣命。

【滾繡球】嚴子陵，莫不忒殺逞。我是個道人家動不如靜。休！休！我今番索通個人情，便索登，遠路程。怎禁他禮節相敬，豈辭勞鞍馬前行。不免的手攀明月來天闕，我只索袖挽清風入帝京，怎得消停。

【倘秀才】來了我呵，鷗鷺在灘頭失驚；不見我呵，漁父在磯臺漫等；來了我呵，釣臺上青苔即漸生。這其間柴門靜悄悄，茅舍冷清清，料應。

【滾繡球】柴門知他扃也不扃？人笑呵，卻是應也那不應？荒疏了柳陰花徑，有賓朋來呵，誰人出戶相迎。到初更，酒半醒，猛想起故園景，忽然感懷□興，對蓬窗斜月似挑燈。香馥馥暗香浮動梅搖影，疏刺刺翠色相交竹弄聲。感舊傷情。

【倘秀才】見旗幟上日華月精，諕的些居民早隨風迸星，百般的下路潛藏無掩映。不與您帝王情是怎生？

【滾繡球】這鑾駕卻是應也不應？那民人卻是驚也不驚？更做道一人有慶，漢君王真恁將鑾駕別無處施呈。他出郭迎，俺舊伴等，待向我根前顯耀他帝王的權柄，和俺釣魚人莫不兩國相爭。齊臻臻戈矛鐙棒當頭擺，明晃晃武士金瓜夾路行。我怎敢衝撞朝廷？

【倘秀才】他往常穿一領粗布袍，被我常扯的匾襟旦領，他如今穿著領柘黃袍，我若是輕抹著，該多大來罪名。我則似那草店上相逢時那身命，便和您，敘交情，做咱那伴等。

【滾繡球】接得至帝業興，家業成，四邊安靜，經了幾千場虎鬥龍爭。則為你交契情，我口打聽，到處裡問遍庶民百姓。最顯的是暮秋黃□嚴凝，都說你「須知後漢功臣力，不及滹沱一片冰。」端的是鬼怕神驚。

【脫布衫】則為你搬調人兩字功名，軀榮人半世浮生。一個楚霸王拔山舉鼎，烏江岸劍抹了咽頸。

【小梁州】都則為恥向東吳再起兵，那其間算高祖功成。道賊王莽篡了龍廷，有真命，文叔再中興。

【幺】貧道暗暗心內自思省，建武十三年八月期程。王新室有百萬兵，困你在昆陽陣。那其間醉魂亡半輪明月，覺來時依舊照茅亭。

【耍孩兒】自古興亡成敗皆前定，若是你不患難如何得太平？自從你祖公公昔日陷彭城，真乃是死裡逃生。不濃雲怎得真龍顯，不發黑如何得曉日明？雖然你心明聖，若不是雲臺上英雄并力，你獨自個孤掌難鳴。

【二煞】為民的樂業在家內居，為農的欣然在壟上耕。從你為君社稷安，盜賊息，狼煙靜。九重春露都□到，兩鬢秋霜何足星。百姓們家家慶，慶道是民安國泰，法正官清。

【三煞】休將閒事爭提，莫將席面冷，磁甌瓦鉢似南陽興。若相逢不飲空歸去，我怕聽陽關第四聲。你把這甌內酒休教剩，我若不十分酩酊，怎解咱數載離情。

【四煞】你也不是我的君，我也不是你的卿，咱兩個一樽酒罷先言定。若你聖主今夜還朝去，我則七里灘程途明日登。又不曾更了名姓，你則是十年前沽酒劉秀，我則是七里灘垂釣嚴陵。

【尾】你每朝聚九卿，你須當起五更，去得遲呵著這兩班文武在丹墀上等。俺在家布衲被蒙頭，黑甜一枕，直睡到紅日三竿猶兀自喚不的我醒。

右第三折。

【新水令】屈□著野人心，直宣的我入宮來。笑劉文叔向我根是何相待，待剛來矜誇些金殿宇，顯耀些玉樓臺。莫道是玉殿金階，我住的草舍茅齋，比你不曾差夫役著萬民蓋。

【喬牌兒】輦路傍啄綠笞，猛然間那驚怪。元來是七里灘朱頂仙鶴，在碧雲間將雪翅開，它直飛到皇宮探我來。為甚□悶在闌干外?·是不是我的仙鶴?·若是我的呵則不和它那獻果的猿猱也到來。我山野的心常在，俺那裡水似藍，山如黛。不由我見景生情，睹物傷懷。

【滴滴金】俺那裡猿猱會插手，仙鶴展翅，把人情都解，非濁骨與凡胎。我在綠柳堤邊，紅蓼灘頭，白蘋洲外，這其間鷗鷺疑猜。

【折桂令】疑猜，我在釣魚灘醉倒了回來。我在家兒散但心腸，放浪形骸。我把你君臣上下排，為君的緊打并吞伏四海，為臣的緊鋪榮日轉於墻。我說與你聽，我不人才；有那的不染塵埃，不識興衰，靠嶺偎崖，撒網擔柴，尋覓將來，則那的便是人才。

【喬牌兒】腳緊抬，腳慢抬，一層陌，兩層陌。上金階宮女將我忙扶策。把嚴陵來休怪責。

【殿前歡】扶策的步瑤階，心□七里灘釣魚臺。醉薰薰擺出龍門外，似草店上般東倒西歪，把我腦攛的搶將下來。這殿閣初興蓋，你君臣休要誇高大。大古裡是茅茨不剪，三尺冥階。

【水仙子】我這裡穩持玉盞手舒開，滿飲瓊漿落玉臺，飲絕時放的穩忙加額。比俺那使磁甌的好不自在，怎如咱草店倒開懷。不省的是禍患，不知的是利害，暢好拘束人也，玳瑁筵開。

【落梅風】我在江村裡住，肚皮裡飢來，俺則有油鹽半盞野菜，食魚羹稻飯。幾曾把桌器擺？幾曾這般區區將大驚小怪？我則待七里灘去。

【離亭宴煞】九經三史文書冊，壓著壹千場國破山河改。富貴榮華，草芥塵埃。唱道祿重官高，鬧些禍害；鳳閣龍樓，包著成敗。那裡是舜殿堯墻，嚴光呵，則是跳出了十萬丈風波是非海！

（下。）

右第四折。

正名　劉文叔醉隱三家店

　　嚴子陵垂釣七里灘

《新刊關目嚴子陵垂釣七里灘》全。

右元刊本《嚴子陵垂釣七里灘》雜劇，不著撰人名氏。按：元鍾嗣成《錄鬼簿》載宮大用所撰雜劇，有《嚴子陵釣魚臺》一本。大用名天挺，大名開州人，歷學官，除釣臺書院山長，卒於常州。此劇當即《嚴子陵釣魚臺》，當為大用為山長時作也。明寧獻王評大用之詞，謂為「西風雕鶚」，傳於世者，惟《元曲選》中《生死交范張雞黍》一本。此劇筆意全與相似，在元劇中實不可多得者也。

第五輯

學術札記

提要

王國維旅居日本期間，生活主要靠羅振玉資助，為了增加收入，他曾經為由日本人創辦，在瀋陽發行的《盛京時報》撰寫札記。《盛京時報》的發行人宮房次郎提供了每月三十元的「束脩」，讓王國維在報紙上先後刊載了三組札記。

第一組《東山札記》，從一九一三年七月到一九一四年五月；接著第二組《二牖軒隨錄》在一九一四年九月登場，到一九一五年五月結束。然後王國維又寫了《閱古漫錄》，從一九一九年九月到十一月刊載。

這些短文採取了相當自由的「札記」體，每篇短則百字上下，長的通常也不會超過千字。而且內容涵蓋範圍甚廣，從他這時候專注研究的甲骨、金文、漢簡、封泥、碑帖、唐宋古物，到之前特別醉心的詩詞戲曲，都納入其中。還有一些出人意表的考證記述，包括古代煉鋼起源、氣候長期變遷乃至於中國石油礦藏等。

選錄在這輯中的幾篇，明顯呈現了王國維思辨與行文的豐富多樣性，尤其具備社會史、庶民史的獨特關懷。他推崇杜甫的成就，標舉的是杜甫詩中保留了不能在任何其他史料中找到的當年物價變化資料；他觀察時尚流行髮型而追蹤「劉海」在歷史上的特殊象徵作用。

他記錄了當時官場一種特殊的習慣，以主人如何招待客人喝茶為送客暗號，考據這項作法的來源，一直追到唐代，信手拈來引用了多本冷僻的筆記資料，令人嘆為觀止。他延續對於戲曲、小說的研究，精要討論「回」這個單位所顯現的說書與小說間傳承關係。

他也有興趣考索「酒令」的由來，臚列了多種酒令的行法，兼帶收集了與行酒令有關的歷史趣聞；連對通鳥語這種傳奇記載，他也認真地進行了考究，將歷代這方面的說法做了很有意思的比較。

關於說鬼，王國維在《隨錄》中特別標舉《墨子》，完整抄錄〈明鬼篇〉文章，顯示其中「五引古文」的寫法，證明這是鬼故事說法的高峰，遠勝後世，或說，這樣的「鬼見」，到後來就失傳了，引以為憾。這樣的記法，要凸顯的不在博學廣視，毋寧在於獨特的品味見解。

《東山雜記》劉海乃古代子事父母之飾

十餘年來，南北少年，無論男女，盛行劉海，剪其前面之髮，垂之於額，其長者往往被眉，蓋市肆所畫仙人劉海，其髮類此，故謂之前劉海，實則古代子事父母之飾。《詩》「髧彼兩髦」，《毛傳》：「髦者，髮至眉，子事父母之飾。」幼時蓋以真髮為之，然長而有父母者，猶為此飾。《禮・玉藻》曰：「親沒不髦。」〈既夕禮〉記云：「既殯，主人脫髦。」〈喪大記〉云：「小斂，主人脫髦。」蓋以假髮為之，故可脫。均以父母既死，無事此飾故也。

《東山雜記》杜工部詩史

杜工部〈憶昔〉詩：「憶昔開元全盛日，小邑猶藏萬家室。稻米流脂粟米白，公私倉廩俱豐實。九州道路無豺虎，遠行不勞吉日出。」此追懷開元末年事。《通典》載開元十三年封太山，米斗至十三文，青、齊穀斗至五文。自後天下無貴物，兩京米斗不至二十文，麵三十五文，絹一疋二百一十文，正此時也。僅十餘年，至天寶十四載十一月，工部自京赴奉先縣，作〈詠懷〉詩，時漁陽反狀未聞也，乃云：「朱門酒肉臭，路有凍死骨。」又云：「入門聞號咷，幼子飢已卒。」「所愧為人父，無食至夭折。」「生常免租稅，名不隸征伐。撫跡猶酸辛，平人固騷屑。」蓋此十年間，吐蕃、雲南相繼搆兵，女謁貴戚窮極奢侈，遂使祿山得因之而起。君子讀此詩，不待漁陽鼙鼓而早知唐之必亂矣。

杜詩云：「經須相就飲一斗，恰有三百青銅錢。」此至德初長安酒價也；「豈聞區絹直萬錢」，此廣德間蜀中絹價也；「雲帆轉遼海，粳稻來東吳。」此天寶間漁陽海運事也。三者史所不載，而於工部詩中見之，此其所以為詩史歟。

《東山雜記》祖與帝

今日僕婢對主人之稱，皆子孫對祖、父之稱也。曰大人、曰老爺、曰爺、曰太太、曰奶奶、曰娘娘皆是，曰少爺、曰小姐亦然。姐乃母之稱，非姊妹之姊也。推而上之，則謂天為上帝，天子自稱曰皇帝，亦祖先之稱。古者謂始祖之父曰帝，帝者，蒂也。古文「帝」字，象蒂之形，人出於帝，猶花出於蒂。王者祭其祖之所自出，謂之禘。禘，謂祀帝也。故《詩》曰：「皇皇后帝，皇祖后稷。」商鼎文曰「帝己、祖丁、父癸」，帝、祖、父並言，明乎帝為始祖之父也。始祖可知，始祖之父不可知，故帝之。帝之者，神之也。至〈曲禮〉謂「措之廟，立之主，曰帝」，則又推始祖之父之稱，以稱既死之祖父。至以稱天神，當為後起之名，漢儒不知此義，乃有感生帝之說。秦始皇不知此義，乃自稱皇帝，則又近於預凶事矣。

#《東山雜記》小說與說書

通俗小說稱若干回者，實出於古之說書。所謂「回」者，蓋說書時之一段落也。說書不知起於何時，其見於記載者，以北宋為始。高承《事物紀原》九云：「仁宋時，市人有能談三國事者，或採其說，加緣飾作影人。」《東坡志林》六云：「王彭嘗云：『塗巷中小兒薄劣，為其家所厭苦，輒與錢令聚坐聽說古話。至說三國事，聞劉元德敗，頻眉蹙；聞曹操敗，即喜唱快。』」孟元老《東京夢華錄》所載，崇寧、大觀以來，京瓦伎藝則講史有「李慥、楊中立、張十一、徐明、趙世亨五人。小說有王顏喜、蓋中寶、劉名廣三人。又有霍四究『說三分』，尹常『賣《五代史》』」。則北宋之末已有講史、小說二種，「說三分」與「賣《五代史》」，亦講史之類也。南渡後，總謂之「說話」。宋無名氏《都城紀勝》謂說話有四種：一小說，一說經，一說參請，一說史書。周密《武林舊事》、吳自牧《夢粱錄》所記略同。《紀勝》與《夢粱錄》並謂小說人能以一朝一代故事，頃刻間提破。則小說同說史書亦無大別，然大抵敷衍煙粉、靈怪，無關史事者。說經則演說佛經，說參請則說賓主參禪悟道等事，而以小說與說史書為最著。此種小說，傳於今日者有舊本《宣和遺事》二卷，錢曾《也是園書目》列之宋人詞話中，（錢《目》作四卷。）誤。復歸黃蕘圃，刻入《士禮居叢書》。蕘圃以書中避宋光宗諱，定為宋本。然書中引宋末劉克莊詩，又記二帝幽辱事往往過甚，疑非宋人所為。若避宋諱，則元明人刊書亦沿宋末舊習，不足以是定其為宋本也。又曹君直舍人藏元刊《五代平話》一書，中闕一、二卷，體例亦與《宣和遺事》相似，前歲董授經京卿刊之鄂中，尚未竣工。吾國古小說之存者，惟此二書而已。

《東山雜記》茶湯遣客之俗

今世官場，客至設茶而不飲，至主人延客茶，則僕從大聲呼「送客」矣。此風自宋時已然，但用湯而不用茶耳。朱彧《萍洲可談》云：「今世俗客至則啜茶，去則啜湯。湯取藥材甘香者屑之，或涼或溫，未有不用甘草者，此俗遍天下。遼人相見，其俗先點湯，後點茶。」宋無名氏《南窗記談》亦云：「客至則設茶，欲去則設湯，不知始於何時。然上自官府，下至閭里，莫之或廢」云。行之既久，遂以點湯為遣客之用。觀宋人說部所記遣客事，如王銍《默記》記石曼卿之於劉潛，魏泰《東宣筆錄》記陳升之於胡枚，王鞏《隨手雜錄》自記見文潞公事，無不然。元鄭光祖《王粲登樓》雜劇載遣客事亦曰「點湯」。今日既不用湯，乃以茶遣客，則又與遼俗近矣。以茶湯款客，自唐已然，雖宮禁亦用之。王建《宮詞》云：「延英引對碧衣郎，江硯宣毫各別牀。天子下簾親考試，宮人手裡過茶湯。」唐制六品以下服綠，碧衣郎六品以下之官猶賜茶湯，則大臣可知矣。宋制亦然。葉夢得《石林燕語》：「講讀官初入，皆坐賜茶。惟當講，官起就案立，講畢復就座，賜湯而退。侍讀亦如之，蓋乾興之制也。」蔡絛《鐵圍山叢談》亦云「國朝儀制，天子御前殿，則群臣皆立奏事，雖丞相亦然。後殿曰延和，曰邇英，二小殿乃有賜坐儀。既坐，則宣茶又賜湯，此客禮也。延和之賜坐而茶湯者，遇拜相，正衙宣制才罷，則其人抱白麻見天子於延和。告免禮畢，召丞相升殿是也。邇英之賜坐而茶湯者，講筵官春秋入侍，見天子，坐而賜茶乃讀，讀而後講，講罷又贊賜湯是也。他皆不可得矣」云云。然宋時臣下賜茶湯者，亦不獨宰執、講官。龔鼎臣《東原錄》云：「天禧中，真宗已不豫。一日，召知制誥晏殊，坐賜茶，言曹利用與太子太師，丁謂與節度使，並令出。殊曰：『是欲令臣作誥詞？』上頷之。殊曰：『臣是知制誥，除節度使等須學士草白麻。』乞召學士。』真宗點湯，既起，即召翰林學士錢惟演。」則朝廷之於侍從，亦用是矣。又晁說之《客語》云：「范純夫每次日當進講，是日先講於家，群從子弟畢集，講終，點湯而退。」則父兄之於子弟，亦用之矣。至南渡後，款客以湯之有無為尊卑。周必大《玉堂雜記》：「淳熙三年十一月八日，必大被宣，草十二日冬祀赦書。黃昏方至院，御藥持御封中書門下省熟狀來，繫鞋迎於中門，同監門內侍一員俱升廳。御藥先以熟狀授監門，共茶湯訖，先送御藥出院，復與監門升廳，受熟狀付吏，又點湯送監門下階，館之門塾。至六年九月十二日，復被宣，草明堂赦。御藥張安中、內侍梁襄相見如儀，惟錄事沈梾、主事李師文茶而不湯」云云。此錄事、主事殆中書門下省吏，故學士款之如此，其他蓋無不兼用茶湯者。今湯廢已久，惟昏禮姻婭、翁婿相見，及新年偶一用之。其湯亦用龍眼、棗、栗等，與宋人之屑甘草者異矣。

《東山雜記》興化李審言海上流人錄徵事啟

辛、王以後，天津、上海、青島各地為士大夫流寓淵藪。興化李君審言詳擬撰《海上流人錄》，比見其徵事一啟，文章爾雅，錄之如左曰：「自古易姓之際，洶洶時時，久而不定，人士轉徙，逃死無所。從鳳之嬉，甘去邦族；秫焉之歌，且戀邱墟。各有寄焉，理致非一。至於交州奔迸，猶為南士之賓；遼海棲遲，不墜西山之節，抑又尚矣。若夫變起倉卒，命在翲忽，指武陵為仙源，履仇池如福地。息肩救頸，姑緩須臾；對宇連墻，相從太息。今之上海，其避世之淵藪乎？鄙意所趨，約分數類：其有金閨舊彥，草澤名儒，不赴徵車，久脫朝籍。丹鉛點勘，藉竹素為萱蘇；金石摩挲，齊若光於崦景。伯山漆簡，繫肘如新；子雲《元經》，覆瓿不恤。此其一也。亦有賜休投劾，哀郢終蕪；微服輕裝，近闕獲濟。跡閟熏穴之求，智免據圖之請。露車父子，惻愴橫流；靈臺主人，周旋洛市。又或邱壑獨存，觴詠不廢。泰山故守，尚事編章。母氏家錢，日營雕造。朝夕校錄，同執苦之諸生；知舊談諧，助語林之故實。又其一也。復有幼清廉潔，探道淵元，日承長老之言，側睹君子之論。子真巖石，隱動京師；少游欵段，素高鄉里。牛醫馬磨，自取給於傭書；禽息鳥視，迫偷生於晚歲。修齡名士之操，深拒胡奴；興公白樓之前，能舉先達。此又其一也。懸此三例，思成一書，跡彼諸賢，錯如棋峙。或流冗吳會，但署侯光；或往來上黨，競傳道士。東西之屋，須就訪於司徒；南北之居，難遍尋於諸阮。悲夫！陳跡一移，空名遽盡。墨子不黔之突，難問比鄰；宋罕犨對之墻，易迷騶卒。用是仿永嘉流人之名，錄海上羈旅。略及辛、壬以還，不涉庚、己以上。謹施條目，準此縷書，異日流傳，當廁乙部。不徒巷苞閈出，牽拂相招，越陌度阡，枉存至悉，取斷目前，僅同耳學。其或良才不隱，改服匡時，引鏡皆明，投袂而起，此自後來期會，未可預陳。須知此錄，致四方靡聘之嗟，非九品論人之格也。」

《二牖軒隨錄》第二則

世傳公冶長解鳥語，古舊有是說。皇侃《論語義疏》曰：「省一書名《論釋》，云：公冶長從衛還魯，行至二堺上，聞鳥相呼往清溪食死人肉。須臾，見一老嫗當道而哭，冶長問之，嫗曰：『兒前日出行，於今未反，當是已死亡，不知何在。』冶長曰：『向聞鳥相呼往清溪食肉，恐是嫗兒也。』嫗往看，即得其兒也，已死。嫗即告村司。村司問嫗何從得知之，嫗曰：『見冶長，道如此。』村官曰：『冶長不殺人，何緣知之？』因錄冶長付獄。主問冶長何以殺人，冶長曰：『解鳥語，不殺人。』主曰：『當試之，若必解鳥語，便相放也。若不解，當令償死。』駐冶長在獄六十日。卒日，有雀子緣獄柵上，相呼嘖嘖嗺嗺，冶長含笑。吏啟主：『冶長笑雀語，是似解鳥語。』主教問冶長：『雀何所道而笑之？』冶長曰：『雀鳴嘖嘖嗺嗺，白蓮水邊，有車翻覆黍粟，牡牛折角，收斂不盡，相呼往啄。』獄主未信，遣人往看，果如其言。又解豬及燕語，屢驗，於是得放。」唐沈佺期〈燕〉詩：「不如黃雀語，能免冶長災。」白樂天〈鳥鵲贈答詩序〉云：「余非冶長，不能通其意。」皆用此事。案，《周禮．秋官》「夷隸掌養牛馬與鳥言」，「貉隸掌與獸言」，注引「介葛盧聞牛鳴」為說，是古代本有解鳥獸言者。然鳥獸無言，解之者不過能通其意，及知其嗜慾耳。

皇侃所引《論釋》一書，乃晉以後小說家言，本不足據。至田藝衡《留青日札》又謂：「冶長知鳥語，魯君不信，逮之獄。未幾，雀復飛鳴曰：『齊人出師侵我疆。』如其言往跡之，果然。方釋之，賜爵為大夫。」則更不知何據矣。

《二牖軒隨錄》第十則

前記解鳥語事，復得數事，茲附記之。〈魏志．管輅傳〉：「輅至郭恩家，有飛鳩來在梁頭，鳴甚悲。輅曰：『當有老公從東方來，攜豚一頭、酒一壺，主人雖喜，當有小故。』」此猶以占驗知之。又言：「輅至安德令劉長仁家，有鳴鵲來在閣屋上，其聲甚急。輅曰：『鵲言東北有人昨殺夫，牽引西家人夫離婁，候不過日在虞淵之際，告者至矣。』到時，果有東北同伍民來告，鄰婦手殺其夫，詐言西家人與夫有嫌，來殺我婿。」則輅亦解鳥語矣。又《緯略》引謝承《後漢書》云：「魏尚字文仲，高皇帝時為太史，曉鳥語。」又引《益州耆舊傳》：「楊宣為河內太守，行縣，有群鵲鳴桑樹。宣謂吏曰：『前有覆車粟，此雀相隨欲往食。』往數里，果有覆車粟。」此與皇侃所引公冶長事相類。然則知百鳥之音者，不獨一秦仲矣。

至解六畜語者，古書亦間記之。《論衡》謂廣漢陽翁仲能聽鳥獸之音。嘗乘蹇馬之野，而田間有放馬者，相去數里，鳴聲相聞。翁仲謂其御曰：「彼放馬目眇。」其御曰：「何以知之？」曰：「罵此轅中馬曰蹇馬，蹇馬亦罵之曰眇馬。」御者不信，往視馬目，竟眇。又《抱朴子》云：「李南乘赤馬行，道逢人白馬先鳴，而赤馬應之。南謂從者曰：『此馬言：汝今當見一黃馬左目盲者，是我子也。可告之，快行相及。』從者不信。行二里，果逢黃馬而左目盲，南之馬先鳴，而盲者應之，其盲果白馬子。」此數事固荒誕不足究，均足資談助也。

《二牖軒隨錄》第五則

酒令之來舊矣。《韓詩外傳》：齊侯置酒令曰：「後者罰飲一經程。」《後漢書》稱賈逵作酒令。《南史．王規傳》：湘東王繹與朝士宴集，屬規為酒令。杜工部詩「百罰深杯亦不辭」，殆亦謂酒令罰杯。《唐語林》「武宗詔揚州監軍取解酒令妓女十人進入」，蓋以解此為能事者。張鷟《朝野僉載》：唐「龍朔年以來，百姓飲酒作令曰『子母相去離，連臺拗倒』。子母者，盞與盤也；連臺者，連盤拗盞倒」。《通鑑》注引曾慥《類說》云：「『亞其虎膺』，謂手掌。『曲其松根』，謂指節。『以蹲鴟間虎膺之下』，蹲鴟，大指也。『以鉤戟差玉柱之旁』，鉤戟，頭指；玉柱，中指也。『潛虬闊玉柱三分』，潛虬，無名指也。『奇兵闊潛虬一寸』，奇兵，小指也。『死其三洛』，謂彈其腕也。『生其五峰』，通為五指也。謂之招手令。」白樂天詩：「鞍馬呼教住，骰盤喝遣輸。長驅波卷白，連擲采成盧。」注云：「卷白波、莫走鞍馬，皆當時酒令。」皇甫松《醉鄉日月》首載〈骰子令〉，次改〈鞍馬令〉。又有〈旂旛令〉、〈閃擛令〉、〈抛打令〉，今人不復曉其法矣。手打令，謂之拇陣。李肇云：麟德中，「鄧宏慶創『平』、『索』、『看』、『精』四字令，至李稍雲而大備」。李商隱《雜纂》唐人酒令，其「殺風景」一條有十三事。竇子野載〈粘頭續尾酒令〉，即今之〈績麻令〉也。趙與時《賓退錄》載司舉、隱君子之酒令，又云：近李寶之如圭作〈漢法酒令〉。慶曆中，錦江趙景作《飲戲助歡》三卷。元豐中，竇韙撰酒令，知黔南縣黃鑄亦作〈玉籤詩〉，李廷中作〈捉臥甕人格〉。又言有擊鼓射字之技。蓋唐以來，酒令多矣。

《五代史補》載田頵圍錢唐，嘗遣使候錢鏐起居，鏐與小飲。「時羅隱、皮日休在座，意以頵之使無能為也，且欲譏之。日休為令，取一字被圍而不失其本音。因取『其』字，上加草為萁菜，下加石為碁子，左加玉為琪玉，右加月為期會。羅隱取『于』字，上加雨為舞雩，下加皿為盤盂，左加玉為玗玉，右加邑為邘地。使者取『亡』字，譏錢鏐必亡。然上加草為芒，下加心為忘，右加邑為邙，左加心為忙，其令必不通。合坐皆嘻笑之，使者大慚而去。」此以酒令相譏刺，亦未足云折衝樽俎也。若《通鑑》載後漢隱帝乾祐三年，「王章置酒會諸朝貴，酒酣，為手勢令，史宏肇不嫻其事，客省使閻晉卿坐次宏肇，屢教之。蘇逢吉戲之曰：『旁有姓閻人，何憂罰酒？』宏肇妻閻氏，本酒家倡也，意逢吉譏之，大怒」。事與〈魏志〉注所引吳質酒酣，因曹真性肥，使優說肥瘦，致其怒者略同。夫兕觥之罰，童羖之罰，皆以正威容，糾失言，流為酒令之罰，則轉以助酣耳。若蘇逢吉之幾成酒禍，是所謂以飲食而繫獄訟者，不可戒歟！

《二牖軒隨錄》第二十四則

前記古人酒令，頃閱宋趙與時《賓退錄》尚有數則，擇其可喜者錄之云：「古靈陳述古亦嘗作酒令，每用紙帖子，其一書司舉，其二書祕閣，其三書隱君子，其餘書士。令在座默探之，得司舉，則司貢舉；得祕閣，則助司舉搜尋隱君子進於朝；搜不得，則司舉並祕閣自受罰酒。後復增置新格，聘使、館主各一員。若搜出隱君子，則此二人伴飲。二人直候隱君子出，即時自陳，不待尋問。隱君子未出之前，即不得先言。違此二條，各倍罰酒。又云祕閣雖同搜訪隱君子，或司舉不用其言，亦不得爭權。或偶失之，即不得以司舉不用己言而辭同罰也。司舉、祕閣既搜得隱君子，即各明言之。如違，先罰一觴。司舉、祕閣止得三搜。客滿二十人則五搜。餘人探得帖子各默然，若妄宣傳，罰巨觴，別行令。《古靈集》載潘家山同章衡飲次行令，探得隱君子，為章衡搜出，賦詩云：『吾聞隱君子，大隱廛市間。道義充諸中，測度非在顏。堯舜仁且智，知人亦恐艱。勉哉二祕閣，賢行如高山。』近歲廬陵李寶之如圭作〈漢法酒〉云：『漢法酒，立官十。曰丞相，曰御史大夫，曰列卿，曰京兆尹，曰丞相司直，曰司隸校尉，曰侍中，曰中書令，曰酒泉太守，曰協律都尉。拜司隸校尉者持節，職主劾。劾及中書令、酒泉太守者，令、太守以佞倖、淫湎即得罪。劾及侍中，則司隸去節。劾及京兆尹，則上愛其才，事留中不下，皆別舉劾。劾丞相司直，則司直亦劾之。劾列卿，則列卿自訟，廷辨之，罪其不直者。其劾丞相、御史大夫者，亦聽，須先謁而後劾。丞相、御史亦得罪。丞相得罪，則中書令、酒泉太守皆望風自劾。御史得罪，則惟酒泉太守自劾。司隸以不畏彊御，後若有罪，以贖論。若泛劾而及丞相、御史者，罪司隸。劾及京兆尹者，事雖留中，酒泉太守亦自劾。劾及中書令者，侍中自劾。諸被劾、自劾得罪者，皆降平原督郵，協律都尉歌以餞之。劾及協律者，下之蠶室，弦歌詩為新聲以求幸。』又書其後曰：『右酒令也，戲用漢制為之。集者止九人，則缺京兆尹；八人，則缺侍中；七人，則御史大夫行丞相事；六人，則缺司直。當飲者皆即飲之，或未舉飲者，亦可計集者之數，以為除官之數。每當飲者予一算，除官既周，視其算以為飲，齊三算者即飲之，二算者為與其算等者決之，一算則留以須後律。令所不及載者，比附從事云。』又有李廷中撰〈捉臥甕人格〉，以畢卓、嵇康、劉伶、阮孚、山簡、阮籍、儀狄、顏回、屈原、陶潛、孔融、陶侃、張翰、李白、白居易為目，蓋與陳、李之格大同小異，特各更其名耳。」此種酒令，宋人盛行，然後世無仿為之者。

《賓退錄》又有數事，劇可解頤。云：「俗說愚人以八百錢買匹絹，持以染緋，工費凡千二百，而僅有錢四百，於是併舉此絹，足其數以償染工。艾子云：『人有徒行，將自呂梁託舟趨彭門者，持五十錢造舟師。師曰：凡無齎而獨載者，人百錢，汝尚少半，吾不汝載。人曰：姑收其半，當為挽牽至彭門以折其半。』又《夷堅戊志》載：『汪仲嘉大猷自言，其族人之僕出幹，抵莫，趑趄呻吟而來。問何為？曰：「恰在市橋上，有保正引繩縛二十人過，亦執我入其中。我號呼不伏，則以錢五千置我肩上，曰以是倩汝替我吃縣棒。我度不可免，又念經年庸直，不曾頓得五千錢，不可失此，遂勉從之。到鄞縣，與同縛者皆決杖，乃得脫。」汪曰：「所得錢何在？」曰：「以謝公吏及杖直之屬，僅能給用。向使無此，將更受楚毒，豈能便出哉？」汪笑曰：「憨畜產，可謂痴人。」僕猶愠曰：「官人是何言！同行二十人豈皆痴耶？」竟不悟。』前二事，蓋寓言以資笑謔，而後一事乃真有之。」

又載蕭東夫德藻〈吳五百傳〉曰：「吳名憃，南蘭陵為寓言靳之曰：淮右浮屠客吳，日飲於市，醉而狂，攘臂突市人，行者皆避。市卒以聞吳牧，牧錄而械之，為符移授五百，使護而返之淮右。五百詬浮屠曰：『狂髡！坐爾乃有千里役，吾且爾苦也。』每未晨，蹴之即道，執扑毆其後，不得休。夜則縶其足。至奔牛埭，浮屠出腰間金市斗酒，夜醉五百而髡其首，解墨衣衣之，且加之械而縶焉。頹壁而逃。明日，日既昳，五百乃醒，寂不見浮屠。顧壁已頹，曰：『嘻！其遁矣。』既視其身之衣則墨，循其首則不髮，又械且縛，不能出戶，大呼逆旅中曰：『狂髡故在此，獨失我耳！』客每見吳人輒道此，吳人亦自笑也。千巖老人曰：『是殆非寓言也。世之失我者，豈獨吳五百哉！生而有此我也，均也，是不為榮悴有加損焉者也。所寄以見榮悴，乃皆外物，非所謂儻來者耶！曩悴而今榮，儻來集其身者日以盛，而顧揖步趨，亦日隨所寄而改。曩之與處者，今視之良非昔人，而其自視亦殆非復故我也。是其與吳五百果有間否哉？吾故人或駸駸華要，當書此遺之。』」蕭別號千巖，所稱尤、蕭、范、陸四詩翁者，其集不傳，斯文賴趙《錄》載之。

《二牖軒隨錄》第十五則

古書之說鬼者，莫詳於《墨子》。〈明鬼篇〉曰：「今執無鬼者言曰：夫天下之為聞見鬼神之物者，不可勝計也。亦孰為聞見鬼神有無之物哉？子墨子言曰：若以眾之所同見與眾之所同聞，則若昔者杜伯是也。周宣王殺其臣杜伯而不辜，杜伯曰：『吾君殺我而不辜，若以死者為無知，則止矣；若死而有知，不出三年，必使吾君知之。』其三年，周宣王合諸侯而田於圃，田車數百乘，徒數千，人滿野。日中，杜伯白馬素車，朱衣冠，執朱弓，挾朱矢，追周宣王，射之車上，中心折脊，殪車中，伏弢而死。當是之時，周人從者莫不見，遠者莫不聞，著在周之《春秋》。為君者以教其臣，為父者以警其子，曰：『戒之！慎之！凡殺不辜者，其得不祥，鬼神之誅，若此之憯遬也。』以若書之說觀之，則鬼神之有，豈可疑哉？非惟若書之說為然也，昔者鄭穆公當晝日中處乎廟，有神入門而左，鳥身，素服三絕，面狀正方。鄭穆公見之，乃恐懼奔。神曰：『無懼。帝享女明德，使余錫汝壽十年有九，使若國家蕃昌，子孫茂，毋失鄭。』穆公再拜稽首曰：『敢問神明？』曰：『予為句芒。』若以鄭穆公之所身見為儀，則鬼神之有，豈可疑哉？昔者燕簡公殺其臣莊子儀而不辜，莊子儀曰：『吾君王殺我而不辜，死人無知亦已，死人有知，不出三年，必使吾君知之。』期年，燕將馳祖。燕之有祖，當齊之社稷，宋之有桑林，楚之有雲夢也，此男女之所屬而觀也。日中，燕簡公方將馳於祖塗，莊子儀荷朱杖而擊之，殪之車上。當是時，燕人從者莫不見，遠者莫不聞，著在燕之《春秋》。以若書之說觀之，則鬼神之有，豈可疑哉？非惟若書之說為然也，昔者宋文公鮑之時，有臣曰祏觀辜，固從事於厲。祩子杖揖出與言曰：『觀辜，是何珪璧之不滿度量，酒醴粢盛之不潔淨也？犧牲之不全肥，春秋冬夏選失時，豈汝為之歟，抑鮑為之歟？』觀辜曰：『鮑幼弱，在荷襁之中，鮑何與識焉？官臣觀辜特為之。』祩子舉揖而槁之，殪之壇上。當是時，宋人從者莫不見，遠者莫不聞，著在宋之《春秋》。諸侯傳而語之曰：『諸不敬慎祭祀者，鬼神之誅至，若此其憯遬也。』以若書之說觀之，鬼神之有，豈可疑哉？非惟若書之說為然也，昔者齊莊君之臣有所謂王里國、中里徼者，此二子訟三年而獄不斷。齊君由謙殺之，恐不辜；猶謙釋之，恐失有罪。乃使之人共一羊，盟齊之神社。於是泏洫，摅羊而漉其血。讀王里國之辭則已終矣，讀中里徼之辭未半也，羊起而觸之，折其腳，祧神之而槁之，殪之盟所。當是時，齊人從者莫不見，遠者莫不聞，著在齊之《春秋》。諸侯傳而語之曰：『請盟先不以其請者，鬼神之誅至，若此其憯遬也。』以若書之說觀之，則鬼神之有，豈可疑哉？」以上凡五引古書，文辭古茂，能盡其狀，後世《搜神記》等方之，蔑矣。

《二牖軒隨錄》第五十三則

諸史〈五行志〉所載童謠，有極可誦者。茲具錄之：

漢成帝時童謠曰：「燕燕尾涎涎，張公子，時相見。木門倉琅根，燕飛來，啄皇孫，皇孫死，燕啄矢。」其後帝為微行出遊，常與富平侯張放俱稱富平侯家人，過河陽主作樂，見舞者趙飛燕而幸之，故曰「燕燕尾涎涎」，美好貌也。張公子，謂富平侯也。「木門倉琅根」，謂宮門銅鍰，言將尊貴也。後遂立為皇后。弟昭儀賊害後宮皇子，卒皆伏辜，所謂「燕飛來，啄皇孫，皇孫死，燕啄矢」者也。成帝時歌謠又曰：「邪徑敗良田，讒口亂善人。桂樹華不實，黃爵巢其顛。故為人所羨，今為人所憐。」桂，赤色，漢家象。華不實，無繼嗣也。王莽自謂黃象，黃爵巢其顛也。

以上《漢書．五行志》。

更始時，南陽有童謠曰：「諧不諧，在赤眉。得不得，在河北。」後更始遂為赤眉所殺，世祖自河北興。

世祖建武六年，蜀童謠曰：「黃牛白腹，五銖當復。」是時公孫述僭號於蜀，稱白帝，時人竊言王莽稱黃，述欲繼之，故稱白。五銖，漢家貨，明當復也。述遂誅滅。

王莽末，天水童謠曰：「出吳門，望緹群。見一蹇人，言欲上天；令天可上，地上安得民！」時隗囂初起兵於天水，後意稍廣，欲為天子，遂破滅。囂少病蹇。吳門，冀郭門名也。緹群，山名也。

順帝之末，京都童謠曰：「直如弦，死道邊。曲如鉤，反封侯。」後大將軍梁冀殺太尉李固，而封胡廣、趙戒、袁湯三人為鄉亭侯。

桓帝之初，天下童謠曰：「小麥青青大麥枯，誰當穫者婦與姑。丈夫何在西擊胡。吏買馬，君具車，請為諸君鼓嚨胡。」

桓帝之初，京都童謠曰：「城上烏，尾畢逋。公為吏，子為徒。一徒死，百乘車。車班班，入河間。河間姹女工數錢，以錢為室金為堂。石上慊慊舂黃粱。梁下有懸鼓，我欲擊之丞卿怒。」「車班班，入河間」者，言上將崩，乘輿班班入河間迎靈帝也。「河間姹女工數錢」者，靈帝既立，其母永樂太后好聚金也。

桓帝之初，京都童謠曰：「遊平賣印自有平，不辟豪賢及大姓。」案：延熹末，竇皇后父武字游平，拜城門校尉。及后攝政，為大將軍，與太傅陳蕃合心戮力，惟德是建，豪賢大姓皆絕望矣。

桓帝末，京都童謠曰：「茅田一頃中有井，四方纖纖不可整。嚼復嚼，今年尚可後年鐃。」

桓帝末，京都童謠曰：「白蓋小車何延延？河間來合諧，河間來合諧！」後帝崩，靈帝以河間之曾孫嗣位。

靈帝末，京都童謠曰：「侯非侯，王非王，千乘萬騎上北芒。」案：到中平六年，史侯初登至尊，獻帝未有爵號，為中常侍段珪等數十人所執，到河上，乃得還。此為「非侯非王上北芒」者也。

靈帝中平中，京都歌曰：「承樂世董逃，遊四郭董逃，蒙天恩董逃，帶金紫董逃，行謝恩董逃，整車騎董逃，垂欲發董逃，與中辭董逃，出西門董逃，瞻宮殿董逃，望京城董逃，日夜絕董逃，心摧傷董逃。」案：「董」謂董卓也。

獻帝踐祚之初，京師童謠曰：「千里草，何青青。十日卜，不得生。」案：「千里草」為董，「十日卜」為卓。

以上《續漢書．五行志》。

獻帝初童謠曰：「燕南垂，趙北際，中央不合大如礪，惟有此中可避世。」公孫瓚以為易地當之，遂徙都焉。

《後漢書．公孫瓚傳》。

魏明帝太和中，京師歌〈兜鈴曹子〉，其唱曰：「其奈汝曹何？」此詩妖也。其後曹爽見誅，曹氏遂廢。

景初初，童謠曰：「阿公阿公駕馬車，不意阿公東渡河。阿公還來當奈何！」及司馬懿自遼東歸，至白屋，當還鎮長安。會帝疾篤，急召之。乃乘追鋒車東渡河，終如童謠之言。

齊王嘉平中，有謠曰：「白馬素羈西南馳，其誰乘者朱虎騎。」朱虎者，楚王彪小字也。王凌、令狐愚聞此謠，謀立彪。事發，凌等伏誅，彪賜死。

吳孫亮初，童謠曰：「吁汝恪，何若若，蘆葦單衣篾鉤絡，於何相求成子閣。」成子閣者，反語石子岡也。鉤絡，鉤帶也。及諸葛恪死，果以葦席裹身，篾束其腰，投之石子岡。後聽恪故吏收斂，求之此岡云。

孫亮初，公安有白鼉鳴。童謠曰：「白鼉鳴，龜背平，南郡城中可長生，守死不去義無成。」明年諸葛恪敗，弟融鎮公安，亦見襲。融刮印龜，服之而死。

《宋書．五行志》。

中國古代思想史論

李澤厚／著

本書從剖析孔子仁學開始，論說了自先秦至明清的各種主要思潮、流別和人物。其中著重論證了中國的辨證法是「行動的」，而非「思辨的」。

秦漢時期的「天人感應」宇宙觀；莊子、禪宗對人生作形上追求的美學；宋明理學則作為道德形而上學而具有重要價值，以及在明清時期思想中「治人」與「治法」已出現分離，象徵著傳統中國的政教合一制度動搖，思潮逐漸向近代靠近。

中國近代思想史論

李澤厚／著

本書收錄作者對近代中國自太平天國至辛亥革命時期各主要思潮和重要思想人物，如康有為、譚嗣同、嚴復、孫中山、章太炎、魯迅等的系統論述和細緻分析。首篇即從思想角度剖析，太平天國為何「其興也勃，其亡也忽」，指出農民革命戰爭諸多規律性的現象，慨乎言之，深意存焉。其後數篇乃對戊戌變法維新思想和人物的詳盡分疏，於康有為大同思想和托古改制策略，評價甚高。此外，對嚴復在中國近代思想史的特殊地位，章太炎的民粹主義的突出思想特徵，本世紀初知識者由愛國而革命的心路歷程，以及梁啟超、王國維等人的獨特意義，都或詳或略地點明和論述。

中國現代思想史論

李澤厚／著

本書以「啟蒙」與「救亡」的雙重變奏，作為解釋中國近現代思想史上許多錯綜複雜現象的基本線索，在學術界引起了巨大討論。

此外，本書以數十年的新文學歷程，以及「現代新儒家」等哲學論題，深入淺出地探討現代中國思想的爭議與價值，並或明或暗地顯現了本世紀中國六代知識分子的身影與坎坷的命運。

走我自己的路

李澤厚／著

本書收錄作者各種序跋、雜感、散文、發言提綱、講演記錄、訪談記錄等等，內容包括生平自述、治學經歷或經驗、對當時和時下各種見解、問題或傾向的評論和意見。長短不齊，問題不一，均或信手拈來，或脫口而出，但據讀者反應，因之似更感直率、親切與真實。作者在書中強調微觀課題、實證研究，提出「學點形式邏輯、平面幾何」，反對艱澀不通、玄秘難懂的文風和大而無當、泛說中西的學風等等。其中有關朦朧詩、主體性、「破天下達尊」、主方法多元、「西體中用」以及對馬克思主義的議論等等，反映記錄了二十年來中國大陸的某些歷史印痕和艱難步伐，可供反思和慨嘆。

我的哲學提綱

李澤厚／著

本書作者曾認為，「哲學只能是提綱，不必是巨著」，「我不喜歡德國那種沉重作法，寫了三大卷，還只是導論。我更欣賞《老子》不過五千言。《論語》篇幅也遠小於《聖經》，但它們的意味、價值、作用並不低，……也很欣賞禪宗那些公案，你能說它們沒有『體系』，沒有巨著，就不是哲學嗎？」看來，作者似乎有意從內容到形式都步踵中國先賢後塵，以簡潔形式提出自己的哲學體系，即「天大，人也不小」，以一個世界為根本特徵的人類歷史本體論，創造以使用物質工具為基礎的工藝社會本體和以心理情感為人性指歸的文化心理本體。在全書結尾的〈哲學探尋錄〉中，作者概括地提出「人活著」、「人如何活」、「為什麼活」和「活得怎樣」，深刻點出了生活價值、人生意義諸基本問題。

批判哲學的批判——康德述評

李澤厚／著

本書以謹嚴清晰之筆墨，全面深入地論述了康德的認識論、倫理學和美學。其中對「第一批判」（認識論）的分疏佔全書過半，倫理學則一併論及康德之政治、歷史諸觀點，美學又特別關注對康德的目的論的闡述，均層次井然，條理清楚。作者在分析康德之餘，各章節均附有基於作者個人哲學立場的「批判」，如作者認為應以「人類如何可能」來回答康德的「認識如何可能」之著名課題；以「客觀社會性」來理解康德提出的所謂「普遍必然」的「先驗」問題；以體用一源，一個世界的人類學本體論來對照以兩個世界的傳統為背景的康德本體現象斷然區分之二元論等等。

中國文化與現代變遷

余英時／著

自十九世紀以來，中國遭受了「千古未有之變局」，在西潮的衝擊下，中國傳統文化有了那些變化？知識分子又如何肆應此一變局？作為一個思想史學者，作者對這些問題展現了深刻的觀察和思索，彙集成為本書。書中文字和觀念均力求雅俗共解，輔以作者清通之文筆讀者當更能深入了解這段變遷的過程，及面對未來的因應之道。

猶記風吹水上鱗——錢穆與現代中國學術

余英時／著

本書為紀念錢賓四先生逝世周年而作，但其意義並不僅在於感舊傷逝。作者企圖通過對錢先生的學術和思想的研究，勾劃出二十世紀中國學術思想史的一個重要側影。錢先生論學具有極其鮮明的觀點，與中國現代學術界的一切流派都有顯著的異同，因此一方面和各流派都有所不合，另一面又和各流派都有很深的交涉。本書特別著重地分析了錢先生和「五四」主流派（以胡適為代表）、馬克思主義派（以郭沫若為代表）、以及新儒家（以熊十力為代表）之間的錯綜複雜的關係。

陳寅恪晚年詩文釋證

余英時／著

本書是作者四十年來研究陳寅恪史學觀念和文化精神的總集結。一九四九年以後，陳寅恪已成為中國大陸上唯一未滅的文化燈塔，繼續闡發「獨立之精神」和「自由之思想」。但在文字獄空前猖獗的時代，他的史著不得不儘量曲折幽深，詩文也不得不用重重「古典」包裹「今情」，因此形成了一環套一環的暗碼系統。

本書作者在八十年代破解了他的暗碼系統，使他晚年生活與思想的真相重顯於世。本書所激發的爭議不斷擴大，最後演成所謂的「陳寅恪熱」，引出了大批有關他晚年的檔案史料。作者充分利用新史料增寫了〈陳寅恪與儒學實踐〉和〈試述陳寅恪的史學三變〉兩篇長文，更全面地闡明他的價值系統和史學思想。

現代中國學術論衡

錢穆／著

中國重和合會通，西方重分別獨立，一切人生及學術，無不皆然。遠自《漢書．藝文志》，下及清代《四庫全書》，讀其目錄，中國學術舊傳統大體可知。近代國人一慕西化，大學分院分系，乃及社會學人論學，門類風格，煥然一新。即如宗教、科學、哲學諸名稱，皆譯自西方，為中國所本無。既無此名詞，亦無此觀念，又何能成此學術？今國人乃以新觀念評舊學術，遂見其無一而當。

本書即就近代國人所承認之學術新門類及其新觀念，還就舊傳統，指出其本屬相通及互有得失處。使讀此書者，一則可以明瞭中西雙方學術思想史之本有相異處，再則可以由學術舊傳統，迎合時代新潮流，而創開一新學術之門戶，以待後人之繼續邁進。

中國文化叢談

錢穆／著

本書為錢穆先生有關中國文化問題之講演，經其整理而成。內容分為上下二編，上編就中國歷史，指出中國文化之演進與文化復興運動之主要途徑所在；下編則分述中國文化之各個層面，如宗教信仰、道德修養，並兼及海外移民等等。凡錢穆先生對中國文化之看法，大體完備於此，其精闢之見解，值得反覆細品。

民族與文化

錢穆／著

「民族」與「文化」兩名詞，乃近代國人所傳譯之西方語，但在中國上古實早已有之，民族乃中國所謂之「血統」，文化乃中國所謂之「道統」。由此民族創造此文化，但非此文化，亦無由完成民族。中國人主張文化之意義與價值實更高於民族。本書內分講義與講演詞之兩部分，書中涵義宏深，仍有值今我國人重讀研討之價值。

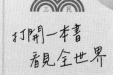

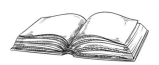

國家圖書館出版品預行編目資料

解讀王國維／楊照策劃、主編.——初版一刷.——臺北市：三民，2023
　　面；　公分.——（展讀民國人文）

ISBN 978-957-14-7672-8（平裝）
1. 王國維 2. 學術思想 3. 文集

782.884　　　　　　　　112011677

展讀民國人文

解讀王國維

策劃、主編｜楊　照
責任編輯｜林宜穎
美術編輯｜黃孟婷

發行人｜劉振強
出版者｜三民書局股份有限公司
地址｜臺北市復興北路 386 號 (復北門市)
　　　臺北市重慶南路一段 61 號 (重南門市)
電話｜(02)25006600
網址｜三民網路書店 https://www.sanmin.com.tw

出版日期｜初版一刷 2023 年 10 月
書籍編號｜S782650
ISBN｜978-957-14-7672-8